中小企业一带一路外贸指南丛书

U0734538

外贸基础知识读本

图解版

武　亮　赵永秀 ◎ 主编

人民邮电出版社

北　京

图书在版编目（CIP）数据

外贸基础知识读本：图解版 / 武亮，赵永秀主编
. —北京：人民邮电出版社，2016.9
　（中小企业一带一路外贸指南丛书）
ISBN 978-7-115-43609-2

　Ⅰ. ①外… Ⅱ. ①武… ②赵… Ⅲ. ①对外贸易 - 图
解 Ⅳ. ① F74-64

中国版本图书馆 CIP 数据核字（2016）第 219904 号

内 容 提 要

目前，我国正在推进实施"一带一路"发展战略，对于中小企业来说这是一个非常好的契机。为了帮助中小企业更多地了解外贸政策、享受外贸政策带来的优惠，并有效防止国际贸易中存在的风险，助推企业"走出去"，作者编写了这本《外贸基础知识读本（图解版）》。

本书由两位资深专家联袂打造，主要阐述了对外贸易基础知识、"一带一路"基础知识、加工贸易基础知识、国际服务贸易基础知识、多双边经贸合作基础知识、产业安全基础知识、跨境贸易电子商务基础知识、海关特殊监管区域和自贸区基础知识等方面的内容。作者用形象的图表、生动的语言，将外贸基础知识一网打尽。

本书适合有外贸业务的生产企业、纯外贸企业，甚至是与外贸业务有关的报关行、国际货物代理以及大学院系、培训机构等使用，也可当作海外业务人员、业务指导和管理部门领导了解外贸政策知识的便携手册。

◆ 主　编　武　亮　赵永秀
　　责任编辑　贾淑艳
　　责任印制　焦志炜

◆ 人民邮电出版社出版发行　　北京市丰台区成寿寺路11号
　　邮编　100164　电子邮件　315@ptpress.com.cn
　　网址　https://www.ptpress.com.cn
　　涿州市般润文化传播有限公司印刷

◆ 开本：787×1092　1/16
　　印张：16　　　　　　　　　　　2016年9月第1版
　　字数：300千字　　　　　　　　2025年8月河北第41次印刷

定　价：49.00元

读者服务热线：（010）81055656　印装质量热线：（010）81055316
反盗版热线：（010）81055315

2016年，外贸发展面临的国内外形势依然严峻复杂。从国际需求来看，世界经济现在还处在国际金融危机后的调整期，总体复苏疲弱的态势还没有明显改观。外需增长仍然面临着很多不确定因素。从国内方面来看，国内经济现在进入新常态，下行压力依然存在。

国内投资和经济增长如果放缓将抑制进口的增量。从企业竞争力来看，低成本优势正在减弱，要素价格持续上涨，传统比较优势在弱化，外贸企业经营压力在加大。从贸易环境来看，中国已经连续19年成为遭遇贸易摩擦最多的国家。从地缘政治来看，一些地区的局势动荡加剧，进一步增加国际贸易风险和不确定性。

对于从事对外贸易的企业，尤其是中小微企业来说，在复杂严峻的外贸发展形势下，对外贸易经营面临诸多不确定性因素，经营环境异常艰难。因此，掌握必要的对外贸易基础知识，了解适时的对外贸易基本政策，有效防范和规避国际贸易风险就成为外贸企业开拓国际市场必须做的功课。

国家推出了"一带一路"发展战略，受益于"一带一路"战略的推进及亚洲基础设施投资银行等机构的建立，"一带一路"将为中国外贸注入新活力。依托新领域、开拓新市场，"一带一路"正在引领新一轮全球资源重新优化配置，企业对此深有感触。

"一带一路"对于中小企业来说是个契机，为帮助中小企业更多地了解外贸政策、享受外贸政策带来的实惠，同时有效防止国际贸易中存在的风险，发挥政策引导作用，促进外贸转型升级服务开放型经济，助推企业"走出去"，我们组织专家策划并编写了《中小企业一带一路外贸指南丛书》，包括：《外贸基础知识读本（图解版）》《外贸政策法规解读（图解版）》和《国际贸易风险防范（图解版）》。具体内容如下：

◇《外贸基础知识读本（图解版）》主要阐述了对外贸易基础知识、"一带一路"基础知识、加工贸易基础知识、国际服务贸易基础知识、多双边经贸合作基础知识、产业安全基础知识、跨境贸易电子商务基础知识、海关特殊监管区域和自贸区基础知识等方面的内容。

◇《外贸政策法规解读（图解版）》主要阐述了对外贸易政策、进出口货物管理政策、出口贸易促进政策、关税管理政策、海关通关管理政策、出入境检验检疫政策等方面的内容。

◇《国际贸易风险防范（图解版）》主要阐述了贸易壁垒风险、客户信用风险、国际贸易合同风险、信用证风险、国际贸易术语风险防范、运输风险防范、国际结算收汇风险防范、外汇风险防范等方面的内容。

本书最大的特点是内容全面、深入浅出，深奥的理论用平实的语言进行表述，让初涉外贸业务的人士也能看得懂、看得明白；表现形式上采用模块化、流程化、表格化、问答式方法，把枯燥的理论知识简单化，容易理解，便于记忆；同时，本书尤其注重实际操作性，对所涉业务的操作要求、步骤、方法、注意事项都讲得清楚、明白。

本套丛书给读者提供了解决的方法、操作的思路、成功的捷径，适宜于有外贸业务的生产企业、纯粹的外贸企业，甚至是与外贸业务有关的报关行、国际货物代理以及大学院系、培训机构等，也可当作海外业务人员、业务指导和管理部门干部了解外贸政策知识的便携手册。

本书由武亮、赵永秀主编，安建伟、齐小娟、陈超、车转、陈宇娇、李建伟、李相田、马晓娟、王丹、王雅兰、王振彪、武晓婷、徐亚楠、冯永华、李景安、吴少佳、陈海川、唐琼、任克勇、滕宝红参与了本书的资料收集和编写工作，武亮、赵永秀对全书相关内容进行了认真细致的审核。

目录 / Contents

第一章　对外贸易基础知识

　　对外贸易政策是指一国政府根据本国的政治经济利益和发展目标而制定的在一定时期内的进出口贸易活动的准则。它集中体现为一国在一定时期内对进出口贸易所实行的法律、规章、条例及措施等。它既是一国总经济政策的一个重要组成部分，又是一国对外政策的一个重要组成部分。

第二章　"一带一路"基础知识

　　"一带一路"（the belt and road，B&R），是指"丝绸之路经济带"和"21世纪海上丝绸之路"。

第三章　加工贸易基础知识

加工贸易是一国通过各种不同的方式，进口原料、材料或零件，利用本国的生产能力和技术，加工成成品后再出口，从而获得以外汇体现的附加价值。加工贸易是以加工为特征的再出口业务，其方式多种多样。

第四章　国际服务贸易基础知识

　　国际服务贸易（international service trade）是指国际间服务的输入和输出的一种贸易方式。国际服务贸易的范围相当广泛，对国际服务贸易的了解，有助于制定和完善服务出口发展战略，也有助于更好地服务于外贸企业。

第五章　多双边经贸合作基础知识

我国一直在加强多双边经贸合作，不仅加强和改善与发达国家的经贸关系，也在深化与发展中国家的经贸合作，密切与台港澳地区的经贸合作，从而营造有利于我国改革开放和现代化建设的良好外部环境。

第六章　产业安全基础知识

　　国际市场越来越复杂多变，为了保护本国产业，各国贸易保护主义盛行，除了关税壁垒外，还有层出不穷的非关税壁垒，而这些对我国的贸易发展和产业安全产生了很大的影响，我们必须积极地面对。

第七章 跨境贸易电子商务基础知识

跨境贸易电子商务是电子商务应用过程中一种较为高级的形式，是指不同国家或地区的交易双方通过互联网以邮件或者快递等形式通关，将传统贸易中的展示、洽谈和成交环节数字化，实现产品进出口的新型贸易方式。跨境贸易电子商务作为一种具有前瞻性的新型跨境贸易模式，在我国刚刚兴起，并将成为我国对外贸易的发展趋势。

第八章　海关特殊监管区域和自贸区基础知识

改革开放以来，我国先后设立了保税区、出口加工区、保税物流中心、保税物流园区和保税港区以及保税仓库等若干海关特殊监管区域及场所。近年来，又设立了上海自贸区。这些区域被赋予了承接国际产业转移、连接国内国际两个市场的特殊功能和政策。

第一章

对外贸易基础知识

对外贸易政策是指一国政府根据本国的政治经济利益和发展目标而制定的在一定时期内的进出口贸易活动的准则。它集中体现为一国在一定时期内对进出口贸易所实行的法律、规章、条例及措施等。它既是一国总经济政策的一个重要组成部分，又是一国对外政策的一个重要组成部分。

阅读提示

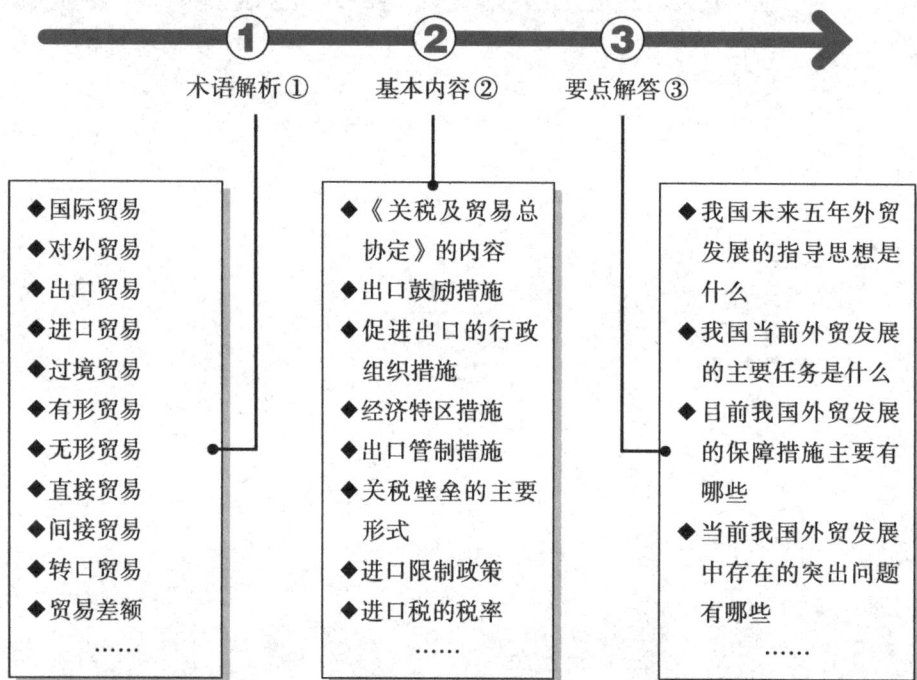

①术语解析①　②基本内容②　③要点解答③

◆国际贸易
◆对外贸易
◆出口贸易
◆进口贸易
◆过境贸易
◆有形贸易
◆无形贸易
◆直接贸易
◆间接贸易
◆转口贸易
◆贸易差额
......

◆《关税及贸易总协定》的内容
◆出口鼓励措施
◆促进出口的行政组织措施
◆经济特区措施
◆出口管制措施
◆关税壁垒的主要形式
◆进口限制政策
◆进口税的税率
......

◆我国未来五年外贸发展的指导思想是什么
◆我国当前外贸发展的主要任务是什么
◆目前我国外贸发展的保障措施主要有哪些
◆当前我国外贸发展中存在的突出问题有哪些
......

图示说明

①将对外贸易所涉及的术语（共32个）做简明扼要的解释。

②将对外贸易的基本内容（共19项）一一阐述清楚。

③列明对外贸易管理中的常见问题（共16个）并提出解决的办法。

第一节　术语解析

术语01：国际贸易

国际贸易是指国际间商品和劳务的交换活动，它是由世界各国对外贸易的总和构成的。从一个国家的角度看国际贸易就是对外贸易。

术语02：对外贸易

对外贸易是指一个国家或地区与另一国家（地区）之间的商品和劳务的交换。对外贸易是由出口贸易和进口贸易构成的，出口贸易是指本国（地区）生产的商品运往其他国家（地区）进行消费；进口贸易是指其他国家（地区）生产的商品运往本国（地区）进行消费。

术语03：出口贸易

出口贸易又称输出贸易，是指一国把自己生产的商品和加工商品输往国外市场销售。

术语04：进口贸易

进口贸易又称输入贸易，是指一国从国外市场购进用以生产或消费的商品，如图1-1所示。

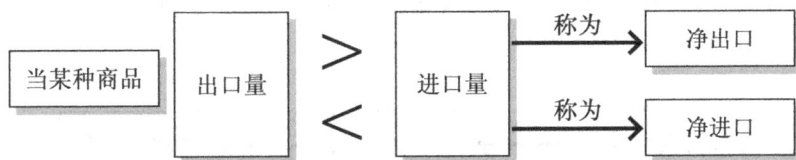

图1-1　进出口贸易图示

术语05：过境贸易

过境贸易是指某种商品从甲国经乙国向丙国输送销售，对乙国来说，就是过境贸易，如图1-2所示。

图1-2　过境贸易图示

术语06：有形贸易

有形贸易是指那些有形的、可以看得见的物质性商品，如机器、设备、家具等的进、出口贸易活动。

术语07：无形贸易

无形贸易是指一切不具备物质自然属性的商品或称无形商品如专利使用权的转让，旅游、金融保险企业跨国提供服务的国际贸易活动。

术语08：直接贸易

直接贸易是指商品生产国与商品消费国直接买卖商品的行为，如图1-3所示。

图1-3　直接贸易图示

术语09：间接贸易

间接贸易是指商品生产国通过第三国同商品消费国进行商品买卖的行为，如图1-4所示。

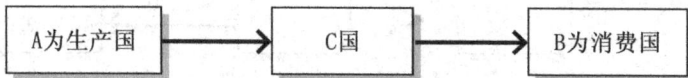

图1-4　间接贸易图示

术语10：转口贸易

转口贸易是指商品生产国与商品消费国通过第三国进行贸易，对第三国来说，就是转口贸易。

（1）直接转口：即转口商仅参与商品的交易过程，商品还是从生产地向消费国转移，如图1-5所示。

| 货币流： | A生产国 | → | B转口商 | → | C消费国 |

| 物流： | A生产国 | → | C消费国 |

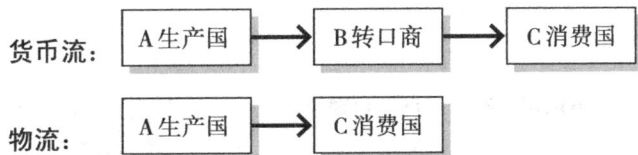

图1-5　直接转口贸易图示

（2）间接转口：商品从生产国输入进来，然后由该国商人销往商品的消费国，具体如图1-6所示。

| A生产国 | → | B进口国 | → | C消费国 |

图1-6　间接转口贸易图示

术语11：贸易差额

贸易差额是指一个国家（地区）在一定时期（如一年）内，出口额与进口额的相差数。其计算公式为：贸易差额＝出口总额－进口总额（一定时期内）。其具体图示如图1-7所示。

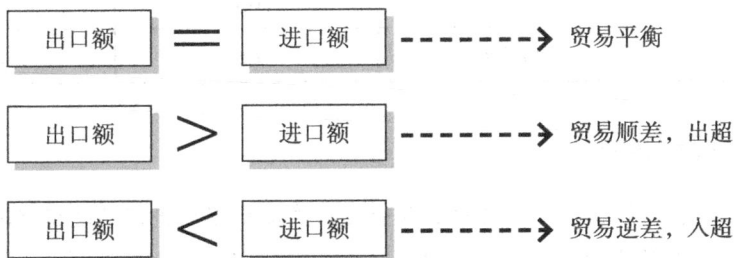

出口额	＝	进口额	------→	贸易平衡
出口额	＞	进口额	------→	贸易顺差，出超
出口额	＜	进口额	------→	贸易逆差，入超

图1-7　贸易差额图示

术语12：对外贸易额

对外贸易额是指一个国家在一定时期内出口贸易额与进口贸易额的总和，如图1-8所示。

| 对外贸易额 | ＝ | 出口贸易额 | ＋ | 进口贸易额 |

图1-8　对外贸易额图示

术语13：国际贸易额

国际贸易额（值）：所有国家和地区的出口额按同种货币换算相加的总额（值），如

图1-9所示。

$$A国出口额 + B国出口额 + C国出口额\cdots\cdots$$

$$A地区出口额 + B地区出口额 + C地区出口额\cdots\cdots$$

总和 → 国际贸易额（值）

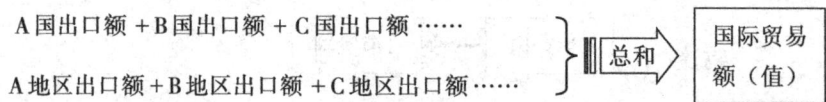

图1-9　国际贸易额图示

术语14：对外贸易量

对外贸易量是以某固定年份为基期计算的出口价格指数去除国际贸易额。

$$贸易量 = \frac{贸易额}{出口价格指数}$$

$$出口价格指数 = \frac{报告期价格}{基期价格} \times 100\%$$

例：

	贸易额	出口价格	贸易量
基　期：2007年	2 800	100	2 800
报告期：2014年	11 736	265	4 429

术语15：贸易条件

贸易条件又称为国际商品交换比率，是指出口商品价格与进口商品价格之间的比率。通俗地表现为，一个单位的出口商品可以换回多少进口商品。它是用出口价格指数与进口价格指数相除来计算的，其计算公式为：

$$贸易条件 = \frac{出口价格指数}{进口价格指数}$$

需要明确的是，当公式计算得出的系数大于100，该国的年度贸易条件得到改善，进口能力提高；当系数小于100，该国年度贸易条件恶化，进口能力削弱。

术语16：对外贸易地理方向

对外贸易地理方向也称"国际贸易地区分布"，是指一国对外贸易额的地区分布和国别分布的状况，即指该国的出口商品流向和进口商品来自哪些国家（地区）。

$$出口方向 = \frac{对某国或某区域集团出口额}{该国总出口额}$$

$$进口方向 = \frac{对某国或某区域集团进口额}{该国总进口额}$$

术语17：国际贸易地理方向

国际贸易地理方向是指世界贸易额的国别分布或洲别分布状况，这一指标反映了各国（地区）或各洲在国际贸易中的地位。

术语18：对外贸易商品结构

一个国家在一定时期（如一年）内，各类进出口商品在进出口贸易总额中所占的比重。对外贸易商品结构是指一定时期内一国进出口贸易中各种商品的构成，即某大类或某种商品进出口贸易与整个进出口贸易额之比，以份额表示。表1-1为进出口商品构成示例。

一个国家对外贸易商品结构，主要由该国的经济发展水平、产业结构状况、自然资源状况和贸易政策所决定。

表1-1 进出口商品构成示例

金额单位：亿美元

商品构成（按SITC分类）	出口		进口	
	金额	增减（%）	金额	增减（%）
总值	5 933.7	35.4	5 614.2	36.0
一、初级产品	405.5	16.5	1 173.0	61.2
0类 食品及活动物	188.7	7.6	91.6	53.6
1类 饮料及烟类	12.1	19.1	5.5	11.9
2类 非食用原料（燃料除外）	58.4	16.1	553.8	62.3
3类 矿物燃料、润滑油及有关原料	144.8	30.2	480.0	64.5
4类 动植物油、脂及蜡	1.5	28.5	42.1	40.5
二、工业制品	5 528.2	37.0	4 441.2	30.6
5类 化学成品及有关产品	263.7	34.7	657.4	34.2
6类 按原料分类的制成品	1 006.5	45.8	740.7	15.9
7类 机械及运输设备	2 682.9	42.9	2 526.2	31.0
8类 杂项制品	1 568.9	24.0	501.6	51.9
9类 未分类的商品	11.1	16.4	15.3	19.3

术语19：贸易依存度

贸易依存度是指一个国家对贸易的依赖程度，一般用对外贸易额在国民收入（或国内生产总值）中所占的比重来表示。用公式表示为：

$$贸易依存度 = \frac{出口额 + 进口额}{国内生产总值（GDP）}$$

术语20：对外贸易政策

对外贸易政策是各国在一定时期内对进口贸易和出口贸易所实行的政策，它包含进口贸易政策和出口贸易政策。

对外贸易政策主要由以下内容构成，如图1-10所示。

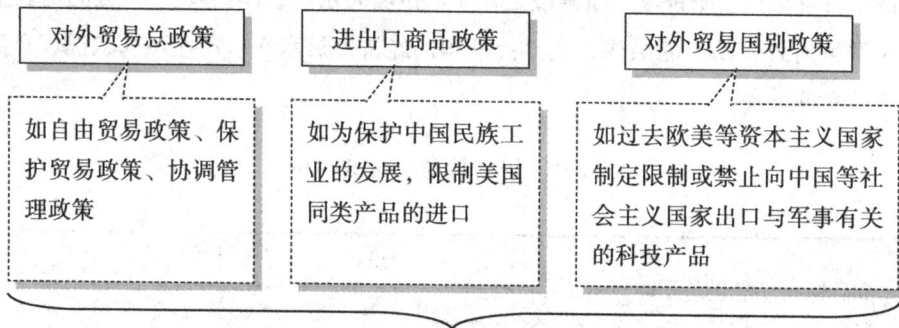

对外贸易总政策	进出口商品政策	对外贸易国别政策
如自由贸易政策、保护贸易政策、协调管理政策	如为保护中国民族工业的发展，限制美国同类产品的进口	如过去欧美等资本主义国家制定限制或禁止向中国等社会主义国家出口与军事有关的科技产品

图1-10　对外贸易政策的构成

术语21：自由贸易政策

自由贸易政策是自由放任经济政策的一个重要组成部分。国家取消对进、出口贸易和服务贸易的限制和障碍，取消对本国进、出口贸易和服务贸易的各种特权和优待，使商品自由进、出口，服务贸易自由经营。也就是说国家对贸易活动不加或少加干预，任凭商品、服务和有关要素在国内外市场公平、自由地竞争。其特点和主要内容如图1-11所示。

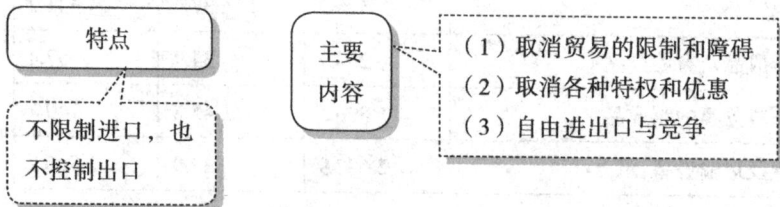

特点

不限制进口，也不控制出口

主要内容

（1）取消贸易的限制和障碍
（2）取消各种特权和优惠
（3）自由进出口与竞争

图1-11　自由贸易政策的特点和主要内容

术语22：保护贸易政策

保护贸易政策是指国家广泛利用各种措施对进口和经营领域与范围进行限制，保护本国的产品和服务在本国市场上免受外国产品和服务的竞争，并对本国出口的产品和服务给予优待与补贴。保护贸易政策以加强本国民族利益为目的，其实质是"奖出限入"。保护贸易政策的特点和主要内容如图1-12所示。

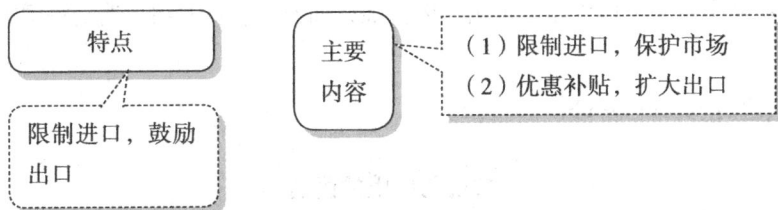

图1-12 保护贸易政策的特点和主要内容

术语23：超保护贸易政策

超保护贸易政策是传统的关税减让谈判中的减税方法。通常对选择出口的产品，先由该项产品的主要供应国提出关税减让要求，与进口国在双边基础上进行讨价还价的谈判，达成双边协议。然后，这一成对当事国对该项产品达成的双边关税减让协议的结果，通过最惠国条款实施于所有关贸总协定缔约国。通过这种传统的关税减让谈判方法，缔约各国不仅从它所直接参加的双边谈判中获得直接利益，还可以从其他成对的谈判国之间达成的减让中获得间接利益。超保护贸易政策的特点如图1-13所示。

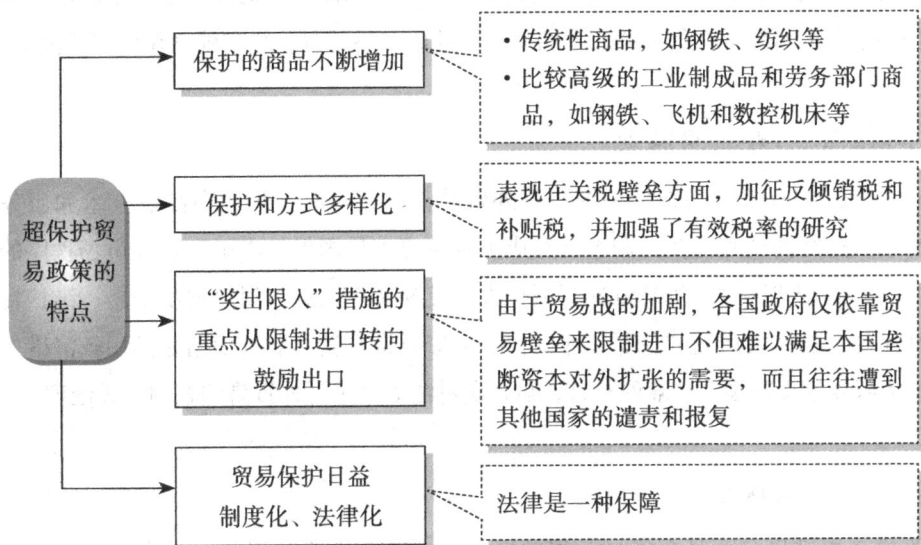

图1-13 超保护贸易政策的特点

术语24：总贸易

总贸易是指以国境作为划分进出口的标准，如美国、日本、中国、英国、加拿大等90多个国家。

术语25：专门贸易

专门贸易是指把关境作为划分进出口的标准，如德国、意大利、瑞士等国家。

·········◉特◎别◎提◎示◉··········➤

关境与国境的区别

当在国境内划出一部分作为自由贸易区、自由港、海关保税仓库等时，国境＞关境。

当有些国家间缔结关税同盟时，关境＞国境。

关境＋（自由港＋自由贸易区＋出口加工区＋海关保税仓库等）经济特区＝国境。

关境＞国境（如欧共体等关税同盟区域）。

因此，总贸易与专门贸易的数额是不相同的。

术语26：世界贸易组织

世界贸易组织（World Trade Organization，WTO）是世界上唯一可以处理国与国之间贸易规则的国际组织，它已经成为名副其实的经济联合国，其核心是《WTO协定》。这一协定是世界上大多数贸易国通过谈判签署的，为国际商业活动提供了基本的法律规则。《WTO协定》的本质是一种契约，即约束各国政府，将其贸易政策限制在议定的范围内。

术语27：对外贸易调查

对外贸易调查是指为维护一国的对外贸易秩序，对有关该国商品、技术和服务的对外贸易事项进行的调查。贸易调查已经成为各主要贸易国保护本国产业和市场秩序的重要法律手段。随着我国对外贸易量的不断扩大，贸易调查已成为消除贸易壁垒、维护良好的贸易秩序、保护本国产业的重要法律依据。为应对针对我国入世承诺而滥用救济措施的行为，最大限度地保护国内产业的利益，对外贸易法规定了对外贸易调查的相关制度。

术语28：关税

关税是指进出口商品在经过一国关境时，由政府设置的海关向进出口商所征收的税收。关税是国际贸易中最常用也是最有效的政策。

关税的征收依据是海关税则。海关税则又称关税税则，指国家海关对进出口货物征收关税的规章和对进出口应征与应免商品加以系统分类的一览表。海关税则图示和海关税则的商品分类如图1-14和图1-15所示。

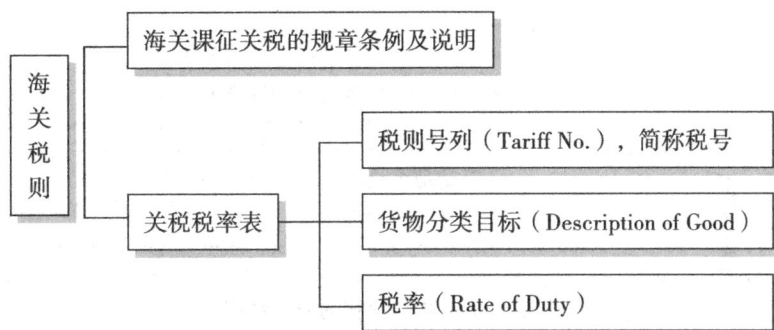

图1-14　海关税则图示

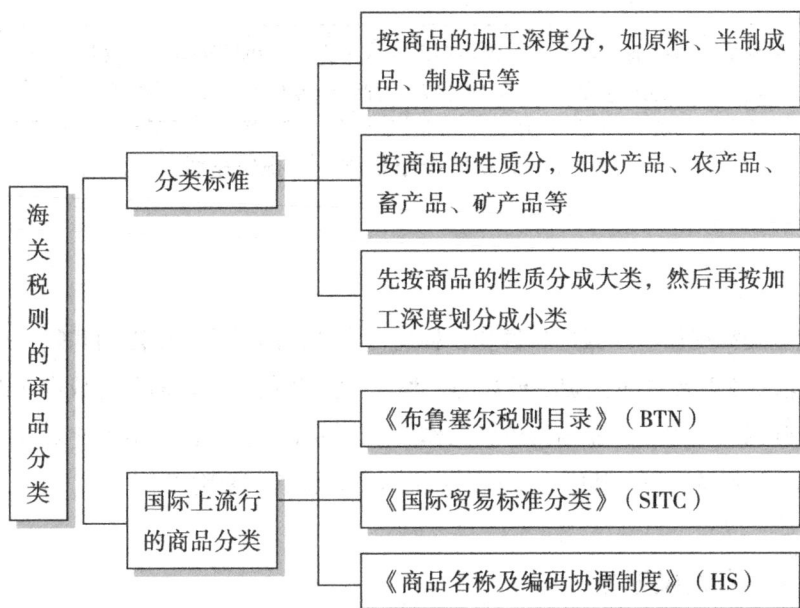

图1-15　海关税则的商品分类

1992年1月1日，我国正式实施了以《协调制度》为基础编制的新的《海关进出口税则》和《海关统计商品目录》。《海关进出口税则》主要用于海关征收关税，《海关统计商品目录》主要用于海关进行统计。《海关进出口税则》将商品分成21大类，97章，编码为8位数字，如03019210为鳗鱼苗。

关税的征收程序——报关手续如图1-16所示。

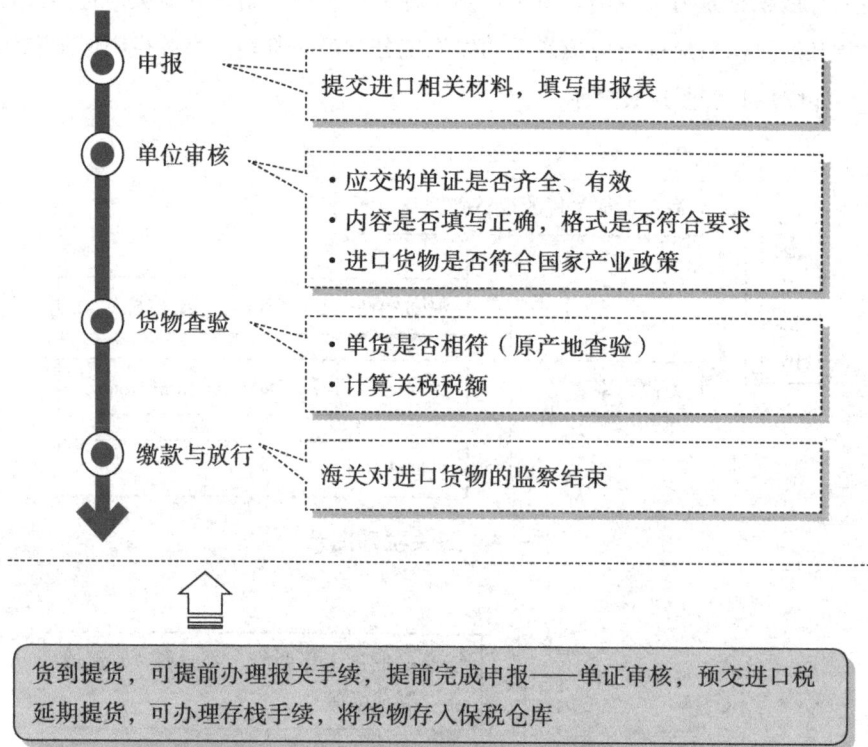

申报 —— 提交进口相关材料，填写申报表

单位审核 ——
- 应交的单证是否齐全、有效
- 内容是否填写正确，格式是否符合要求
- 进口货物是否符合国家产业政策

货物查验 ——
- 单货是否相符（原产地查验）
- 计算关税税额

缴款与放行 —— 海关对进口货物的监察结束

货到提货，可提前办理报关手续，提前完成申报——单证审核，预交进口税延期提货，可办理存栈手续，将货物存入保税仓库

图1-16　关税的征收程序——报关手续

术语29：关税壁垒

关税壁垒是指用征收高额进口税和各种进口附加税的办法，以限制和阻止外国商品进口的一种手段。关税壁垒也是贸易壁垒的一种。 这可以提高进口商品的成本从而削弱其竞争能力，起到保护国内生产和国内市场的作用。它还是在贸易谈判中迫使对方妥协让步的重要手段。世界贸易组织对其极力反对，并通过谈判将其大幅削减。

术语30：非关税壁垒

非关税壁垒又称非关税贸易壁垒，是指一国政府采取除关税以外的各种办法，对本国的对外贸易活动进行调节、管理和控制的一切政策与手段的总和，其目的是试图在一定程度上限制进口，以保护国内市场和国内产业的发展。非关税壁垒大致可以分为直接的和间接的两大类，如图1-17所示。

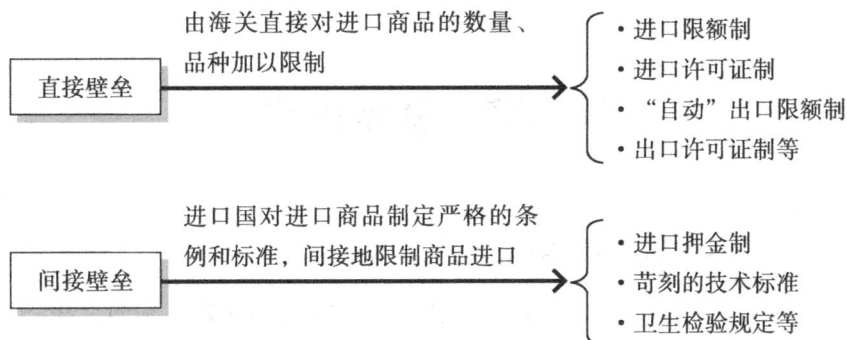

图1-17　非关税壁垒的种类

术语31：《关税及贸易总协定》

《关税及贸易总协定》（General Agreement on Tariffs and Trade，GATT）是一个政府间缔结的有关关税和贸易规则的多边国际协定，简称《关贸总协定》。它的宗旨是通过削减关税和其他贸易壁垒，削除国际贸易中的差别待遇，促进国际贸易自由化，以充分利用世界资源，扩大商品的生产与流通。

《关贸总协定》于1947年10月30日在日内瓦签订，并于1948年1月1日开始临时适用。其图标如图1-18所示。

图1-18　GATT图标

特别提示

由于未能达到GATT规定的生效条件，作为多边国际协定的GATT从未正式生效，而是一直通过《临时适用议定书》的形式产生临时适用的效力。

术语32：出口货物退（免）税

出口货物退（免）税是指对出口货物免征其在本国境内消费时应缴纳的税金或退还其按本国税法规定已缴纳的税金（增值税、消费税）。这是国际贸易中通常采用的，并为各国所接受的一种税收措施，目的在于鼓励各国出口货物并进行公平竞争。

第二节　基本内容

内容01：《关税及贸易总协定》的内容

《关税及贸易总协定》（以下简称《关贸总协定》）分为序言和四大部分，共计38条，另附若干附件。第一部分从第1条到第2条，规定了缔约各方在关税及贸易方面相互提供无条件最惠国待遇和关税减让事项。第二部分从第3条到第23条，规定了取消数量限制以及允许采取的例外和紧急措施。第三部分从第24条到第35条，规定了本协定的接受、生效、减让的停止或撤销以及退出等程序。第四部分从第36条到第38条，规定了缔约国中发展中国家的贸易和发展问题。这一部分是后加的，于1966年开始生效。

《关贸总协定》的宗旨是为了提高缔约国人民的生活水平，保证充分就业、实际收入和有效需求的增长，扩大世界资源的利用。其主要内容如图1-19所示。

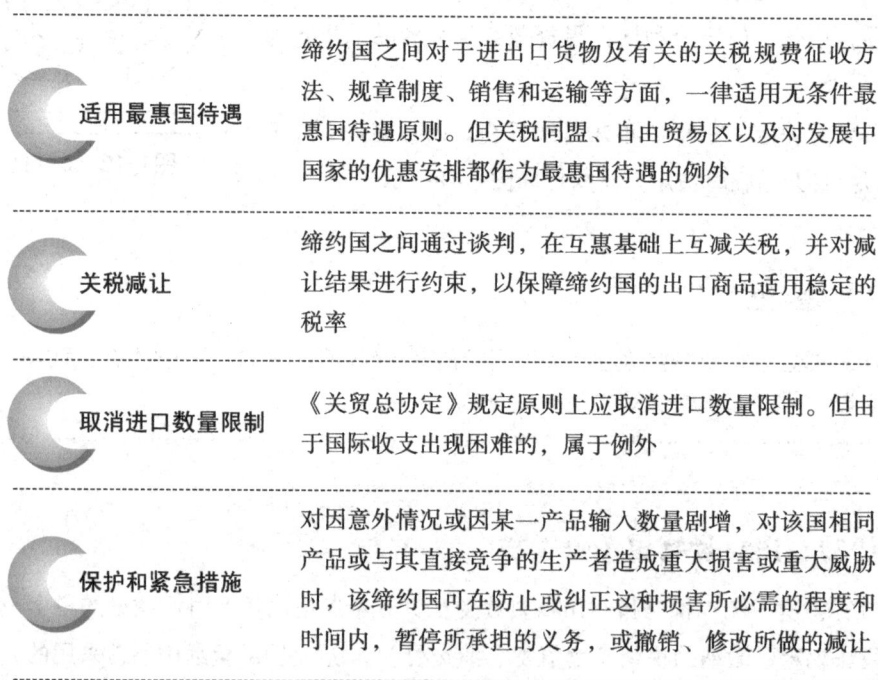

适用最惠国待遇	缔约国之间对于进出口货物及有关的关税规费征收方法、规章制度、销售和运输等方面，一律适用无条件最惠国待遇原则。但关税同盟、自由贸易区以及对发展中国家的优惠安排都作为最惠国待遇的例外
关税减让	缔约国之间通过谈判，在互惠基础上互减关税，并对减让结果进行约束，以保障缔约国的出口商品适用稳定的税率
取消进口数量限制	《关贸总协定》规定原则上应取消进口数量限制。但由于国际收支出现困难的，属于例外
保护和紧急措施	对因意外情况或因某一产品输入数量剧增，对该国相同产品或与其直接竞争的生产者造成重大损害或重大威胁时，该缔约国可在防止或纠正这种损害所必需的程度和时间内，暂停所承担的义务，或撤销、修改所做的减让

图1-19　《关税及贸易总协定》的内容

内容02：出口鼓励措施

出口鼓励措施主要有：出口信贷、出口信贷国家担保制、出口补贴、商品倾销、外汇倾销等。

1．出口信贷

出口信贷是一个国家为了鼓励出口，增强商品的竞争能力，通过本国银行对本国出口商（卖方）或国外进口商或进口方银行（买方）提供的优惠利率的贷款。出口信贷按贷款对象可分为卖方信贷和买方信贷。

（1）卖方信贷。卖方信贷就是出口国银行向本国出口商提供的用于支持出口的优惠利率的贷款，如图1-20所示。

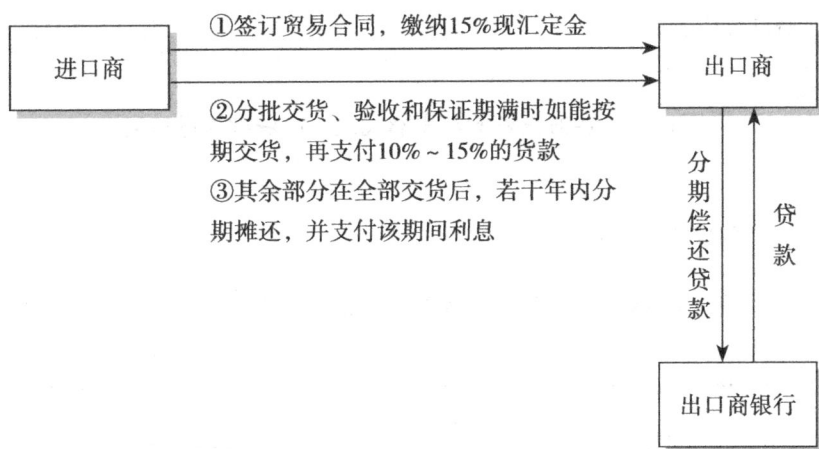

图1-20 卖方信贷业务图示

（2）买方信贷。买方信贷就是出口国银行向国外进口商或进口商银行提供的，用于支持本国商品出口的优惠利率的贷款，如图1-21和图1-22所示。

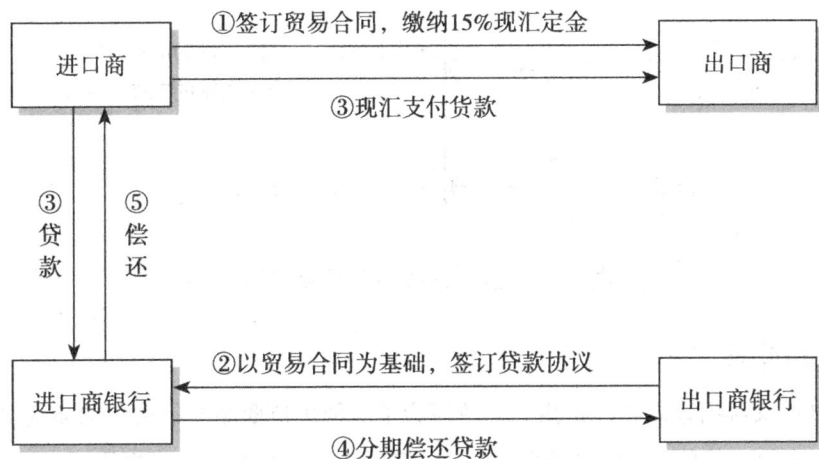

图1-21 买方信贷的基本形式之一：贷款给进口商银行

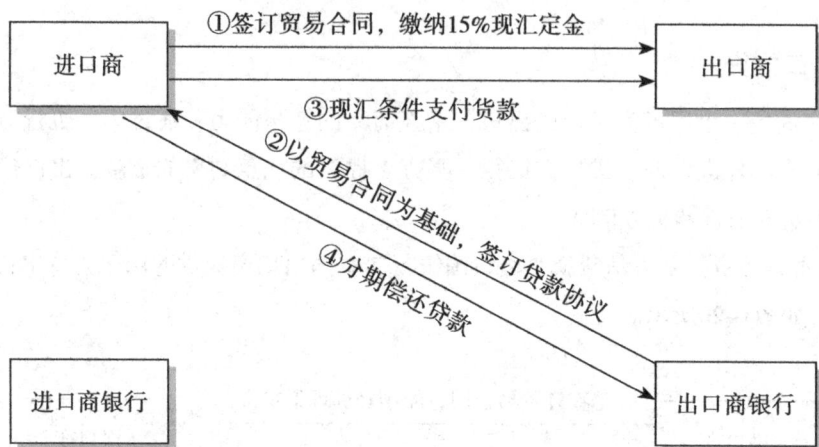

①签订贸易合同，缴纳15%现汇定金

进口商 → 出口商

③现汇条件支付货款

②以贸易合同为基础，签订贷款协议

④分期偿还贷款

进口商银行　　　　　出口商银行

图1-22　买方信贷的基本形式之一：贷款给进口商

特别提示

为了减少可能出现的风险，一般最高贷款额不超过贸易合同金额的85%，并由本国出口信贷担保机构担保。

2．出口信贷国家担保制

出口信贷国家担保制就是国家为了扩大出口，对于本国出口厂商或商业银行提供的信贷，由国家设立的担保机构出面担保，当国外债务人拒绝付款时，该机构就按照承保的数额给予补偿。通常保险公司不承保的出口项目都可向担保机构投保，如图1-23所示。

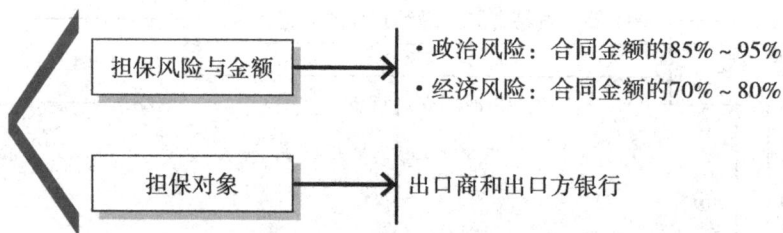

担保风险与金额 → ·政治风险：合同金额的85%～95%
·经济风险：合同金额的70%～80%

担保对象 → 出口商和出口方银行

图1-23　出口信贷国家担保制图示

3．出口补贴

出口补贴又称出口津贴，是指一国政府为了降低出口商品的价格，加强其在国外市场的竞争力，在出口某种商品时给予出口厂商的现金补贴或财政上的优惠待遇。

根据WTO《补贴与反补贴协议》的规定，将补贴分为三种基本类型：禁止性补贴、可诉补贴和不可诉补贴，如图1-24所示。

类型一 ▶ **红灯补贴——禁止性补贴**

红灯补贴又称禁止性补贴。禁止性补贴在贸易实践中又称"红箱补贴"，是指世贸组织反补贴协议规定禁止成员方给予或者予以维持的补贴行为。由于禁止性补贴直接扭曲进出口贸易，反补贴协议对此类补贴以及维持此类补贴的行为予以严格禁止

类型二 ▶ **黄灯补贴——可诉补贴**

黄灯补贴又称可诉补贴，指那些不是一律被禁止，但又不能自动免于质疑的补贴。对这类补贴，往往要根据其客观效果才能判定是否符合世界贸易组织的规则

类型三 ▶ **绿色补贴——不可诉补贴**

根据反补贴协议规定，不可诉补贴是指不会招致其他成员方提起反补贴申诉的补贴。不可诉补贴包括两种

⇕

序号	种类	说明	
1	不具有专向性的补贴	即那些具有普遍性的补贴，这种补贴不会引起基于世界贸易组织相关规定而产生的任何反补贴措施	
2	政府对科研、落后地区以及环保的补贴，即使具有专向性，也属于不可诉的补贴，但必须具备反补贴协议规定的条件	基础研究和竞争前开发活动补贴	该类补贴不能超出项目成本的指定比例，且只能用于某些开支。具体说，高等院校、科研机构在合同基础上进行研究的补贴，该补贴不超过工业研究费用的75%，或竞争前开发活动费用的50%，并且该补贴仅限于人员开支、仪器设备、土地或建筑、咨询服务以及研究活动直接产生的其他费用等
		落后地区援助	根据地区发展总体规划，对处于落后地区的非用于特定企业或产业的补贴被视为是不可诉补贴，且该补贴需满足下列条件：第一，清楚表明地理区域以及经济与行政区划；第二，该地区的人均国民生产总值低于该成员方境内人均国民生产总值的85%，失业率高出该成员方境内失业率的115%
		改造现有设施适应新的环保要求的援助	为适应新的环保要求扶持改进企业现有设备而提供的补贴，这种补贴应是一次性的，并且不得高于采用环保要求所需费用的20%

图1-24　补贴的三种基本类型

4．商品倾销

商品倾销是指出口厂商以低于国内市场价格甚至低于成本的价格，在国外市场上大量抛售商品的行为。

5．外汇倾销

外汇倾销就是利用本国货币对外贬值的机会扩大出口。本国货币贬值，则用外币表示的本国出口商品的价格就会降低，本国出口商品竞争力提高，有利于扩大出口。同时，用本币表示的进口商品的价格增加，进口商品竞争力下降，有利于限制进口。但外汇倾销是有条件的，具体如下。

- 货币贬值的程度大于国内物价上涨的程度。
- 较大的商品的需求价格弹性。
- 他国不同时实行同等程度的货币贬值或采取其他报复措施。
- 出口对进口的依赖程度较低。

内容03：促进出口的行政组织措施

促进出口的行政组织措施很多，具体如图1-25所示。

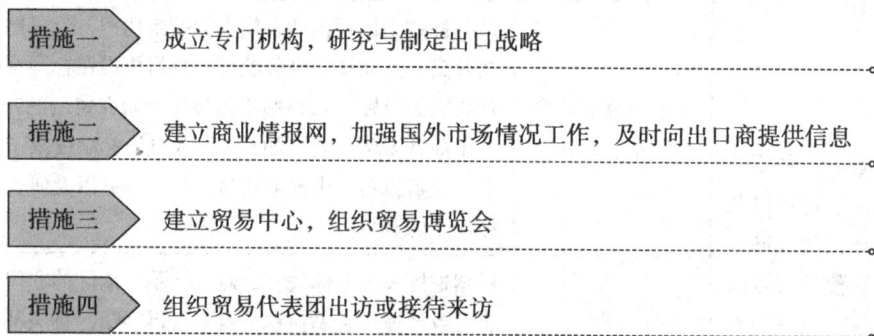

措施一	成立专门机构，研究与制定出口战略
措施二	建立商业情报网，加强国外市场情况工作，及时向出口商提供信息
措施三	建立贸易中心，组织贸易博览会
措施四	组织贸易代表团出访或接待来访

图1-25　促进出口的行政组织措施

内容04：经济特区措施

为了扩大出口，不论是发达国家还是发展中国家，都千方百计地采取各种方式鼓励出口商的积极性，如建立经济特区。经济特区是指一国或地区在其管辖的地域内划出一定非关境的地理范围，实行特殊的经济政策，以吸引外商从事贸易和出口加工等业务活动。具体形式如表1-2所示。

表1-2　经济特区措施的形式

序号	形式	具体说明
1	自由港	自由港（Free Port）又称自由口岸、自由贸易区、对外贸易区，这种港口划在一国关境之外，外国商品进港口时除免交关税外，还可在港内自由改装、加工、长期储存或销售。但须遵守所在国的有关政策和法令
2	保税区	保税区也称保税仓库区，级别低于综合保税区。其保税区的功能定位为"保税仓储、出口加工、转口贸易"三大功能。保税区具有进出口加工、国际贸易、保税仓储商品展示等功能，享有"免征、免税、保税"政策，实行"境内关外"运作方式，是中国对外开放程度最高、运作机制最便捷、政策最优惠的经济区域之一
3	出口加工区	出口加工区是国家划定或开辟的专门制造、加工、装配出口商品的特殊工业区，是经济特区的形式之一，常享受减免各种地方征税的优惠。出口加工区多设于沿海港口或国家边境附近
4	自由边境区	自由边境区是指在本国的边境省、市地区或地带划定某一地段，按自由贸易区或出口加工区的优惠措施，吸引国内外厂商投资，以开发边远地区经济的自由区域；划在国境之内、关境之外（如我国香港和澳门地区），从邻国输入的货物只要不逾越关境进入内地，一般不征关税
5	过境区	过境区是指沿海国家为了便利邻国的进出口货运，开辟某些海港、河港或边境城市作为货物过境区，过境区对过境货物简化通关手续，免征关税或只征小额的过境费用。过境货物一般可在过境区内作短期储存、重新包装，但不得加工

内容05：出口管制措施

出口管制是指国家通过法令和行政措施对本国出口贸易所实行的管理与控制。许多国家，特别是发达国家，为了达到一定的政治、军事和经济目的，往往对某些商品，尤其是战略物资与技术产品实行管制、限制或禁止出口。

1. 出口管制的商品

需要实行出口管制的商品一般有以下几类，具体如表1-3所示。

表1-3　出口管制的商品

序号	类别	具体说明
1	战略物资和先进技术资料，如军事设备、武器、军舰、飞机、先进的电子计算机和通信设备、先进的机器设备及其技术资料等	对这类商品实行出口管制，主要是从"国家安全"和"军事防务"的需要出发，以及从保持科技领先地位和经济优势的需要考虑

（续表）

序号	类别	具体说明
2	国内生产和生活紧缺的物资	其目的是保证国内生产和生活需要，抑制国内该商品价格上涨，稳定国内市场。如西方各国往往对石油、煤炭等能源商品实行出口管制
3	需要"自动"限制出口的商品	这是为了缓和与进口国的贸易摩擦，在进口国的要求下或迫于对方的压力，不得不对某些具有很强国际竞争力的商品实行出口管制
4	历史文物和艺术珍品	这是出于保护本国文化艺术遗产和弘扬民族文化的需要而采取的出口管制措施
5	本国在国际市场上占主导地位的重要商品和出口额大的商品	对于一些出口商品单一、出口市场集中，且该商品的市场价格容易出现波动的发展中国家来讲，对这类商品的出口管制，目的是为了稳定国际市场价格，保证正常的经济收入。比如，欧佩克（OPEC）对成员国的石油产量和出口量进行控制，以稳定石油价格

2．管制形式

出口管制主要有以下两种形式，具体如图1-26所示。

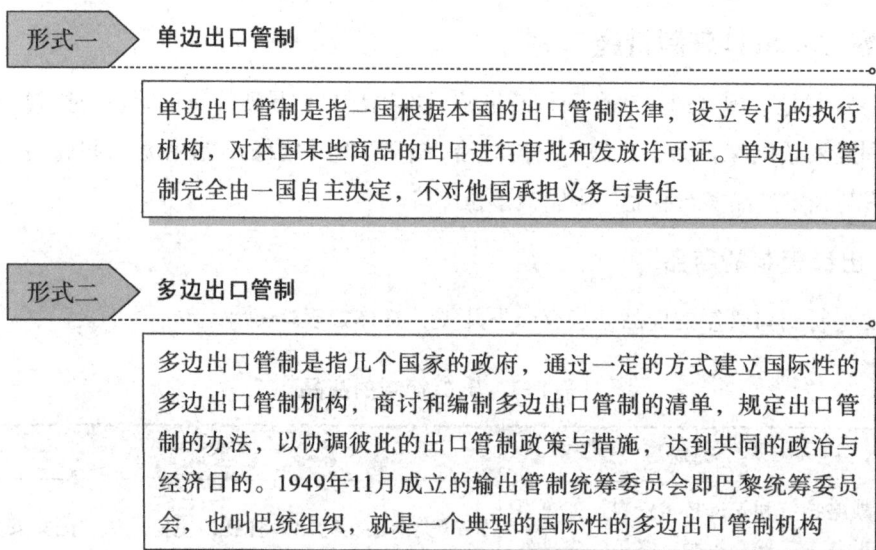

形式一 单边出口管制

单边出口管制是指一国根据本国的出口管制法律，设立专门的执行机构，对本国某些商品的出口进行审批和发放许可证。单边出口管制完全由一国自主决定，不对他国承担义务与责任

形式二 多边出口管制

多边出口管制是指几个国家的政府，通过一定的方式建立国际性的多边出口管制机构，商讨和编制多边出口管制的清单，规定出口管制的办法，以协调彼此的出口管制政策与措施，达到共同的政治与经济目的。1949年11月成立的输出管制统筹委员会即巴黎统筹委员会，也叫巴统组织，就是一个典型的国际性的多边出口管制机构

图1-26 出口管制的两种形式

3．管制手段

一国控制出口的方式有很多种，例如可以采用出口商品的国家专营、征收高额的出口关税、实行出口配额等，但是出口管制最常见和最有效的手段是运用出口许可证制度，出口许可证分为一般许可证和特殊许可证，具体如图1-27所示。

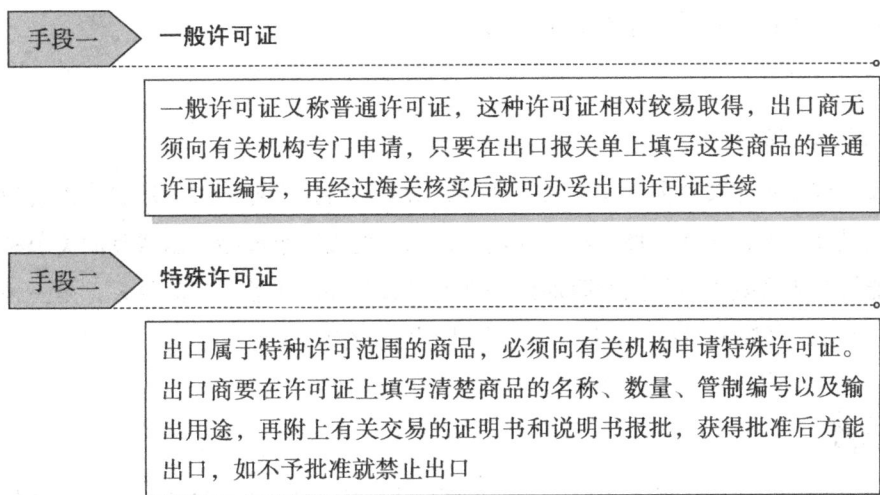

手段一　**一般许可证**

> 一般许可证又称普通许可证，这种许可证相对较易取得，出口商无须向有关机构专门申请，只要在出口报关单上填写这类商品的普通许可证编号，再经过海关核实后就可办妥出口许可证手续

手段二　**特殊许可证**

> 出口属于特种许可范围的商品，必须向有关机构申请特殊许可证。出口商要在许可证上填写清楚商品的名称、数量、管制编号以及输出用途，再附上有关交易的证明书和说明书报批，获得批准后方能出口，如不予批准就禁止出口

图1-27　出口管制的许可证制度

一般而言，一国实施贸易政策的目的是扩大出口和减少进口，但是一些国家出于政治和经济的考虑而实施出口管制政策。出口管制是一国对外实行通商和贸易的歧视性手段之一。实施出口管制，会对被管制国家和实施该政策的国家的经济造成负面影响。

总之，出口管制不仅是国家管理对外贸易的一种经济手段，也是对外实行差别待遇和歧视政策的政治工具。

内容06：关税壁垒的主要形式

常见的关税壁垒有以下几种形式：关税高峰、关税升级、关税配额、从量税、从价税。

1．关税高峰

关税高峰是指在总体关税水平较低的情况下少数产品维持的高关税。经过GATT八个回合的谈判，WTO各成员的平均关税水平已大幅下降，但一些成员仍在不少领域维持着关税高峰。

实例

某国在乌拉圭回合谈判中同意大幅度削减关税，同时又在食品、纺织品、鞋类、皮革制品、珠宝首饰、人造珠宝、陶瓷、玻璃、卡车和铁路机动车等几个产业部门保留了关税高峰，其中陶瓷的关税为30%，玻璃杯和其他玻璃器皿的关税为33.2%~38%，载重量为5~20吨的货车的关税为20%。又如日本一些产品仍保持着较高的关税水平。这些产品包括农产品、食糖、巧克力甜点（10%）、奶酪和牛奶制品（22.4%~40%）、甜饼干（18%~20.4%）、果酱（12%~34%）、烟熏马哈鱼（15%）、原材料（氧化铅、熔化的氧化铝、镍）。在总体关税水平较低的情况下，上述特定产品的高关税不合理地阻碍了其他国家相关产品的正常出口，构成贸易壁垒。

2. 关税升级

关税升级是设定关税的一种方式，即通常对某一特定产业的进口原材料设置较低的关税，甚至是零税率，而随着加工深度的提高，相应地提高半成品、制成品的关税税率。关税升级能够较为有效地达到限制附加值较高的半成品和制成品进口的效果，是一种较为常见的贸易壁垒。关税升级在发达国家和发展中国家都存在。

········· 实例 ·····················

某国为保护国内加工产业或制造业，对某种钢材适用5%的关税率，而用同种钢材做成的车身零件的税率为15%，成品汽车的税率则达到30%。这种关税升级限制了支撑品的出口。又如美国对进口中、低档陶瓷制品征收的关税高，对高档陶瓷制品征收的关税低，给中国陶瓷制品对美国出口造成障碍。此外，美国对鞋面用皮面积超过鞋面总面积51%的运动鞋征收的关税为8%，鞋面用皮面积低于鞋面总面积51%的则为33%。这种不合理的关税结构，使得中国相关产品在美国市场上处于非常不利的竞争地位。

3. 关税配额

关税配额是指对一定数量（配额量）内的进口产品适用较低的税率，对超过该配额量的进口产品则适用较高的税率。在实践中，关税配额的管理和发放方式多种多样，如先领、招标、拍卖、行政分配等。配额确定、发放和管理过程中的某些不适当做法可能会造成对贸易的阻碍。在行政分配情况下，壁垒措施可能会出现在以下环节。

（1）配额量的确定。例如，某WTO成员所确定的配额量低于其最近3个代表年份的平均出口量，因此该配额量构成贸易壁垒。

（2）配额发放和管理。配额发放和管理缺乏透明度或公正性，也会形成贸易壁垒。如某国奶制品的关税额管理缺乏透明度，有时甚至将配额发放给不再从事奶制品生意的企业，造成配额放空。

此外，在以拍卖、招标等方式发放关税配额的过程中，人为操纵或其他原因也可能造成对进口产品的壁垒措施。

4．从量税

从量税是指按照商品的重量、数量、容量、长度和面积等计量单位为标准计征的关税。其中重量是较为普遍采用的计量单位，一些国家采用毛重的计量方法，另一些国家采用的是净重的计量方法，或采用"以毛作净"等计量方法。

从量税额的计算公式是：

$$税额＝商品的数量×每单位从量税$$

········· 实例 ·········

欧盟1992年的税则规定，每百升香槟酒征收40欧洲货币单位的关税。我国也对啤酒、原油、感光胶片等进口货物采用从量税的课税标准。

征收从量关税的特点是手续简便，可以无须审定货物的规格、品质、价格，便于计算。因单位税额固定，对质次价廉的低档商品进口与高档商品征收同样的关税，使低档商品进口不利，因而对其保护作用比较大。国内价格降低时，因税额固定，税负相对增大，不利于进口，保护作用加强。为此，有的国家大量使用从量关税，尤其被广泛适用于食品、饮料和动、植物油的进口方面。美国约有33%的税目栏是适用从量关税的；挪威从量关税也占28%。由于发达国家的出口商品多属较高的档次，相比发展中国家需承担高得多的从量关税税负。

5．从价税

从价税是按照进口商品的价格为标准计征的关税。其税率表现为货物价格的百分率。

从价税的计算公式是：

$$税额＝商品总值×从价税率$$

内容07：进口限制政策

进口限制政策旨在调节国际收支逆差，它的政策手段主要为关税和非关税壁垒。非关税壁垒通常包括进口配额制，进口许可证制，外汇管制，最低限价，歧视性的政府采购和复杂苛刻的技术安全、卫生检疫、商品包装及标签规定，其中进口配额制是较为重要的非关税壁垒措施。进口限制政策的手段如图1-28所示。

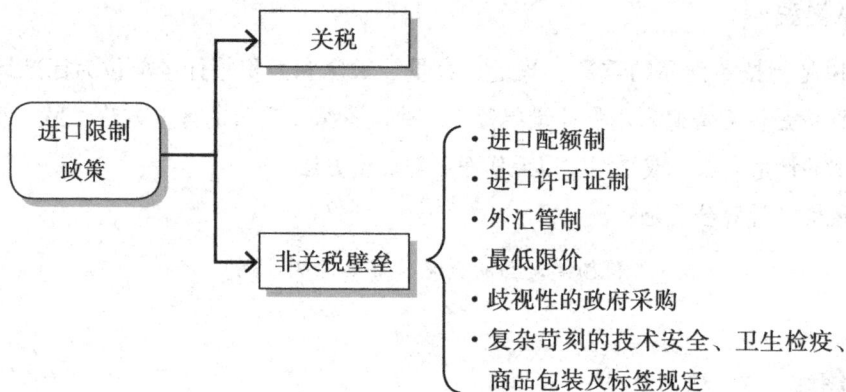

图1-28　进口限制政策的手段

进口配额制是指进口国就某些商品，在一定时期内（一年、半年或三个月）在数量上或金额上规定一个限额，在限额内准予进口，超过限额则不准进口；或征收较高关税乃至罚款，从而起到限制进口的作用。

关税壁垒则是对进口商品征收高额的赋税，从而间接起到限制进口的作用。

内容08：进口税的税率

进口税率可分为普通税率、最惠国税率和普惠制税率三种。

1．普通税率

如果进口国未与该进口商品的来源国签订任何关税互惠贸易条约，则对该进口商品按普通税率征税。普通税率是最高税率，一般比优惠税率高1～5倍，少数商品甚至高达10倍、20倍。

2．最惠国税率

这是对签有最惠国待遇条款的贸易协定国家实行的税率。所谓最惠国待遇（Most-Favoured-Nation Treatment，MFNT）是指缔约国各方实行互惠，凡缔约国一方现在和将来给予任何第三方的一切特权、优惠和豁免，也同样给予对方。最惠国待遇的主要内容是关税待遇。最惠国税率是互惠的且比普通税率低，有时甚至差别很大，如美国公布金银最惠国税率为27%，普通税率为110%。

> **特别提示**
>
> 最惠国税率并非是最低税率。

3．普惠制税率

普惠制税率是发达国家向发展中国家提供的优惠税率。它在最惠国税率的基础上实行减税或免税，通常按最惠国税率的一定百分比征收，并且不是互惠的，而是单向的。目前有30多个国家（欧、日、美、加、澳、德等）实行了普惠制税率，170多个发展中国家接受了普惠制税率。

内容09：进口附加税

进口附加税又称为特别关税，是进口国家在对进口商品征收正常进口税后，还会出于某种目的，再加征部分进口税，加征的进口税部分，就是进口附加税。进口附加税不同于进口税，不体现在海关税则中，并且是为特殊目的而设置的，其税率的高低往往视征收的具体目的而定。一般是临时性的或一次性的。

········ 实例 ·································

美国在1971年由于国际收支出现危机，为了限制进口，对进口商品一律征收10%的附加税；有些国家为了增加财政收入或限制高价奢侈品的进口，对其征收附加税；有些国家（如澳大利亚）曾因某种商品一时进口量过多使国内生产受到威胁而征收紧急进口税。关税及贸易总协定对缔约方的关税正税加以约束，不能任意提高。除在规定的例外情况之外，不准征收超过正税的附加税。但为了抵制倾销、补贴，允许缔约方对构成倾销或补贴的进口商品征收反倾销税或反补贴税。新中国成立前政府曾征收过"二五附加税"，即对进口货物除征收"值百抽五"的正税外，另征2.5%的附加税。新中国成立后，从1985年开始，对一些国内已能生产，但又大量进口的消费品，如汽车、机电产品等，一些国内幼稚工业或新兴工业产品和一些盲目引进的生产线，于进口关税之外，另征收进口调节税。这些调节税已于1992年4月全部取消。

1．目的

进口国通常把征收进口附加税作为限制外国商品输入的一种临时性措施，其目的主要有以下三个。

（1）应付国际收支危机，维持进出口平衡。如美国20世纪70年代初出现了首次贸易逆差，尼克松政府为应付国际收支危机，实行"新经济政策"，宣布对外国进口商品一律加征10%的进口附加税。

（2）防止外国商品低价倾销。

（3）对某一国家实行歧视或报复。因此进口附加税又称为特别关税。

2．主要形式

进口附加税是一国对进口货物除了征收一般进口税外，根据某种目的再加征的进口税。这种对进口商品征收一般关税以外再加征的额外关税，就叫作进口附加税。进口附加税是限制商品进口的重要手段，往往是针对个别国家或者个别商品征收的。目前各国为了实现其特定的保护目的，主要采用以下几种形式，如图1-29所示。

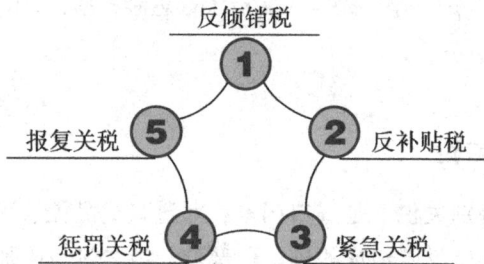

图1-29 进口附加税的五种形式

3．计算方法

进口附加税的计算公式如下：

进口附加税＝关税完税价格×进口附加税税率

进口环节消费税＝进口环节消费税完税价格×进口环节消费税税率

进口环节消费税完税价格＝（关税完税价格＋关税＋进口附加税）×（1-进口环节消费税税率）

进口环节增值税＝进口环节增值税完税价格×进口环节增值税税率

进口环节增值税完税价格＝关税完税价格＋关税＋进口附加税＋进口环节消费税

内容10：非关税壁垒的主要形式

非关税壁垒形式多样，且更为隐蔽。根据美国、欧盟等WTO成员贸易壁垒调查的实际，非关税壁垒主要表现为如图1-30所示的几种形式。

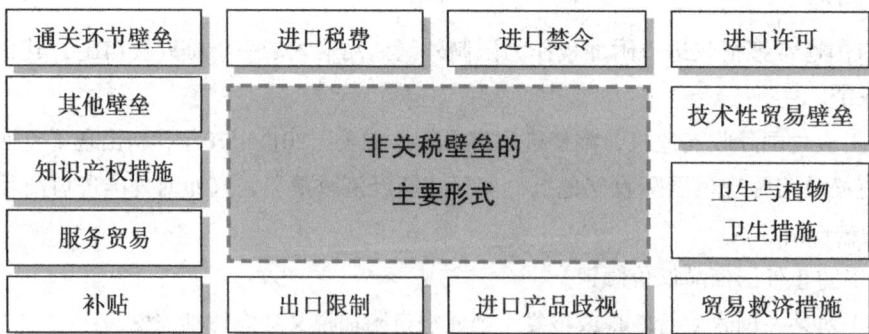

图1-30 非关税壁垒的主要形式

1．通关环节壁垒

通关环节壁垒通常表现在以下三个方面。

（1）进口国有关当局在进口商办理通关手续时，要求其提供非常复杂或难以获得的资料，甚至商业秘密资料，从而增加进口产品的成本，影响其顺利进入进口国市场。

（2）通关程序耗时冗长，使得应季的进口产品（如应季服装、农产品等）失去贸易机会。

（3）对进口产品征收不合理的海关税费。

2．进口税费

进口税费是指产品进入一国国内市场后，在流通领域发生的税费。若专门针对进口产品征收国内税费或对进口产品征收高于国内产品的国内税费，则构成对进口产品的限制。

3．进口禁令

进口禁令是指超出WTO规则相关例外条款（如GATT第20条规定的一般例外、第21条规定的安全例外等）规定而实施的限制或禁止进口的措施。

4．进口许可

进口许可分为自动许可和非自动许可两种，如图1-31所示。

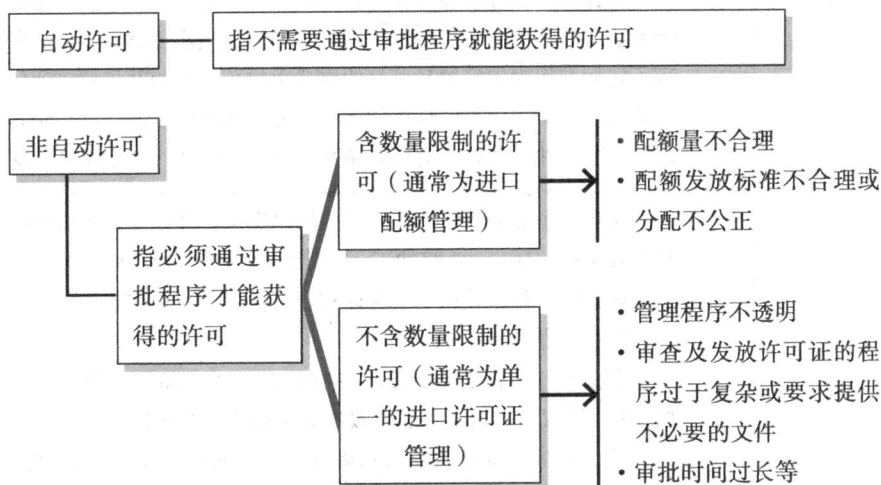

图1-31　进口许可的类别

5．技术性贸易壁垒

根据WTO《技术性贸易壁垒协议》（以下简称《TBT协议》）的有关规定，WTO成员有权制定和实施旨在保护国家或地区安全利益、保障人类、动物或植物的生命或健康、保护环境、防止欺诈行为、保证出口产品质量等的技术法规、标准以及确定产品是否符合这些技术法规和标准的合格评定程序。上述措施总称为TBT措施，具体可分为三类，即技术法规、标准和合格评定程序，具体说明如表1-4所示。

表1-4　TBT措施的类别及说明

序号	类别	具体说明
1	技术法规	（1）技术法规是指规定强制执行的产品特性或其相关工艺和生产方法（包括适用的管理规定）的文件，以及规定适用于产品、工艺或生产方法的专门术语、符号、包装、标志或标签要求的文件。这些文件可以是国家法律、法规、规章，也可以是其他的规范性文件，以及经政府授权由非政府组织制定的技术规范、指南、准则等 （2）技术法规具有强制性特征，即只有满足技术法规要求的产品方能销售或进出口。例如，某国颁布技术法规，要求低于某一价格的打火机必须安装防止儿童开启的装置。这种将商品价格和技术标准联系起来的做法缺乏科学性和合理性，从而构成了贸易壁垒
2	标准	（1）标准是指经公认机构批准的、非强制执行的、供通用或重复使用的产品或相关工艺和生产方法的规则、指南或特性的文件。该文件还可包括专门适用于产品、工艺或生产方法的专门术语、符号、包装、标志或标签要求。按照《TBT协议》的规定，标准是自愿性的 （2）实践中有些国家将标准分为强制标准和推荐标准两种，其强制标准具有技术法规的性质。一些国家特别是某些发达国家，利用其经济和科技优势，将标准作为构筑贸易壁垒的重要手段，以限制其他贸易伙伴，尤其是发展中国家的产品进口。例如，有的国家制定了进口产品很难达到的苛刻标准，并以此影响消费者偏好，事实上对进口产品构成了障碍
3	合格评定程序	（1）合格评定程序是指任何直接或间接用以确定是否满足技术法规或标准中相关要求的程序。《TBT协议》规定的合格评定程序包括：抽样、检测和检验程序；符合性评估、验证和合格保证程序；注册、认可和批准以及它们的组合 （2）不透明或歧视性的合格评定程序往往对进口产品构成障碍。例如，根据《TBT协议》，成员在颁布没有国际标准或与国际标准不一致且可能对其他成员的贸易产生重大影响的技术法规或合格评定程序前，需向WTO/TBT委员会提前通报，给予其他成员一定的评议时间并尽可能考虑它们的合理意见。但有的成员在未征求其他成员意见的情况下即发布和实施有关技术法规、标准或合格评定程序，从而使其他成员在不知情的情况下因其出口产品不符合进口国相关规定而被退回、扣留、降价处理或销毁。这种做法违反了《TBT协议》的透明度原则，严重影响了其他成员对其出口贸易，构成了贸易壁垒。还有的成员在抽样、检测和检验等具体程序中，无故拖延时间，对进口产品构成不合理的限制

《TBT协议》要求WTO各成员在制定和实施技术法规、标准和合格评定程序等TBT措施时必须遵循以下原则：

（1）避免对贸易造成不必要障碍的原则（对贸易影响最小原则）；

（2）非歧视性原则（最惠国待遇原则和国民待遇原则）；

（3）与国际标准协调一致原则；

（4）技术法规等效性原则；

（5）合格评定程序的相互认可原则；

（6）透明度原则等。

但在实践中，一些国家（地区）并未严格遵守上述原则，制定复杂、苛刻、多变的TBT措施，限制其他国家（地区）的产品进入其市场。例如，某国对进口产品的技术要求高于该国产品，或对从特定国家进口的产品的技术要求高于从其他国家进口的同类产品，违反了《TBT协议》的非歧视性原则。因此，凡是违反《TBT协议》有关原则所制定和实施的技术法规、标准和合格评定程序均构成技术性贸易壁垒。

6．卫生与植物卫生措施

根据WTO《实施卫生与植物卫生措施协议》（以下简称《SPS协议》）的有关规定，WTO成员有权采取如下措施（如图1-32所示），保护人类、动植物的生命和健康。

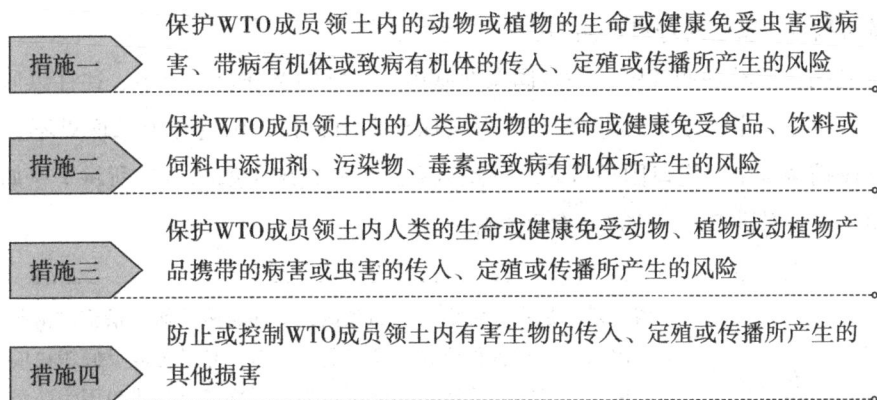

措施一　保护WTO成员领土内的动物或植物的生命或健康免受虫害或病害、带病有机体或致病有机体的传入、定殖或传播所产生的风险

措施二　保护WTO成员领土内的人类或动物的生命或健康免受食品、饮料或饲料中添加剂、污染物、毒素或致病有机体所产生的风险

措施三　保护WTO成员领土内人类的生命或健康免受动物、植物或动植物产品携带的病害或虫害的传入、定殖或传播所产生的风险

措施四　防止或控制WTO成员领土内有害生物的传入、定殖或传播所产生的其他损害

图1-32　SPS措施的内容

上述措施总称为SPS措施，具体包括：

（1）所有相关的法律、法令、法规、要求和程序，特别是最终产品标准；

（2）工序和生产方法；

（3）检验、检疫、检查、出证和批准程序；

（4）各种检疫处理，包括与动物或植物运输有关的或与在运输过程中为维持动植物生存所需物质有关的要求；

（5）有关统计方法、抽样程序和风险评估方法的规定；

（6）与食品安全直接有关的包装和标签要求等。

根据《SPS协议》，WTO成员制定和实施SPS措施必须遵循科学性原则、等效性原则、与国际标准协调一致原则、透明度原则、SPS措施的一致性原则、对贸易影响最小原则、动植物疫情区域化原则等。因此，缺乏科学依据，不符合上述原则的SPS措施均构成贸易壁垒。

⋯⋯ 实例 ⋯⋯⋯⋯⋯⋯⋯⋯

某国仅以从来自另一国的个别批次产品中检测出不符合《SPS协议》的污染物为由，全面禁止从该国进口该类产品，违反了《SPS协议》关于SPS措施的实施要基于必要且对贸易影响最小的原则，构成了贸易壁垒；某国以另一国的个别农场或地区发生动植物疫情为由，全面禁止从该国进口所有的动植物及其产品，违反了《SPS协议》的区域化原则，构成了对贸易的变相限制；某国对进口的三文鱼的检疫要求严于对该国产品的检疫要求，或严于进口的可能感染了与三文鱼相同疾病的其他鱼类的检疫要求，从而限制或禁止三文鱼的进口，违反了《SPS协议》的一致性原则，构成了贸易壁垒。

7. 贸易救济措施

贸易救济措施包括对进口产品实施的反倾销、反补贴和保障措施。不合理地使用或滥用这些救济措施，就会对进口产品形成贸易壁垒。

在反倾销、反补贴调查中，一些国家在倾销和补贴的调查及认定中，往往以所谓"非市场经济"问题歧视中国产品，有的进而在标准采用、替代国选择上采取更不合理的做法。在反倾销调查中，进口国还可采取反规避和反吸收措施（如图1-33所示），如这些措施被滥用，也会对进口产品构成不合理的障碍。

反规避	所谓规避，是指一种出口产品在被另一国实施反倾销措施的情况下，出口商通过各种形式减少或避免出口产品被征收反倾销税或被适用其他形式的反倾销措施的行为。反规避是指进口国为防止国外出口商规避反倾销措施的行为而采取的措施
反吸收	所谓吸收，是指在进口国已对某一进口产品征收反倾销税的情况下，出口商采取低报出口价格的方法减轻进口商因承担反倾销税产生的负担，从而降低反倾销税对其产品在进口国市场份额的影响。在此情况下，进口国可以进行反吸收调查，即如进口国发现反倾销措施对倾销产品的售价未能产生预期影响，可通过重新调查确定新的倾销幅度，并最终提高反倾销税率

图1-33　反规避和反吸收措施

一国在采取反规避、反吸收调查时，如果在进口产品原产地、出口价格的认定等方面采取的标准不够客观、公正，导致不适当或不合理地采取反规避、反吸收的措施，限制产品的进口，反规避、反吸收措施就可能起到贸易壁垒的作用。

········ 实例 ········

某WTO成员方曾对原产于中国的草柑橘进行过不合理的反倾销、反规避和反吸收调查。在反倾销调查中裁定征收24%的反倾销税，继而又在反吸收调查中将该税率提高到48%，迫使我国产品退出该成员市场。

在保障措施调查中，一些国家往往在进口增长、产业损害等问题的认定方面带有较大的随意性，并进而根据这种随意性的认定对其他国家出口产品采取不合理的保障措施。

8．进口产品歧视

政府采购中对进口产品的歧视可分为两种情况，具体如图1-34所示。

情况一 ▷ **WTO《政府采购协议》的签署方间所采取的对进口产品的歧视措施**

《政府采购协议》是一个多边协议，即只有签署了该协议的成员方才受协议规则的约束。该协议规定，协议的签署方必须保持政府采购的透明度，并给其他成员在参与政府采购方面同等的待遇。实践中，一些WTO成员方往往以不太透明的采购程序阻碍外国产品公平地参与采购。例如，某国法律规定在政府采购中实施国内优先原则；对采购该国产品予以某些特殊优惠；制定复杂的采购程序，使国外产品无法公平地参与采购竞标

情况二 ▷ **非WTO《政府采购协议》的签署方间采取的对进口产品的歧视措施**

在各国自愿对外国开放该国政府采购的领域中，也会存在对进口产品的歧视。这些歧视措施在实践中主要表现为违反最惠国待遇，对不同国家的产品采取差别待遇，从而构成对特定国家产品的歧视

图1-34　进口产品歧视的两种情况

9．出口限制

出口限制的具体表现形式如图1-35所示。

形式一　通过该国国内立法上的治外法权条款，限制或阻碍其他国家与第三国的贸易。例如，某国根据其出口管理立法，建立了一整套针对军民两用产品的出口控制体系，并限制其他国家的企业将此类产品销往没有经过授权的目的地

形式二　对一些原材料、半制成品任意实施出口限制，使得这些原材料、半制成品进口国的相关制成品的生产及出口受到限制

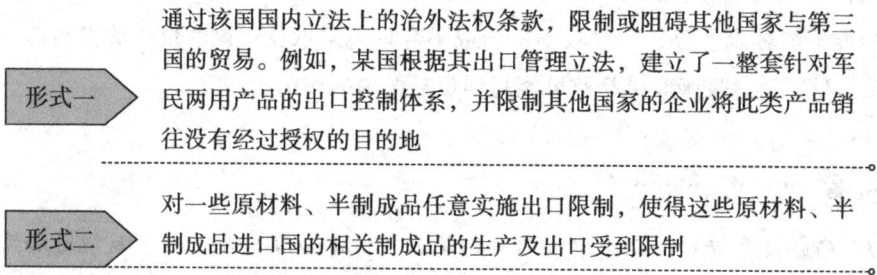

图1-35　出口限制的具体表现形式

10. 补贴

WTO《补贴与反补贴措施协议》对成员方使用补贴确立了比较严格的制约，出口补贴和进口替代补贴被明确地列入禁止范畴。但是，实践中，一些WTO成员仍采用各种形式的出口补贴刺激出口，严重扭曲了贸易。

在农产品补贴方面，WTO《农业协议》对农业的国内支持和出口补贴制定了基本规则。如一成员对农产品的国内支持或出口补贴不符合《农业协议》的规定，即构成对进口农产品的贸易壁垒。

农产品补贴的具体情况如下所示。

（1）国内支持。《农业协议》根据各种国内支持措施的贸易扭曲程度将其分为三类，即"绿箱"措施、"蓝箱"措施和"黄箱"措施，具体如表1-5所示。

表1-5　国内支持措施的分类

序号	措施	具体说明	作用
1	"绿箱"措施	是指由政府提供的，其费用不转嫁给消费者，且对生产者不具有价格支持作用的政府服务计划，主要包括政府的一般服务、用于粮食安全目的的公共储备补贴等措施	这些措施对农产品贸易不会产生或仅产生微小的扭曲影响，成员方无须承担约束和削减义务
2	"蓝箱"措施	是指按固定面积和产量给予的补贴（如休耕补贴）、按基期生产水平给予的85%或85%以下的补贴、按固定牲畜头数给予的补贴	这些补贴通常是农产品限产计划的组成部分，成员方无须承担削减义务
3	"黄箱"措施	是指政府对农产品的直接价格干预和补贴，包括对种子、肥料、灌溉等农业投入品的补贴、对农产品营销贷款的补贴等	"黄箱"措施对农产品贸易产生扭曲，成员方须承担约束和削减的义务

（2）出口补贴。《农业协议》规定，应以减让基期的农业出口补贴为基础，在实施期内逐步削减出口补贴；《农业协议》还详细规定了列入减让承诺的出口补贴的范围、控制

补贴的扩大等内容。然而，一些国家未能严格遵守《农业协议》有关规定。如某国根据其"乳制品出口鼓励计划"，在此领域维持着大量补贴，不仅阻碍了其他国家同类产品的进口，也削弱了其他国家同类产品在第三国市场上的竞争力，构成贸易壁垒。

11．服务贸易

实践中，造成阻碍国外服务或服务供应商进入该国市场的壁垒措施可能有：

（1）准入条件过于严格或缺乏透明度；

（2）冗长的审批程序；

（3）对服务供应商服务经营设置各种形式的限制，或增加其经营负担；

（4）外国服务供应商所面临的不公平竞争。

12．知识产权措施

在实践中，一些WTO成员在与贸易有关的知识产权措施方面不符合《与贸易有关的知识产权协议》（以下简称《TRIPs协定》）并构成贸易壁垒的做法主要表现在如图1-36所示的三个方面。

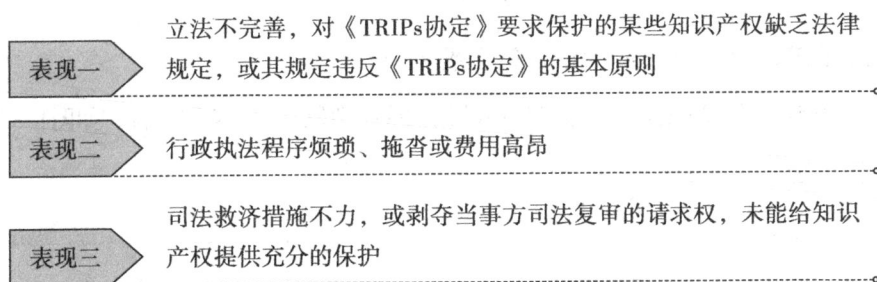

表现一	立法不完善，对《TRIPs协定》要求保护的某些知识产权缺乏法律规定，或其规定违反《TRIPs协定》的基本原则
表现二	行政执法程序烦琐、拖沓或费用高昂
表现三	司法救济措施不力，或剥夺当事方司法复审的请求权，未能给知识产权提供充分的保护

图1-36　知识产权壁垒的表现

13．其他壁垒

实践中，还存在着种种很难归类于以上各类贸易壁垒的其他壁垒。

内容11：倾销和反倾销

根据关贸总协定《反倾销守则》的规定，所谓倾销，是指进口商品以低于正常价值的价格向另一国销售的行为。反倾销是进口国依据本国的反倾销法，由主管当局经过立案调查，确认倾销对本国同业造成损害后，采取征收反倾销税等处罚措施的调查程序。

反倾销税对倾销的外国商品除征收一般进口税外，再增收附加税，使其不能廉价出售，此种附加税称为"反倾销税"。

1．确定正常价格的方法

确定正常价格有三种方法，如图1-37所示。

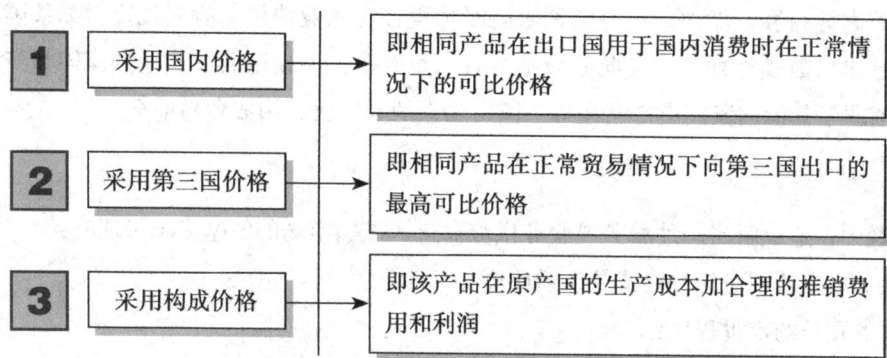

图1-37　确定正常价格的方法

这三种确定正常价格的方法依次采用：若能确定国内价格就不使用第三国价格或构成价格，依此类推。

这三种正常价格的确定方法仅适用于来自市场经济国家的产品。

对于来自非市场经济国家的产品，由于其价格并非由竞争状态下的供求关系所决定，因此，西方国家选用替代国价格，即以一个属于市场经济的第三国所生产的相似产品的成本或出售的价格作为基础，来确定其正常价格。

2．对某进口商品征收反倾销税的必要条件

按《反倾销守则》的规定，对某进口商品征收反倾销税有三个必要条件，如图1-38所示。

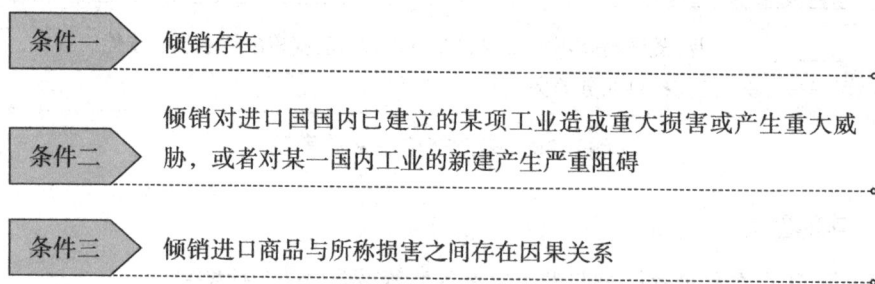

图1-38　对某进口商品征收反倾销税的三个必要条件

如果某进口商品最终确证符合被征反倾销税的条件，则所征的税额不得超过经调查确认的倾销差额，即正常价格与出口价格的差额。征收反倾销税的期限也不得超过为抵销倾销所造成的损害必需的期限。

若被指控倾销其产品的出口商愿做出"价格承诺"，即愿意修改其产品的出口价格或停止低价出口倾销的做法，进口国有关部门在认为这种方法足以消除其倾销行为所造成的损害时，可以暂停或终止对该产品的反倾销调查，不采取临时反倾销措施或不予以征收反倾销税。

内容12：汇率标价方法

汇率标价方法是指确定两种不同货币之间的比价，先要确定用哪个国家的货币作为标准。由于确定的标准不同，于是便产生了几种不同的外汇汇率标价方法。常用的标价方法包括直接标价法、间接标价法、双向标价法、美元标价法。

1．直接标价法

直接标价法又叫应付标价法，是以一定单位（1、100、1 000、10 000）的外国货币为标准来计算应付出多少单位本国货币。就相当于计算购买一定单位外币应付多少本币，所以叫应付标价法。包括中国在内的世界上绝大多数国家目前都采用直接标价法。在国际外汇市场上，日元、瑞士法郎、加元等均为直接标价法，如日元兑美元汇率为119.05即1美元兑119.05日元。

在直接标价法下，若一定单位的外币折合的本币数额多于前期，则说明外币币值上升或本币币值下跌，叫作外汇汇率上升；反之，如果要用比原来较少的本币即能兑换到同一数额的外币，则说明外币币值下跌或本币币值上升，叫作外汇汇率下跌，即外币的价值与汇率的涨跌成正比。

2．间接标价法

间接标价法又称应收标价法。它是以一定单位（如1个单位）的本国货币为标准，来计算应收若干单位的外国货币。在国际外汇市场上，欧元、英镑、澳元等均为间接标价法。如欧元兑美元汇率为1.3830，即1欧元兑1.3830美元。

在间接标价法中，本国货币的数额保持不变，外国货币的数额随着本国货币币值的对应变化而变动。如果一定数额的本币能兑换的外币数额比前期少，这表明外币币值上升，本币币值下降，即外汇汇率上升；反之，如果一定数额的本币能兑换的外币数额比前期多，则说明外币币值下降、本币币值上升，也就是外汇汇率下跌，即外币的价值和汇率的升跌成反比。

3．双向标价法

外汇市场上的报价一般为双向报价，即由报价方同时报出自己的买入价和卖出价，由客户自行决定买卖方向。买入价和卖出价的价差越小，对于投资者来说意味着成本越小。银行间交易的报价点差正常为2～3点，银行（或交易商）向客户的报价点差依各家情况差别较大，目前国外保证金交易的报价点差基本在3～5点，我国香港在6～8点，国内银行实盘交易在10～50点不等。

4．美元标价法

用于外汇市场上交易行情表。美元标价法又称纽约标价法，在美元标价法下各国均以美元为基准来衡量各国货币的价值（即以一定单位的美元为标准来计算应该汇兑多少他国货币的表示方法），而非美元外汇买卖时，则是根据各自对美元的比率套算出买卖双方货币的汇价。

········· **特别提示** ·············➤

　　除英镑、欧元、澳元和新西兰元外，美元标价法基本已在国际外汇市场上通行。

　　其特点是：所有外汇市场上交易的货币都对美元报价，除英镑等极少数货币外，对一般货币均采用以美元为外币的直接标价。

··

内容13：开展进出口贸易的方式

开展进出口贸易的方式有许多，如图1-39所示。

• 一般贸易	• 加工贸易进口设备	• 易货贸易
• 补偿贸易	• 对外承包工程出口货物	• 保税仓库进出境货物
• 来料加工装配贸易	• 租赁贸易	• 保税区仓储转口货物
• 进料加工贸易	• 外商投资企业作为投资	• 加工贸易
• 寄售、代销贸易	进口的设备、物品	• 境外贸易加工
• 边境小额贸易	• 出料加工贸易	

图1-39　开展进出口贸易的方式

各种进出口贸易的方式说明如表1-6所示。

表1-6　开展进出口贸易的方式说明

序号	方式	具体说明
1	一般贸易	是指我国境内有进出口经营权的企业单边进口或单边出口的货物。货款援助的进出口货物，外商投资企业进口供加工内销产品的料件，外商投资企业用国产材料加工成品出口或自行收购产品出口，宾馆饭店进口的餐饮食品，供应外籍船舶或飞机的国产燃料、物料及零配件，境外劳务合作项目中以对方实物产品抵偿我国劳务人员工资所进口的货物（如钢材、木材、化肥、海产品），我国境内企业在境外投资以实物投资部分带出的设备、物资等，均按一般贸易统计
2	补偿贸易	是指由境外厂商提供或者利用境外出口信贷进口生产技术或设备，由我方进行生产，以返销其产品方式分期偿还对方技术、设备价款或货款本息的交易形式。如经批准，也可以使用该企业（包括企业联合体）生产的其他产品返销对方，进行间接补偿

（续表）

序号	方式	具体说明
3	来料加工装配贸易	是指由外商提供全部或部分原材料、辅料、零部件、元器件、配套件和包装物料，必要时提供设备，由我方按对方的要求进行加工装配，成品交对方销售，我方收取工缴费，对方提供的作价设备价款，我方用工缴费偿还的交易形式
4	进料加工贸易	是指我方用外汇购买进口的原料、材料、辅料、元器件、零部件、配套件和包装物料，加工成品或半成品后再外销出口的交易形式。进料加工装配贸易也可采取对口合同的交易形式，即买卖双方分别签订进口和出口对口合同。料件进口时我方先付料件款，加工成品出口时再向对方收取成品款
5	寄售、代销贸易	是指寄售人把货物运交事先约定的代销人，由代销人按照事先约定或根据寄售代销的协议规定的条件，在当地市场代为销售，所得货款扣除代销人的佣金和其他费用后，按照协议规定方式将余款付给寄售人的交易形式。寄售人与代销人之间不是买卖关系，而是委托关系，代销人对货物没有所有权
6	边境小额贸易	是指我国沿陆地边境线经国家批准对外开放的边境县（旗）、边境城市辖区（以下简称边境地区）内经批准有边境小额贸易经营权的企业，通过国家指定的陆地口岸，与毗邻国家边境地区的企业或其他贸易机构之间进行的贸易活动，包括易货贸易、现汇贸易等各类贸易形式
7	加工贸易进口设备	是指来料加工和进料加工贸易项下对方作价或不作价提供进口的机械设备，包括以工缴费（或差价）偿还的设备和加工贸易项下外商投资企业进口不扣减投资额度的设备。加工贸易项下外商投资企业进口的设备凡是扣减投资额的，按"外商投资企业进口设备"统计。是否扣减投资额度，以企业主管海关减免税审批部门审定的结果为准
8	对外承包工程出口货物	是指经外经贸部批准有对外承包工程经营权的公司为承包国外建设工程项目和开展劳务合作等对外合作项目而出口的设备、物资，但不包括边境地区经外经贸部批准有对外经济技术合作经营权的企业与我国毗邻国家开展承包工程和劳务合作项下出口的工程设备、物资
9	租赁贸易	是指承办租赁业务的企业与外商签订国际租赁贸易合同，租赁期为一年及以上的租赁进出口货物
10	外商投资企业作为投资进口的设备、物品	是指外商投资企业以投资总额内的资金（包括中方投资）所进口的机器设备、零部件和其他物料［其他物料指建厂（场）以及安装、加固机器所需材料］，以及根据国家规定进口本企业自用合理数量的交通工具、生产用车辆和办公用品（设备）
11	出料加工贸易	是指将我国境内原辅料、零部件、元器件或半成品交由境外厂商按我方要求进行加工或装配，成品复运进口，我方支付工缴费的交易形式，不包括"带料加工出口"。"带料加工出口"是指我方在境外投资开办企业，将

（续表）

序号	方式	具体说明
		我国境内的原辅料、零部件、元器件或半成品运至境外加工或装配，成品在境外销售带料加工出口项下运出境的货物，应按实际交易方式统计，如机械设备、原材料等出口按"一般贸易"统计，来、进料加工成品出口按"来、进料加工贸易"统计，租赁出口按"租赁贸易"统计
12	易货贸易	是指不通过货币媒介而直接用出口货物交换进口货物的贸易
13	保税仓库进出境货物	是指从境外直接存入保税仓库的货物和从出口监管仓库运出境的货物，不包括保税区的仓、转口货物。出口监管仓库是指存放已按规定领取了出口货物许可证或批件，已对外卖断结汇并向海关办完全部出口海关手续的货物的专用仓库。存放在该仓库内的货物为"出口监管仓库货物"
14	保税区仓储转口货物	是指从境外存入保税区的仓储、转口货物和从保税区运出境的仓储、转口货物，不包括从境外存入非保税和从非保税区运出境的仓储、转口货物
15	加工贸易	主要包括来料加工、来件装配、进料加工、出料加工和补偿贸易。它与通常所说的"三来一补"（即来料加工、来件装配、来样加工和中小型补偿贸易）区别在于：来样加工属于一般出口贸易，不在加工贸易的范围内。来料加工和来件装配，统称为加工装配。在"三来一补"中去掉来样加工，加上进料加工和出料加工，就是加工贸易的主要内容
16	境外贸易加工	是指国内企业以现有的技术、设备投资为主，提供原材料、零配件或产品设计技术，在国外设厂、加工装配、成品就地销售的国际经贸合作方式

内容14：国际贸易结算票据的种类

国际贸易结算是不同国家间的工商企业相互提供货物或劳务所引起的债务结算。汇款、托收和信用证是目前国际贸易结算的三种基本形式。

国际贸易中使用的票据包括汇票、本票、支票，以使用汇票为主。

1. 汇票

汇票是由一人向另一人签发的书面无条件支付命令，要求对方（接受命令的人）即期或定期或在可以确定的将来时间，向某人或指定人或持票人支付一定金额。汇票可以分为以下几种。

（1）按出票人的不同——银行汇票、商业汇票。

银行汇票是出票人和付款人均为银行的汇票。

商业汇票是出票人为企业法人、公司、商号或者个人，付款人为其他商号、个人或者银行的汇票。

（2）按有无附属单据——光票汇票、跟单汇票。

光票汇票本身不附带货运单据，银行汇票多为光票汇票。

跟单汇票又称信用汇票、押汇汇票，是需要附带提单、仓单、保险单、装箱单、商业发票等单据，才能进行付款的汇票，商业汇票多为跟单汇票，在国际贸易中经常使用。

（3）按付款时间——即期汇票、远期汇票。

即期汇票指持票人向付款人提示后对方立即付款，又称见票即付汇票。

远期汇票是在出票一定期限后或特定日期付款。在远期汇票中，记载一定的日期为到期日，于到期日付款的，为定期汇票，记载于出票日后一定期间付款的，为计期汇票；记载于见票后一定期间付款的，为注期汇票；将票面金额划为几份，并分别指定到期日的，为分期付款汇票。

（4）按承兑人——商业承兑汇票、银行承兑汇票。

商业承兑汇票是以银行以外的任何企业或个人为承兑人的远期汇票。

银行承兑汇票承兑人是银行的远期汇票。

按流通地域——国内汇票、国际汇票。

2．本票

本票是指一人向另一人签发，保证即期或在可以预料的将来时间，由自己无条件支付给持票人一定金额的票据。

本票又可分为商业本票和银行本票。商业本票是由工商企业或个人签发的本票，也称为一般本票。商业本票可分为即期和远期的商业本票，一般不具备再贴现条件，特别是中小企业或个人开出的远期本票，因信用保证不高，因此很难流通。银行本票都是即期的。在国际贸易结算中使用的本票大多是银行本票。

3．支票

支票是银行为付款人的即期汇票。具体说就是出票人（银行存款人）对银行（受票人）签发的，要求银行见票时立即付款的票据。出票人签发支票时，应在付款行存有不低于票面金额的存款。如存款不足，持票人提款会遭拒付，这种支票称为空头支票。开出空头支票的出票人要负法律责任。

内容15：出口发票的种类

在国际贸易中，不同的用途使用不同的发票，不同的发票名称表示不同的发票种类，编制时应严格按信用证的规定。常见的发票种类有如图1-40所示的几种。

种类一 ▷ **商业发票**

若L/C规定为INVOICE（发票）、COMMERCIAL INVOICE（商业发票）、SHIPPING INVOICE（装运发票）、TRADE INVOICE（贸易发票），一律可按商业发票掌握，一般只需将发票名称印为"INVOICE"字样

种类二 ▷ **详细发票**

若L/C规定为"DETAILED INVOICE"，则如果发票内印有"INVOICE"字样，前面须加"DETAILED"，发票内容应将货物名称、规格、数量、单价、价格条件、总值等详细列出

种类三 ▷ **证实发票**

证实发票是证明所载内容真实、正确的一种发票，证实的内容视进口商的要求而定，如发票内容真实无误、货物的真实产地、商品品质与合同相符、价格正确等。如果L/C规定"CERTIFIED INVOICE"，发票名称应照打，同时划去发票下通常印就的"E.&.O.E."字样，通常在发票内注明
"WE HEREBY CERTIFY THAT THE CONTENTS OF INVOICE HEREIN ARE TRUE & CORRECT"（兹证明发票中的独特的内容是真实的和正确的）。有些国家对证实发票规定有一定的格式，作为货物进口清关课以较低关税或免税证明。有些地区的进口商凭证实发票代替海关发票办理清关或取得关税优惠。有些进口商凭证实发票证明佣金未包括在货价内，借以索取价外报酬。如果L/C规定"VISAED INVOIE"（签证发票），并指定签证人，则需由签证人在发票上盖章签字做签证，并加注证明文句，若证明中未指定签证人，则以出口国商会作为签证人，其余与证实发票同

种类四 ▷ **收妥发票**

收妥发票，或称钱货两讫发票：若L/C规定需"RECEIPT INVOICE"，则照打名称，并在发票结文签字处加注货款已收讫条款："VALUE/PAYMENT RECEIVED UNDER CREDIT NO.×× ISSUED BY ××BANK"。这种发票在即期付款信用证下多采用，其目的是以商业发票代替货款收据，而不需再开立汇票。因汇票在有些国家需贴印花税票，一些进口商为免除印花税负担，也要求提供这种发票

种类五 ▷ **厂商发票**

厂商发票是出口货物的制造厂商出具的以本国货币表示出厂价格的销货凭证。其目的是供进口国海关估价、核税及检查是否有削价倾销行为，征收反倾销税时使用

（续）

种类六	形式发票

形式发票，或称预开发票，主要用于供买方接受报价时作参考，或签约后向本国贸易管理当局或外汇管理当局申请进口许可证或批汇时使用。它是卖方应买方要求，在成交前开立的非正式参考性发票。其中的价格仅为估计价，不能作为结算单据，且对交易双方无最终约束力。正式交易还需另开正式发票。若L/C规定需"PROFORMA INVOICE"，制单时名称照打，且发票内注明"供商人申请许可证"或"本交易以卖方最终确认为有效"等字样。一旦买方接受形式发票，即为一张肯定合约，双方依形式发票内容办理各项业务

种类七	样品发票

样品发票（SAMPLE INVOICE），又称小发票，是卖方向买方寄样时出具的清单，供进口报关时使用

种类八	寄售发票

寄售发票（CONSIGNMENT INVOICE）是货物寄售时卖方开给买方作为定价依据的发票

种类九	领事发票

领事发票（CONSULAR INVOICE）是出口方根据进口国驻出口国领事馆制定的固定格式填写并经领事馆签章的发票。部分拉丁美洲国家规定必须凭领事发票进口，或用以确定货物的原产地，凭以明确差别待遇关税；或凭以核定发票售价是否合理，是否存在倾销问题。领事发票属官方单证，格式一般相对固定，但有些国家仅要求卖方出具的商业发票上须由该国领事签订，这种发票称为领事签证发票（CONSULAR LEGALIZED INVOICE）。领事发票中应注明的内容视L/C上发票认证条款而定，一般须注明"装运货物系××（出口国）制造/出产"

种类十	海关发票

海关发票（CUSTOMS INVOICE）是进口国海关当局规定的进口报关必须提供的特定格式的发票，主要是作为估价完税、确定原产地、征收差别待遇关税或征收反倾销税的依据。因此，又称为COMBINED CERTIFICATE OF VALUE AND ORIGIN（估价和原产地联合证明书，简称C.C.V.O.）。海关发票在不同国家有不同的专门固定格式，使用时要注意不能混用。有些国家允许以海关发票替代商业发票。由于海关发票不利于自由贸易的发展，目前在国际贸易中的使用有减少趋势

图1-40　出口发票的种类

内容16：外贸付款方式

外贸常用的付款方式有以下三种，如图1-41所示。

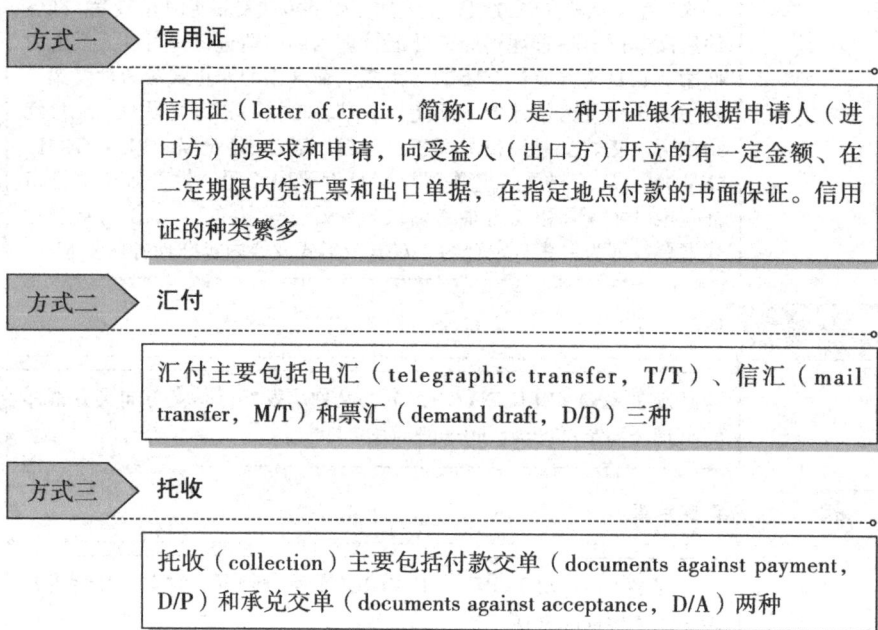

方式一 ▶ 信用证

> 信用证（letter of credit，简称L/C）是一种开证银行根据申请人（进口方）的要求和申请，向受益人（出口方）开立的有一定金额、在一定期限内凭汇票和出口单据，在指定地点付款的书面保证。信用证的种类繁多

方式二 ▶ 汇付

> 汇付主要包括电汇（telegraphic transfer，T/T）、信汇（mail transfer，M/T）和票汇（demand draft，D/D）三种

方式三 ▶ 托收

> 托收（collection）主要包括付款交单（documents against payment，D/P）和承兑交单（documents against acceptance，D/A）两种

图1-41　外贸付款的三种方式

内容17：外贸常见的价格术语

《2010年国际贸易术语解释通则》共有11种贸易术语，按照所适用的运输方式划分为两大类，具体如表1-7所示。

表1-7　两类价格术语

序号	类别	具体说明
第一类	适用于任何运输方式的术语七种：EXW、FCA、CPT、CIP、DAT、DAP、DDP	EXW（ex works）工厂交货 FCA（free carrier）货交承运人 CPT（carriage paid to）运费付至目的地 CIP（carriage and insurance paid to）运费/保险费付至目的地 DAT（delivered at terminal）目的地或目的港的集散站交货 DAP（delivered at place）目的地交货 DDP（delivered duty paid）完税后交货
第二类	适用于水上运输方式的术语四种：FAS、FOB、CFR、CIF	FAS（free alongside ship）装运港船边交货 FOB（free on board）装运港船上交货 CFR（cost and freight）成本加运费 CIF（cost insurance and freight）成本、保险费加运费

内容18：出口退税

1. 哪些企业可以出口退税

以下企业可以出口退税，如图1-42所示。

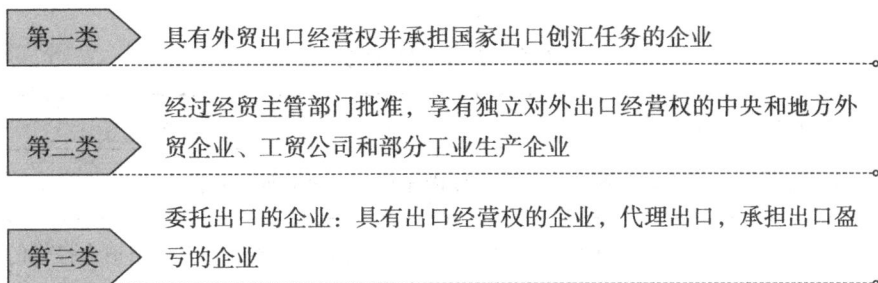

第一类	具有外贸出口经营权并承担国家出口创汇任务的企业
第二类	经过经贸主管部门批准，享有独立对外出口经营权的中央和地方外贸企业、工贸公司和部分工业生产企业
第三类	委托出口的企业：具有出口经营权的企业，代理出口，承担出口盈亏的企业

图1-42　可以出口退税的企业

2. 哪些行为不可以申请出口退税

国家税务总局、商务部明确规定：凡自营或委托出口业务具有以下七种情况之一的，出口企业不得将该业务向税务机关申报办理出口货物退（免）税。

> ● 出口企业以自营名义出口，但不承担出口货物的质量、结汇或退税风险的，即出口货物发生质量问题不承担外方的索赔责任（合同中有约定质量责任承担者除外）；不承担未按期结汇导致不能核销的责任（合同中有约定结汇责任承担者除外）；不承担因申报出口退税的资料、单证等出现问题造成不退税责任的。
>
> ● 出口企业以自营名义出口，其出口业务实质上是由本企业及其投资的企业以外的其他经营者（或企业、个体经营者及其他个人）假借该出口企业名义操作完成的。
>
> ● 出口货物在海关验放后，出口企业自己或委托货代承运人对该笔货物的海运提单（其他运输方式的，以承运人交给发货人的运输单据为准）上的品名、规格等进行修改，造成出口货物报关单与海运提单有关内容不符的。
>
> ● 出口企业将空白的出口货物报关单、出口收汇核销单等出口退（免）税单证交由除签有委托合同的货代公司、报关行，或由国外进口方指定的货代公司（提供合同约定或者其他相关证明）以外的其他单位或个人使用的。
>
> ● 出口企业以自营名义出口，其出口的同一批货物既签订购货合同，又签订代理出口合同（或协议）的。
>
> ● 出口企业未实质参与出口经营活动、接受并从事由中间人介绍的其他出口业务，但仍以自营名义出口的。
>
> ● 其他违反国家有关出口退税法律法规的行为。

内容19：外贸融资的方式

所谓的外贸融资，也称贸易融资，是指在商品交易过程中，运用短期性结构融资工具，基于商品交易中的存货、预付款、应收款等资产的融资。外贸融资的方式主要有八种，具体如表1-8所示。

表1-8　外贸融资的方式

序号	融资方式	说明
1	授信开证	银行为客户在授信额度内减免保证金对外开立信用证
2	进口押汇	开证行在收到信用证项下全套相符单据时，向开证申请人提供的，用以支付该信用证款项的短期资金融通。进口押汇通常是与信托收据（trust receipt，T/R）配套操作的
3	提货担保	在信用证结算的进口贸易中，当货物先于货运单据到达目的地时，开证行应进口商的申请，为其向承运人或其代理人出具的承担由于先行放货引起的赔偿责任的保证性文件
4	出口押汇业务（bills purchase）	信用证的受益人在货物装运后，将全套货运单据质押给所在地银行，该行扣除利息及有关费用后，将货款预先支付给受益人，而后向开证行索偿以收回货款的一种贸易融资业务
5	打包放款（packing loan）	出口商收到进口商所在地银行开立的未议付的有效信用证后，以信用证正本向银行申请，从而取得信用证项下出口商品生产、采购、装运所需的短期人民币周转资金融通
6	外汇票据贴现（discount）	银行为外汇票据持票人办理的票据融资行为，银行在外汇票据到期前，从票面金额中扣除贴现利息后，将余额支付给外汇票据持票人
7	国际保理融资业务	在国际贸易中承兑交单（D/A）、赊销方式（O/A）下，银行（或出口保理商）通过代理行（或进口保理商）以有条件放弃追索权的方式对出口商的应收账款进行核准和购买，从而使出口商获得出口后收回货款的保证
8	福费廷（forfaiting）	也称票据包买或票据买断，是指银行（或包买人）对国际贸易延期付款方式中出口商持有的远期承兑汇票或本票进行无追索权的贴现（即买断）

第三节　要点解答

问题01：我国未来五年外贸发展的指导思想是什么

2012年4月，商务部印发了《对外贸易发展"十二五"规划》，提出未来五年外贸发展的重要指导思想就是要以科学发展为主题，以加快转变外贸发展方式为主线，以"稳增长、调结构、促平衡"为重点，培育外贸竞争新优势，提高外贸发展的质量和效益，增强外贸发展的协调性和可持续性，巩固贸易大国地位，推动贸易强国进程，努力为国民经济和社会发展做出更大贡献。

问题02：我国当前外贸发展的主要任务是什么

2012年4月，商务部印发了《对外贸易发展"十二五"规划》，确定了外贸发展的主要任务包括六个方面（共计17项），如图1-43所示。

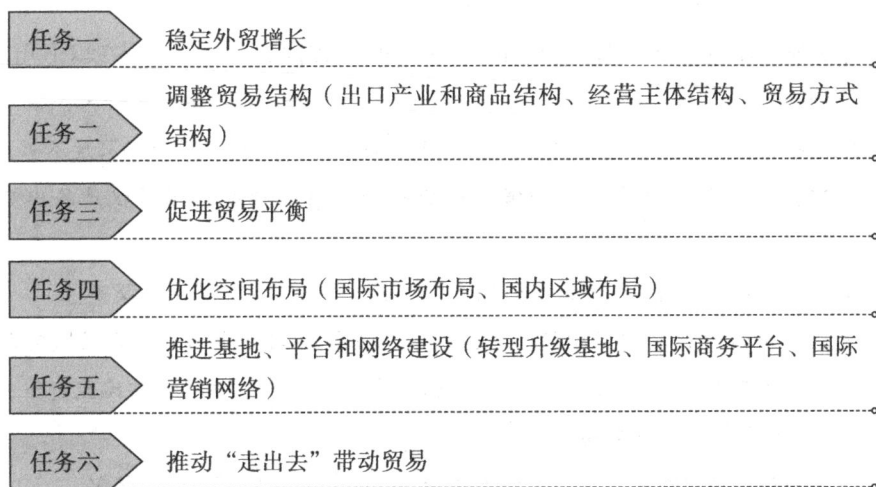

任务一	稳定外贸增长
任务二	调整贸易结构（出口产业和商品结构、经营主体结构、贸易方式结构）
任务三	促进贸易平衡
任务四	优化空间布局（国际市场布局、国内区域布局）
任务五	推进基地、平台和网络建设（转型升级基地、国际商务平台、国际营销网络）
任务六	推动"走出去"带动贸易

图1-43　我国当前外贸发展的主要任务

问题03：目前我国外贸发展的保障措施主要有哪些

《规划》主要提出了八项外贸发展的保障措施，如图1-44所示。

措施一	完善外贸管理体制和政策
措施二	完善涉外财政税收政策
措施三	完善涉外金融政策
措施四	完善涉外外贸法律法规体系金融政策
措施五	加强贸易摩擦应对工作
措施六	加强多双边经贸合作
措施七	提高贸易便利化水平
措施八	加强外贸人才培养工作等

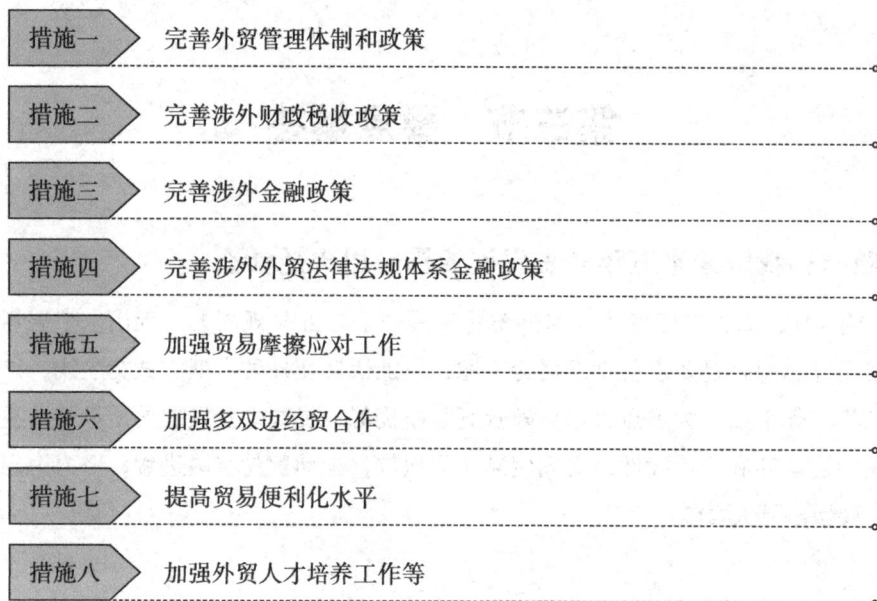

图1-44　我国外贸发展的保障措施

问题04：当前我国外贸发展中存在的突出问题有哪些

我国外贸发展取得了重大成就，但依然存在一些突出问题，主要表现在以下几方面。

- 企业研发、设计、营销和服务等核心竞争力不强，参与国际分工深度不够。
- 出口产品质量、档次、附加值有待提高，自有品牌和知识产权产品出口比重不高。
- 参与制定国际规则标准和价格谈判能力较弱，行业自律水平有待提高。
- 贸易平衡的国别结构矛盾仍较突出，外贸发展的国际市场和国内区域布局需要进一步完善，传统外贸发展方式与资源能源供应和环境承载能力的矛盾比较突出，外贸增长质量和效益有待进一步提高。
- 稳定外贸增长的政策、舆论、公平竞争与体制机制环境有待继续优化。

问题05：当前我国外贸发展面临哪些挑战

当前我国外贸发展面临着许多挑战，具体包括如下内容。

1. 国际上的挑战

从国际看，外贸发展面临的国际挑战如表1-9所示。

表1-9 外贸发展面临的国际挑战

序号	挑战	具体说明
1	世界经济增速放缓	国际金融危机影响深远,世界经济增长的不确定、不稳定因素增加。主要经济体受债务危机困扰,经济持续低迷,需求相对疲软,一段时期内世界经济难以恢复快速增长
2	贸易保护主义抬头	多哈回合谈判久拖不决,主要大国将精力转向区域贸易安排,各国自顾倾向增强,国际贸易摩擦进入高发期。针对我国的"两反一保"案件数量和涉案金额居高不下,各种技术性壁垒层出不穷
3	主要货币汇率和大宗商品价格波动加剧	国际货币体系处于变动调整之中,主要经济体走势不稳,汇率大幅波动;国际地缘政治动荡,市场缺乏稳定供应预期,大宗商品价格高位震荡
4	我国与不同类型国家的竞争加剧	随着我国产业升级和其他发展中国家承接国际产业转移,我国与发达国家在技术和资本密集型产业方面开始正面竞争,与发展中国家在传统劳动密集型产业竞争加剧

2．国内的挑战

从国内看,外贸发展面临的挑战主要如表1-10所示。

表1-10 外贸发展面临的国内挑战

序号	挑战	具体说明
1	经营成本进入全面上升期	受人口结构变化、需求快速增长、节能减排和环保要求趋严等多种因素影响,我国劳动力、原材料、能源、土地、环境等要素面临成本上升和供应趋紧的双重压力
2	外贸结构调整难度加大	面临成本优势不断减弱、外需增长放缓的形势,大量传统产业和中小企业缺乏必要的资金、技术、人才积累,风险承受能力较弱,处于生存发展与结构调整的两难境地
3	外贸企业创新能力和意愿与发达国家企业差距明显	我国总体上仍处于全球价值链分工的低端环节,大部分外贸企业在技术创新、标准制定、营销网络和资源整合能力等方面与贸易强国企业还有较大差距。企业培育自有知识产权的意识和积极性有待提高

问题06：当前我国外贸有哪些发展机遇

尽管有挑战,我国外贸仍是有发展机遇的,主要表现在以下两个方面。

1．从国际看

从国际看,我国外贸发展面临的国际机遇如表1-11所示。

表1-11　外贸发展面临的国际机遇

序号	机遇	具体说明
1	经济全球化仍将深入发展	改革全球经济治理机制呼声强烈，我国参与全球经济治理的话语权日益增强。贸易自由化和区域经济一体化持续推进，双边和区域自由贸易协定数量不断增加。一些国家与我国商签自贸协定意愿增强。国际产业转移从加工制造环节向产业链两端延伸，为我国延伸产业链条、优化要素配置带来机遇
2	全球贸易量继续扩大	新兴经济体和发展中国家工业化、城镇化进程加快，经济有望保持较快发展，为我国开拓市场提供新的支撑。信息技术的成熟与应用显著降低交易成本，为世界贸易增添新的活力
3	产业内贸易进一步增长	科技创新孕育新兴产业，加快产业升级，促进国际分工深化，推动产业内贸易发展，扩大国际贸易空间
4	低碳经济带来新贸易机会	各国更加重视低碳环保，为节能环保产品提供广阔市场，我国部分新能源产业开始具备比较强的竞争力，发展前景广阔

2．从国内看

从国内看，外贸发展面临的国内机遇如表1-12所示。

表1-12　外贸发展面临的国内机遇

序号	机遇	具体说明
1	出口产业综合优势仍然存在	我国产业体系日益完备，具有较强的产业配套能力；基础设施明显改善，劳动力素质不断提高，科技创新日益深化，出口产业综合优势进一步增强
2	新的外贸增长点不断涌现	产业结构升级、城镇化和人民生活水平提高，带动各类生产资料和生活资料进口增长。战略性新兴产业快速发展带动相关产品和技术的进出口。出口基地产业集聚功能增强，电子商务等新型贸易方式蓬勃发展，专业市场开展对外贸易，都将为外贸增长提供新的增长点
3	中西部和沿边地区外贸增长势头强劲	国家加快中西部开发，提升沿边开放水平，中西部地区和沿边地区贸易投资环境进一步改善，吸引投资和产业转移能力增强，进出口具备了更快发展的基础和条件

问题07：哪些企业可以从事限制类商品的加工贸易

企业可以从事限制类商品的有关规定如下。

（续）

> ● 东部地区（北京、上海、天津、辽宁、河北、山东、江苏、浙江、福建和广东，其他的省市则为中西部地区）现有企业可以继续从事限制类商品的加工贸易业务，但须按规定缴纳台账保证金。
>
> ● 东部地区在公告发布之日（2007年7月23日）后获得外贸权的新设立企业，不能从事限制类商品的加工贸易，可以从事非限制类商品的加工贸易。
>
> ● 东部地区已承接过委托加工，但不具有外贸权的加工企业，在公告发布之后三个月内向所在地商务主管部门申请备案，并在公告发布之后规定时间内取得了本企业外贸权的，不视为新设立企业，可以开展限制类和非限制类商品的加工贸易。但无论是否获得外贸权，该类企业均可继续承接委托加工业务。

特别提示

在出口加工区、保税区等海关特殊监管区域新设立的企业不受此政策限制。

问题08：我国加工贸易发展中的主要问题是什么

改革开放以来，我国加工贸易顺应国际分工的发展趋势，从无到有，从小到大，已成为对外贸易的"半壁江山"和主要贸易方式之一，在吸纳就业、促进技术进步、优化产业结构、密切内地与台港澳经贸关系以及实现区域经济发展等方面做出了积极的贡献。

同时，加工贸易在其发展过程中，也出现了一些弊端和不协调之处。诸如，由于处在国际分工产业链的低端，我国加工贸易基本上是贴牌生产，技术含量和附加值较低，增长数量与增长质量不平衡，由于交通成本等原因，加工贸易企业在区域发展上还不平衡；由于粗放型生产，一些加工贸易产品生产与营造良好的生态环境不平衡，等等。

问题09：加工贸易转型升级的内涵是什么

加工贸易转型升级是一项长期任务。它不仅是政府对企业的要求，也是在环境、资源等要素制约持续加大、国际竞争日益激烈的情况下，企业不断增强自身综合竞争能力的内在要求。

每个企业的具体情况千差万别，对不同企业来说，转型升级也有着不同的含义，可以选择不同的方式、方法和路径。具体概括起来，转型升级主要有五个方面的转变，如图1-45所示。

	产品加工	由低端向高端转变，提高产品技术含量和附加值
	产业链	由短向长转变，向研发设计、创立品牌、生产制造、营销服务产业链上下游延伸，延长国内增值链条
	经营主体	由单一向多元转变，促进内外资企业共同发展
	区域	由东部为主向东、中、西并举转变，引导加工贸易由发达地区向欠发达地区梯度转移
	增量	由区外为主向区内为主转变，引导增量向海关特殊监管区集中

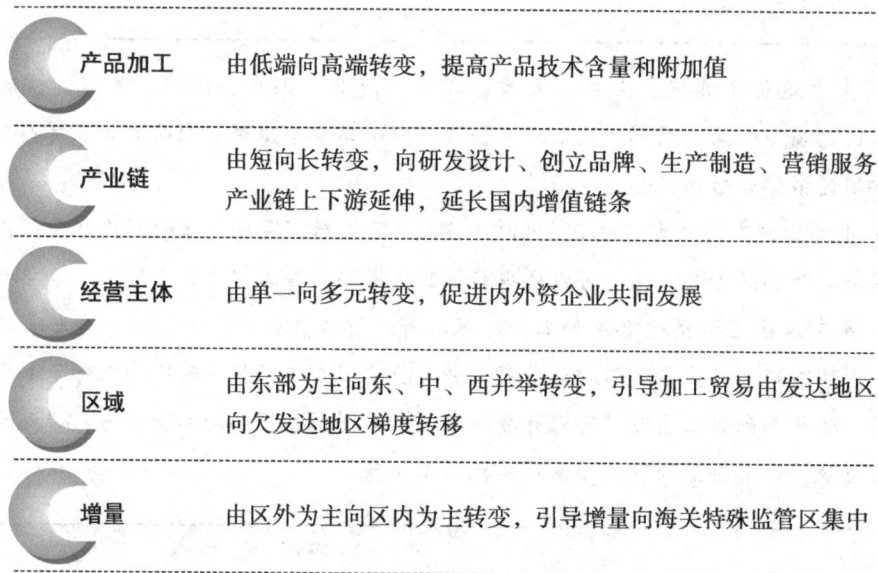

图1-45　转型升级的五个方面

问题10：我国加工贸易转型升级的实现路径是什么

我国加工贸易转型升级的实现路径如下。

1. 国家层面

从国家层面上看，主要的实现路径如图1-46所示。

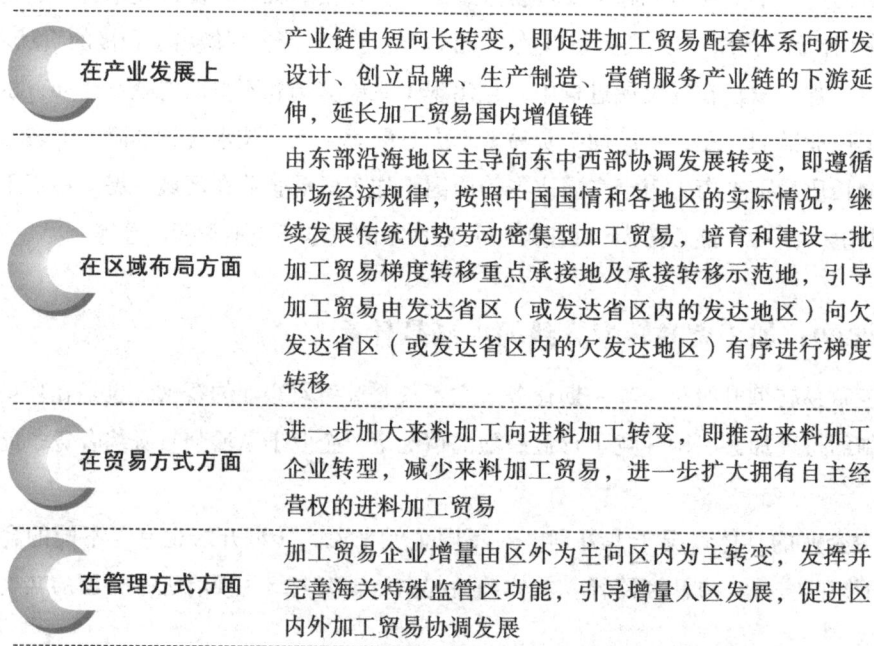

	在产业发展上	产业链由短向长转变，即促进加工贸易配套体系向研发设计、创立品牌、生产制造、营销服务产业链的下游延伸，延长加工贸易国内增值链
	在区域布局方面	由东部沿海地区主导向东中西部协调发展转变，即遵循市场经济规律，按照中国国情和各地区的实际情况，继续发展传统优势劳动密集型加工贸易，培育和建设一批加工贸易梯度转移重点承接地及承接转移示范地，引导加工贸易由发达省区（或发达省区内的发达地区）向欠发达省区（或发达省区内的欠发达地区）有序进行梯度转移
	在贸易方式方面	进一步加大来料加工向进料加工转变，即推动来料加工企业转型，减少来料加工贸易，进一步扩大拥有自主经营权的进料加工贸易
	在管理方式方面	加工贸易企业增量由区外为主向区内为主转变，发挥并完善海关特殊监管区功能，引导增量入区发展，促进区内外加工贸易协调发展

图1-46　国家层面上加工贸易转型升级的实现路径

2．企业层面

从企业层面上看，主要的实现路径如图1-47所示。

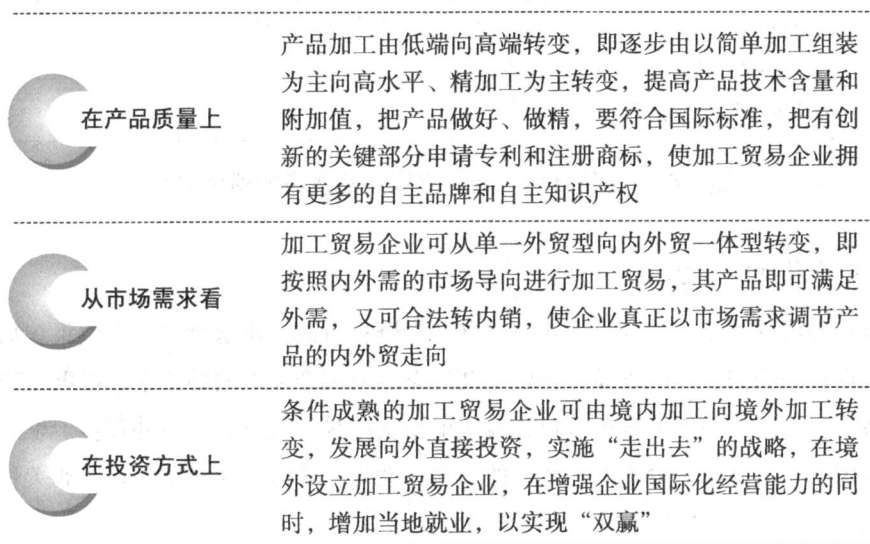

在产品质量上	产品加工由低端向高端转变，即逐步由以简单加工组装为主向高水平、精加工为主转变，提高产品技术含量和附加值，把产品做好、做精，要符合国际标准，把有创新的关键部分申请专利和注册商标，使加工贸易企业拥有更多的自主品牌和自主知识产权
从市场需求看	加工贸易企业可从单一外贸型向内外贸一体型转变，即按照内外需的市场导向进行加工贸易，其产品即可满足外需，又可合法转内销，使企业真正以市场需求调节产品的内外贸走向
在投资方式上	条件成熟的加工贸易企业可由境内加工向境外加工转变，发展向外直接投资，实施"走出去"的战略，在境外设立加工贸易企业，在增强企业国际化经营能力的同时，增加当地就业，以实现"双赢"

图1-47 企业层面上加工贸易转型升级的实现路径

问题11：我国如何应对国外非关税壁垒的影响

为应对国外非关税壁垒的影响，我国应采取如图1-48所示的对策。

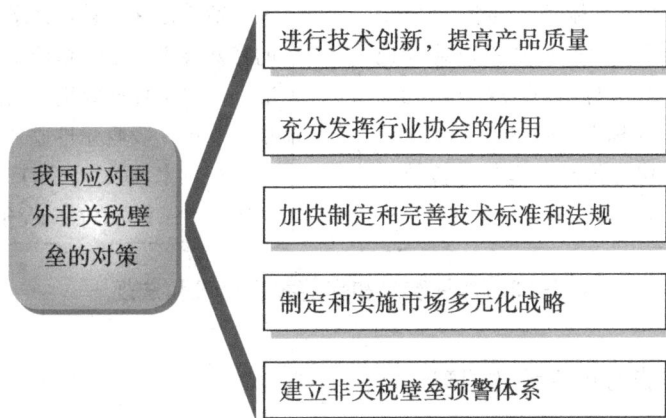

我国应对国外非关税壁垒的对策
- 进行技术创新，提高产品质量
- 充分发挥行业协会的作用
- 加快制定和完善技术标准和法规
- 制定和实施市场多元化战略
- 建立非关税壁垒预警体系

图1-48 我国应对国外非关税壁垒的对策

1．进行技术创新，提高产品质量

企业要以应对非关税壁垒为契机，依靠科技进步调整出口商品结构，促使产业升级，提高中国出口商品的科技含量和加工层次，具体表现在两个方面，如图1-49所示。

| ① 加强技术研发特别是加强关键技术的研发，不断开发新材料、新能源、新工艺、新配方、新方法，推出新产品，从而提高产品科技含量，促使产品结构向高新技术产品和高附加值产品转型 | ② 通过提高产品的深加工程度，把中间体生产为成品，不仅可以提高企业的利润，同时还可以避开各种形式的贸易壁垒 |

图1-49　进行技术创新，提高产品质量的两个方面

2．充分发挥行业协会的作用

在市场经济的竞争中，外贸企业单打独斗的营销方式并不适合加入世贸组织后参与国际产品市场竞争的需要。可以通过行业协会这条政府和企业之间的纽带，帮助生产者协调出口价格，使中国产品压价竞争、自相残杀的情况减少，还可以在对外宣传、谈判、销售等方面提供服务，承担大量产前、产后的工作。此外，还可以通过跟踪外国非关税壁垒措施的变化动向，使企业及时掌握国外市场贸易壁垒信息。

3．加快制定和完善技术标准和法规

应对技术壁垒，中国亟待完善技术标准和技术法规体系，具体表现在以下两个方面，如图1-50所示。

| ① 要逐步建立起与国际接轨的技术法规和标准认证体系，要根据WTO有关协议，大力推动原产地标记认证制度，积极实施ISO 19000、ISO 14000 标志和SA 8000标准的认证，加快与国际环境标准接轨的步伐 | ② 加大企业的技术与标准化法治意识，适应国际贸易对技术标准方面的特殊要求。通过积极采用国际标准，及时掌握国际生产信息和生产技术水平，吸收先进成果，组织力量进行技术攻关，提高产品质量和档次，增强我国产品的竞争力 |

图1-50　加快制定和完善技术标准和法规

4．制定和实施市场多元化战略

市场多元化战略就是要使企业的产品在市场分布上更加均衡，不要什么都一窝蜂地涌向某一个市场。因此，从政府到企业都要努力调整自己的出口市场战略。具体实施时要本着"巩固老市场、开拓新市场、出口份额过于集中的要适当分流"的原则，使企业的产品能出口到更多的国家和地区。这不但可以避免某些产品的出口过于集中，而且如果发生贸易战，还可以通过贸易转移把损失降到最低限度。

5．建立非关税壁垒预警体系

建立非关税壁垒预警体系从以下三个方面着手，如图1-51所示。

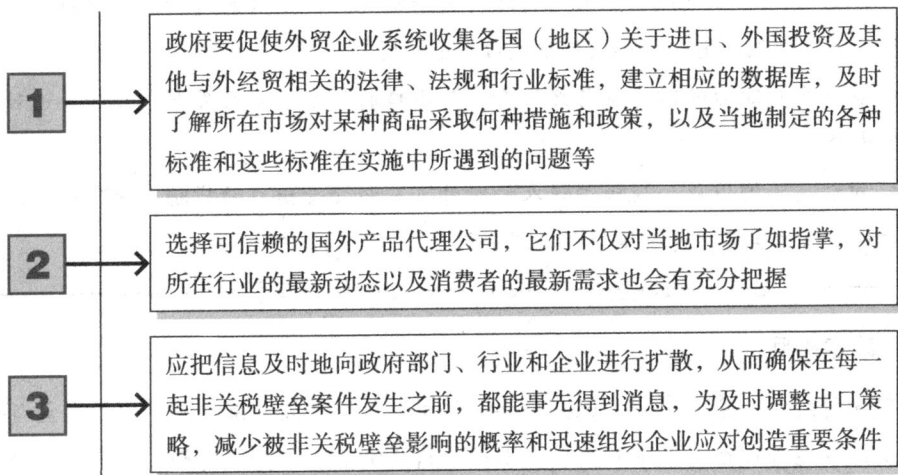

图1-51　建立非关税壁垒预警体系的措施

　　总之，从目前来看，国家间完全消除非关税壁垒是不可能的，非关税壁垒还将在相当长的时间内存在。外贸企业应认真研究世贸组织的有关条款，学习借鉴别国的实践经验，灵活利用国际惯例、国际规则和 WTO 规则，并参照国际规范建立起自己的非关税壁垒保护体系，从而提高企业在国际经济贸易中的竞争力。

问题12：出口退税资格如何认定

　　出口货物退税认定，是出口退税管理的首要环节。办理出口货物退税认定是出口商的法定义务，从事应税货物或劳务出口的出口商应当在规定期限内持有关证件、资料向所在地国家税务机关申请办理出口退税认定手续。

1．认定范围

　　自2004年7月1日起，出口货物退税开业认定的范围是按照《中华人民共和国对外贸易法》和商务部《对外贸易经营者备案登记办法》的规定在相关外经贸主管部门办理了出口备案登记手续的从事对外贸易经营活动的法人、其他组织和个人，以及委托外贸企业代理出口自产货物的生产企业。

　　对外贸易经营者应以备案登记的身份名称开展出口业务和申请出口货物退税认定，其范围如下。

- 个人（包括外国个人）须注册登记为个体工商户、个人独资企业或合伙企业，方可办理出口货物退税认定登记。
- 凡具有生产出口产品能力的对外贸易经营者，其出口的货物按照现行生产企业出口货物实行"免抵退"税办法的规定办理出口退税。
- 没有生产能力的对外贸易经营者，其出口的货物按现行外贸企业出口退税的规定办理出口退税。
- 对认定为增值税小规模纳税人的对外贸易经营者出口的货物，按现行小规模纳税人出口货物的规定，免征增值税、消费税。

2. 认定时间

对外贸易经营者按《中华人民共和国对外贸易法》和商务部《对外贸易经营者备案登记办法》的规定办理备案登记后，没有出口经营资格的生产企业委托出口自产货物（含视同自产产品，下同），应在办理对外贸易经营者备案登记或签订代理出口协议之日起30日内，持有关证件、资料向所在地国家税务机关办理出口退税认定手续，其不同情形的要求如图1-52所示。

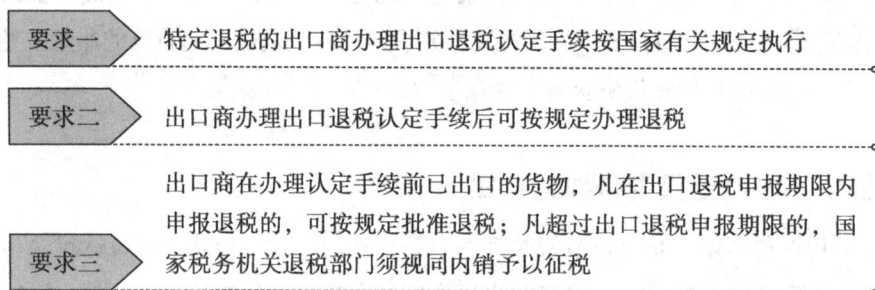

要求一　特定退税的出口商办理出口退税认定手续按国家有关规定执行

要求二　出口商办理出口退税认定手续后可按规定办理退税

要求三　出口商在办理认定手续前已出口的货物，凡在出口退税申报期限内申报退税的，可按规定批准退税；凡超过出口退税申报期限的，国家税务机关退税部门须视同内销予以征税

图1-52　不同情形的出口退税认定要求

3. 出口退税认定需要提供的资料

出口商申请办理出口退税认定，应提供以下证件资料及复印件。

- 《出口货物退税认定表》（一式二份）。
- 商务部或其授权单位已办理备案登记并加盖备案登记专用章的《对外贸易经营者备案登记表》（非对外贸易经营者无须提供）；外商投资企业提供《中华人民共和国外商投资企业批准证书》。
- 《企业法人营业执照》（副本）。

（续）

- 《税务登记证》（副本）。
- 《自理报关单位注册登记证明书》。
- 《增值税一般纳税人资格认定书》，新开业并被暂时认定为一般纳税人的企业提供《增值税一般纳税人申请认定表》或其他资格证明材料（小规模纳税人无须提供）。
- 开户银行及账号（出口退税指定账户）。
- 国家税务机关要求提供的其他证件资料。

问题13：如何进行商检

1．什么是商检

商检是产品出口必须要办理的一道手续，是商品买卖的一个重要环节和买卖合同中不可缺少的一项内容。商品检验体现不同国家对进出口商品实施品质管制。通过这种管制，从而在出口商品生产、销售和进口商品按既定条件采购等方面发挥积极作用。

2．商检的流程

目前我国出口商品检验工作主要有四个环节，如图1-53所示。

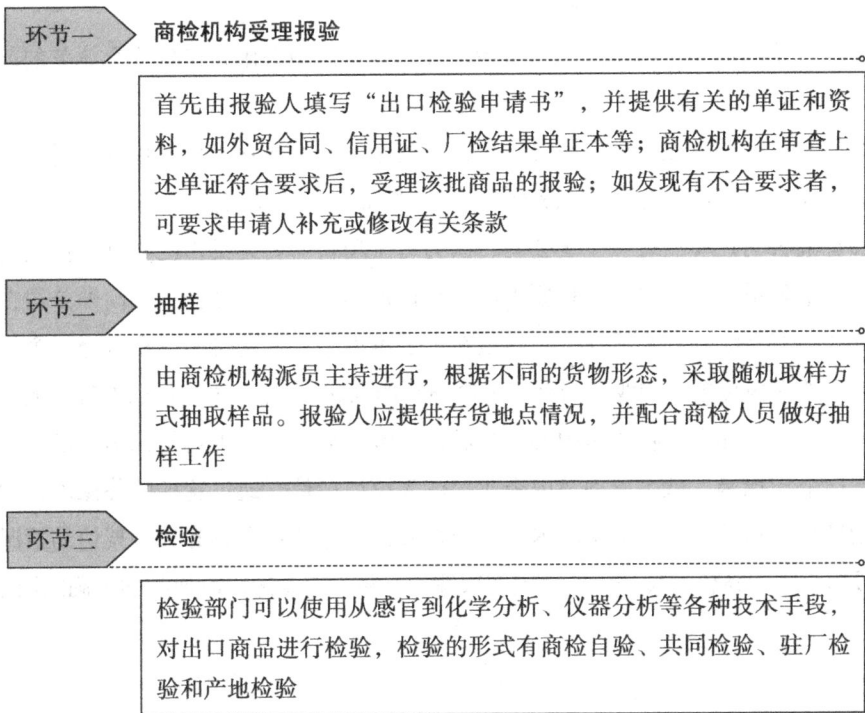

环节一　**商检机构受理报验**

首先由报验人填写"出口检验申请书"，并提供有关的单证和资料，如外贸合同、信用证、厂检结果单正本等；商检机构在审查上述单证符合要求后，受理该批商品的报验；如发现有不合要求者，可要求申请人补充或修改有关条款

环节二　**抽样**

由商检机构派员主持进行，根据不同的货物形态，采取随机取样方式抽取样品。报验人应提供存货地点情况，并配合商检人员做好抽样工作

环节三　**检验**

检验部门可以使用从感官到化学分析、仪器分析等各种技术手段，对出口商品进行检验，检验的形式有商检自验、共同检验、驻厂检验和产地检验

（续）

环节四 签发证书

商检机构对检验合格的商品签发检验证书，或在"出口货物报关单"上加盖放行章。出口企业在取得检验证书或放行通知单后，在规定的有效期内报运出口

图1-53 我国出口商品的检验环节

问题14：什么是内保外贷

"内保外贷"业务是在预先获准的对外担保额度内，境内银行为境内公司的境外投资子公司提供对外担保，境内公司反担保境内银行，最后境外银行给境外子公司发放相应贷款的行为。

在这种业务中，境内的银行开出保函或备用信用证为境内企业的境外子公司提供融资担保，在对外担保额度内时无须逐笔审批。因此，和其他的融资型担保相比，"内保外贷"业务大大缩短了业务流程。

"内保外贷"的贷款用途不限，主要包括：流动资金贷款、项目/股本贷款、贸易融资等。

问题15：什么是外保内贷

外保内贷是境外公司向境外机构申请开具融资性的担保函，出现这个业务的前提是人民币没有实现可自由兑换。

外保内贷目前并不限于外商投资企业，中资企业获得所在地外汇局批准后可在额度内进行外保内贷。如果需要履约，外商投资企业需要满足投注差的要求。

比如香港公司在境内有一个子公司，因为有个项目需要人民币的贷款，但是这个公司在香港有大量外币存款，由于各种原因就是有钱进不来，怎么办？一个国外公司在中国急需一笔资金，其在海外有大量存款，但是在中国审批需要一定时间，在这样一个背景下，银行设计了外保内贷这样的业务为企业解决遇到的问题。境外企业将境外资金或者授信额办理相关手续（如存入银行离岸中心）之后，由银行离岸中心出具担保函给境内分行，而分行收到这个担保函，就可以为境内企业提供人民币授信。通过这样的外保内贷的业务，可以借助境外公司的协议，支持境内公司的发展，境外公司在享有较高授信的情况下，作为境内授信的担保条件，境外资金无须汇入境内，免除资金退出时面临的不确定因素。

问题16：中资企业如何办理外保内贷业务

中资企业"外保内贷"业务即中资企业境外担保项下境内贷款，是指在境外机构或个人提供担保（保证、抵押、质押等）条件下，由境内金融机构向境内中资企业发放的本、外币贷款。贷款形式包括普通贷款和授信额度。境外机构或个人提供用于抵押或质押的资产，应符合国家有关规定。

境外机构提供保证的形式，除信用保证外，还可以其境内外合法资产进行质押和抵押，但不得违背其他主管部门关于抵押质押的限制性规定。

1．申请的方式

中资企业"外保内贷"业务实行额度管理，中资企业办理"外保内贷"业务应逐笔向国家外汇管理局地方分局申请外保内贷额度。

2．应提交的材料

中资企业申请"外保内贷"业务，应提交如下材料。

- 被担保企业出具的申请报告，内容包括：企业经营范围、行业性质及特点、近三年的经营情况、财务状况、融资用途、偿还能力等。
- 被担保企业营业执照。
- 经注册会计师事务所审计的被担保企业上年度资产负债表和损益表或银行盖章确认的企业财务报表（新成立企业除外）。
- 境内银行出具的加盖公章的该笔贷款已经通过银行审贷程序的审批结论或同等证明材料。
- 境外担保人出具的担保意向书（意向书如为外文，除意向书原件外，还应提供经申请机构盖章的主要条款中文翻译件）。
- 针对前述材料应当提供的补充说明材料。

3．应满足的条件

中资企业申请"外保内贷"业务，应满足以下条件。

- 被担保企业属于国家产业政策鼓励或允许行业。
- 被担保企业的净资产与总资产的比例不得低于15%。
- 外保内贷项下贷款原则上不超过一年（含）。
- 暂不受理贷款资金用于房地产开发、自有物业建设的外保内贷。
- 对发生履约的银行，原则上不再核准中资企业外保内贷。

4. 中资企业"外保内贷"的登记

中资企业"外保内贷"业务，实行债权人（发放贷款的金融机构）集中登记。银行应填写《境外担保项下贷款和履约情况登记表（中资企业）》（格式见附件），并于每月初三个工作日内向国家外汇管理局地方分局报送。

5. 中资企业"外保内贷"的履约

境外担保项下境内贷款发生违约的，应参照《国家外汇管理局综合司关于境外担保履约款结汇有关问题的批复》（汇综复〔2009〕65号）相关规定办理外债登记和履约款结汇手续。

要点回顾

通过对本章的学习，想必你已经掌握了不少对外贸易政策的知识，请将你已经掌握的知识点罗列一下。另外，将你认为应该更深入地了解的或者本章没有涉及但也必须了解的列举出来。

我已经掌握的知识点

1. _____
2. _____
3. _____
4. _____
5. _____

应更深入了解的知识点

1. _____
2. _____
3. _____
4. _____
5. _____

我认为还有一些必须了解的知识点

1. _____
2. _____
3. _____
4. _____
5. _____

第二章

"一带一路"基础知识

"一带一路"（the belt and road，B&R），是指"丝绸之路经济带"和"21世纪海上丝绸之路"。

阅读提示

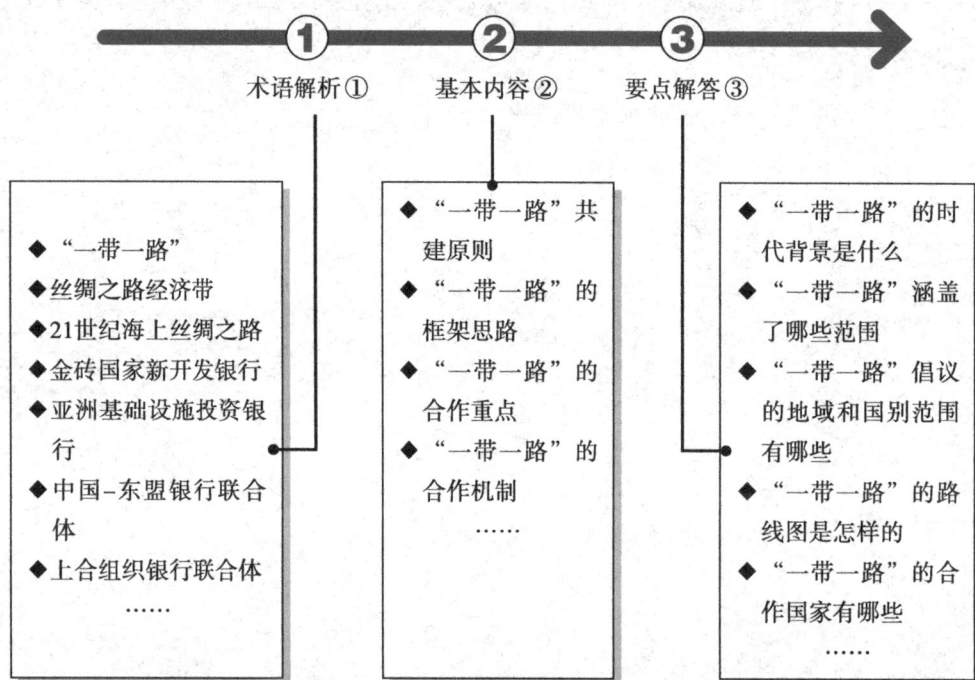

①术语解析①　　②基本内容②　　③要点解答③

- ◆ "一带一路"
- ◆丝绸之路经济带
- ◆21世纪海上丝绸之路
- ◆金砖国家新开发银行
- ◆亚洲基础设施投资银行
- ◆中国–东盟银行联合体
- ◆上合组织银行联合体
  ……

- ◆ "一带一路"共建原则
- ◆ "一带一路"的框架思路
- ◆ "一带一路"的合作重点
- ◆ "一带一路"的合作机制
  ……

- ◆ "一带一路"的时代背景是什么
- ◆ "一带一路"涵盖了哪些范围
- ◆ "一带一路"倡议的地域和国别范围有哪些
- ◆ "一带一路"的路线图是怎样的
- ◆ "一带一路"的合作国家有哪些
  ……

图示说明

　　①将"一带一路"所涉及的术语（共7个）做简明扼要的解释。
　　②将"一带一路"的基本内容（共4项）一一阐述清楚。
　　③列明"一带一路"管理中的常见问题（共7个）并提出解决的办法。

第一节 术语解析

术语01："一带一路"

"一带一路"，是指"丝绸之路经济带"和"21世纪海上丝绸之路"。"一带一路"不是一个实体和机制，而是合作发展的理念和倡议，是充分依靠中国与有关国家既有的双多边机制，借助既有的、行之有效的区域合作平台，旨在借用古代"丝绸之路"的历史符号，高举和平发展的旗帜，积极主动地发展与沿线国家的经济合作伙伴关系，共同打造政治互信、经济融合、文化包容的利益共同体、命运共同体和责任共同体。2014年博鳌亚洲论坛年会开幕大会上，中国全面阐述了亚洲合作政策，并特别强调要推进"一带一路"的建设。"一带一路"规划，被认为是"中国版马歇尔计划"的战略载体。

术语02：丝绸之路经济带

丝绸之路经济带，是在古丝绸之路概念基础上形成的一个新的经济发展区域。新丝绸之路经济带，东边牵着亚太经济圈，西边系着发达的欧洲经济圈，被认为是"世界上最长、最具有发展潜力的经济大走廊"。

丝绸之路经济带地域辽阔，有丰富的自然资源、矿产资源、能源资源、土地资源和宝贵的旅游资源，被称为21世纪的战略能源和资源基地，但该区域交通不够便利，自然环境较差，经济发展水平却与两端的经济圈存在巨大落差，整个区域存在"两边高，中间低"的现象。

术语03：21世纪海上丝绸之路

21世纪海上丝绸之路，是2013年10月习近平总书记访问东盟时提出的战略构想。

海上丝绸之路自秦汉时期开通以来，一直是沟通东西方经济文化交流的重要桥梁，而东南亚地区自古就是海上丝绸之路的重要枢纽和组成部分。中国着眼于与东盟建立战略伙伴十周年这一新的历史起点，为进一步深化中国与东盟的合作，提出"21世纪海上丝绸之路"的战略构想。

术语04：金砖国家新开发银行

金砖国家新开发银行又名金砖银行，类似世界银行和国际货币基金组织，是在2012年提出的，其目的是金砖国家为避免在下一轮金融危机中受到货币不稳定的影响，计划构筑的一个共同的金融安全网，可以借助这个资金池兑换一部分外汇用来应急。

金砖国家新开发银行启动资金为1 000亿美元。2013年3月，第五次金砖国家领导人峰会上决定建立金砖国家新开发银行，成立开发银行将简化金砖国家间的相互结算与贷款业务，从而减少对美元和欧元的依赖。2014年7月15日至16日，金砖国家领导人第六次会晤在巴西举行。此次峰会"敲定"呼吁已久的金砖国家新开发银行。2015年7月21日，金砖国家新开发银行开业。

术语05：亚洲基础设施投资银行

亚洲基础设施投资银行（Asian Infrastructure Investment Bank，AIIB）是一个政府间性质的亚洲区域多边开发机构，重点支持基础设施建设，成立宗旨是促进亚洲区域的建设互联互通化和经济一体化的进程，并且加强中国及其他亚洲国家和地区的合作。总部设在北京。亚投行法定资本1 000亿美元。

2014年10月24日，包括中国、印度、新加坡等在内21个首批意向创始成员国的财长和授权代表在北京签约，共同决定成立亚洲基础设施投资银行。截至2015年3月30日，法国、德国、意大利、卢森堡、瑞士、土耳其、韩国、奥地利、巴西、俄罗斯、荷兰、格鲁吉亚、丹麦、澳大利亚、埃及已先后同意加入亚洲基础设施投资银行，这将使亚投行扩围至44个成员国，涵盖了除美日之外的主要西方国家。

亚投行初期投资的重点领域主要包括五大方向，即能源、交通、农村发展、城市发展和物流。

术语06：中国-东盟银行联合体

2010年10月29日，中国-东盟银行联合体在第十三次中国-东盟（10+1）领导人会议期间正式成立。中国-东盟银联体由中国国家开发银行发起，中国与东盟各国具有影响力的银行共同组建。

中国-东盟银联体首批成员行均为各国重要的金融机构，包括：文莱伊斯兰银行、柬埔寨加华银行、印度尼西亚曼迪利银行、老挝开发银行、马来西亚联昌国际银行、缅甸外贸银行、菲律宾BDO银行、新加坡星展银行、泰国泰华农民银行（大众）有限公司、越南投资发展银行和中国国家开发银行。

中国-东盟银联体成立的宗旨是：服务中国与东盟的金融发展，促进相互贸易与投资，为中国与东盟成员国政府支持的基础设施等项目提供融资及相关金融服务，实现中国与东盟的社会和经济发展；按平等、互赢原则与各成员行建立长期合作关系，向中国与东盟各成员国间的重点合作领域提供更为广泛的金融服务；增强中国与东盟间区域经济发展的内生动力，积极应对经济全球化带来的机遇和挑战。

术语07：上合组织银行联合体

上合组织银行联合体是一个新型的国际金融区域合作组织，简称上合组织银联体，于2005年10月在上合组织成员国总理第四次会议期间，在莫斯科正式成立。中国国家开发银行行长陈元当选为上合组织银联体首任主席。

上合组织各国总理第四次会议在会后发表的联合公报中指出，各国总理对会议期间签署的《上海合作组织银行间合作（联合体）协议》表示满意，认为上合组织成员国的金融界有必要更加积极地参与落实中亚地区的大型联合投资项目。会议中举行了《上海合作组织银行间合作（联合体）协议》的签署仪式，中国国家开发银行行长陈元代表中方在协议上签字。

第二节 基本内容

内容01："一带一路"共建原则

"一带一路"建设秉承共商、共享、共建原则，如图2-1所示。

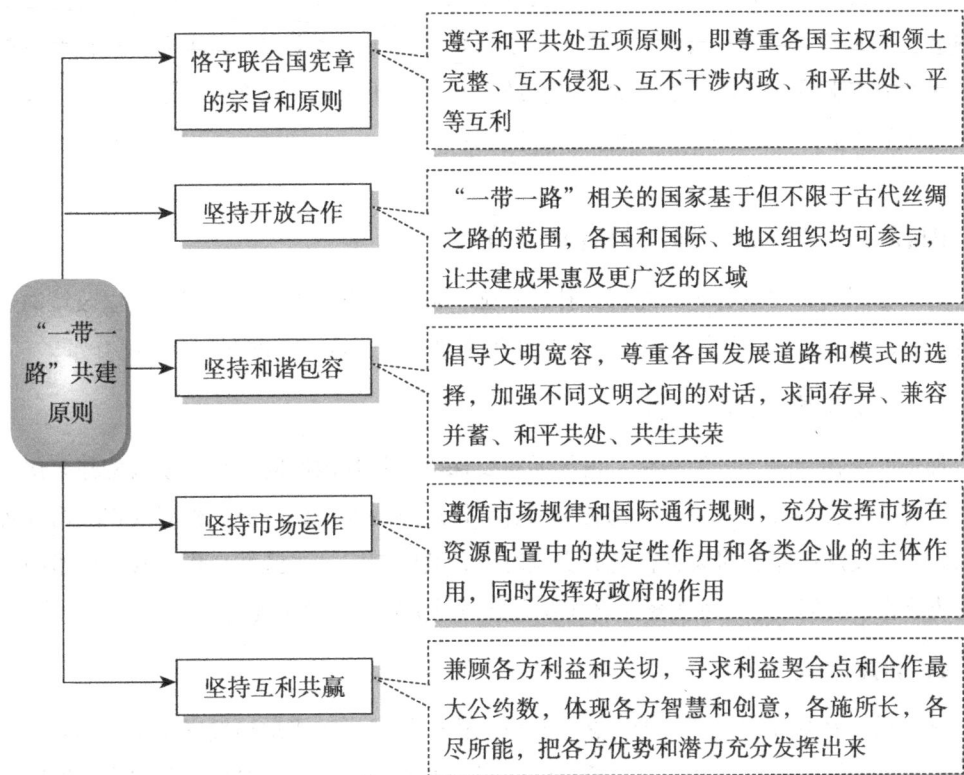

"一带一路"共建原则		
	恪守联合国宪章的宗旨和原则	遵守和平共处五项原则，即尊重各国主权和领土完整、互不侵犯、互不干涉内政、和平共处、平等互利
	坚持开放合作	"一带一路"相关的国家基于但不限于古代丝绸之路的范围，各国和国际、地区组织均可参与，让共建成果惠及更广泛的区域
	坚持和谐包容	倡导文明宽容，尊重各国发展道路和模式的选择，加强不同文明之间的对话，求同存异、兼容并蓄、和平共处、共生共荣
	坚持市场运作	遵循市场规律和国际通行规则，充分发挥市场在资源配置中的决定性作用和各类企业的主体作用，同时发挥好政府的作用
	坚持互利共赢	兼顾各方利益和关切，寻求利益契合点和合作最大公约数，体现各方智慧和创意，各施所长，各尽所能，把各方优势和潜力充分发挥出来

图2-1 "一带一路"共建原则

内容02："一带一路"的框架思路

"一带一路"是促进共同发展、实现共同繁荣的合作共赢之路，是增进理解信任、加强全方位交流的和平友谊之路。中国政府倡议，秉持和平合作、开放包容、互学互鉴、互利共赢的理念，全方位推进务实合作，打造政治互信、经济融合、文化包容的利益共同体、命运共同体和责任共同体。

"一带一路"贯穿亚欧非大陆，一头是活跃的东亚经济圈，一头是发达的欧洲经济圈，中间广大腹地国家经济发展潜力巨大。丝绸之路经济带重点畅通中国经中亚、俄罗斯至欧洲（波罗的海）；中国经中亚、西亚至波斯湾、地中海；中国至东南亚、南亚、印度洋。21世纪海上丝绸之路重点方向是从中国沿海港口过南海到印度洋，延伸至欧洲；从中国沿海港口过南海到南太平洋。

根据"一带一路"走向，陆上依托国际大通道，以沿线中心城市为支撑，以重点经贸产业园区为合作平台，共同打造新亚欧大陆桥、中蒙俄、中国–中亚–西亚、中国–中南半岛等国际经济合作走廊；海上以重点港口为节点，共同建设通畅安全高效的运输大通道。中巴、孟中印缅两个经济走廊与推进"一带一路"建设关联紧密，要进一步推动合作，取得更大进展。

"一带一路"建设是沿线各国开放合作的宏大经济愿景，需各国携手努力，朝着互利互惠、共同安全的目标相向而行。努力实现区域基础设施更加完善，安全高效的陆海空通道网络基本形成，互联互通达到新水平；投资贸易便利化水平进一步提升，高标准自由贸易区网络基本形成，经济联系更加紧密，政治互信更加深入；人文交流更加广泛深入，不同文明互鉴共荣，各国人民相知相交、和平友好。

内容03："一带一路"的合作重点

沿线各国资源禀赋各异，经济互补性较强，彼此合作潜力和空间很大。以政策沟通、设施联通、贸易畅通、资金融通、民心相通为主要内容，重点在以下方面加强合作。

1．政策沟通

加强政策沟通是"一带一路"建设的重要保障。加强政府间合作，积极构建多层次政府间宏观政策沟通交流机制，深化利益融合，促进政治互信，达成合作新共识。沿线各国可以就经济发展战略和对策进行充分交流对接，共同制定推进区域合作的规划和措施，协商解决合作中的问题，共同为务实合作及大型项目实施提供政策支持。

2．设施联通

基础设施互联互通是"一带一路"建设的优先领域。在尊重相关国家主权和安全关切的基础上，沿线国家宜加强基础设施建设规划、技术标准体系的对接，共同推进国际骨干通道建设，逐步形成连接亚洲各次区域以及亚欧非之间的基础设施网络。强化基础设施绿色低碳化建设和运营管理，在建设中充分考虑气候变化影响。

抓住交通基础设施的关键通道、关键节点和重点工程，优先打通缺失路段，畅通瓶颈路段，配套完善道路安全防护设施和交通管理设施设备，提升道路通达水平。推进建立统一的全程运输协调机制，促进国际通关、换装、多式联运有机衔接，逐步形成兼容规范的运输规则，实现国际运输便利化。推动口岸基础设施建设，畅通陆水联运通道，推进港口合作建设，增加海上航线和班次，加强海上物流信息化合作。拓展建立民航全面合作的平台和机制，加快提升航空基础设施水平。

加强能源基础设施互联互通合作，共同维护输油、输气管道等运输通道安全，推进跨境电力与输电通道建设，积极开展区域电网升级改造合作。

共同推进跨境光缆等通信干线网络建设，提高国际通信互联互通水平，畅通信息丝绸之路。加快推进双边跨境光缆等建设，规划建设洲际海底光缆项目，完善空中（卫星）信息通道，扩大信息交流与合作。

3. 贸易畅通

投资贸易合作是"一带一路"建设的重点内容。宜着力研究解决投资贸易便利化问题，消除投资和贸易壁垒，构建区域内和各国良好的营商环境，积极同沿线国家和地区共同商建自由贸易区，激发释放合作潜力，做大做好合作"蛋糕"。

沿线国家宜加强信息互换、监管互认、执法互助的海关合作，以及检验检疫、认证认可、标准计量、统计信息等方面的双多边合作，推动世界贸易组织《贸易便利化协定》生效和实施。改善边境口岸通关设施条件，加快边境口岸"单一窗口"建设，降低通关成本，提升通关能力。加强供应链安全与便利化合作，推进跨境监管程序协调，推动检验检疫证书国际互联网核查，开展"经认证的经营者"（AEO）互认。降低非关税壁垒，共同提高技术性贸易措施透明度，提高贸易自由化、便利化水平。

拓宽贸易领域，优化贸易结构，挖掘贸易新增长点，促进贸易平衡。创新贸易方式，发展跨境电子商务等新的商业业态。建立健全服务贸易促进体系，巩固和扩大传统贸易，大力发展现代服务贸易。把投资和贸易有机结合起来，以投资带动贸易发展。

加快投资便利化进程，消除投资壁垒。加强双边投资保护协定、避免双重征税协定磋商，保护投资者的合法权益。

拓展相互投资领域，开展农林牧渔业、农机及农产品生产加工等领域深度合作，积极推进海水养殖、远洋渔业、水产加工、海水淡化、海洋生物制药、海洋工程技术、环保产业和海上旅游等领域合作。加大煤炭、油气、金属矿产等传统能源资源勘探开发合作，积极推动水电、核电、风电、太阳能等清洁、可再生能源合作，推进能源资源就地就近加工转化合作，形成能源资源合作上下游一体化产业链。加强能源资源深加工技术、装备与工程服务合作。

推动新兴产业合作，按照优势互补、互利共赢的原则，促进沿线国家加强在新一代信息技术、生物、新能源、新材料等新兴产业领域的深入合作，推动建立创业投资合作机制。

优化产业链分工布局，推动上下游产业链和关联产业协同发展，鼓励建立研发、生产和营销体系，提升区域产业配套能力和综合竞争力。扩大服务业相互开放，推动区域服务业加快发展。探索投资合作新模式，鼓励合作建设境外经贸合作区、跨境经济合作区等各类产业园区，促进产业集群发展。在投资贸易中突出生态文明理念，加强生态环境、生物多样性和应对气候变化合作，共建绿色丝绸之路。

中国欢迎各国企业来华投资。鼓励本国企业参与沿线国家基础设施建设和产业投资。促进企业按属地化原则经营管理，积极帮助当地发展经济、增加就业、改善民生，主动承担社会责任，严格保护生物多样性和生态环境。

4. 资金融通

资金融通是"一带一路"建设的重要支撑。深化金融合作，推进亚洲货币稳定体系、投融资体系和信用体系建设。扩大沿线国家双边本币互换、结算的范围和规模。推动亚洲债券市场的开放和发展。共同推进亚洲基础设施投资银行、金砖国家开发银行筹建，有关各方就建立上海合作组织融资机构开展磋商。加快丝路基金组建运营。深化中国-东盟银行联合体、上合组织银行联合体务实合作，以银团贷款、银行授信等方式开展多边金融合作。支持沿线国家政府和信用等级较高的企业以及金融机构在中国境内发行人民币债券。符合条件的中国境内金融机构和企业可以在境外发行人民币债券和外币债券，鼓励在沿线国家使用所筹资金。

加强金融监管合作，推动签署双边监管合作谅解备忘录，逐步在区域内建立高效监管协调机制。完善风险应对和危机处置制度安排，构建区域性金融风险预警系统，形成应对跨境风险和危机处置的交流合作机制。加强征信管理部门、征信机构和评级机构之间的跨境交流与合作。充分发挥丝路基金以及各国主权基金作用，引导商业性股权投资基金和社会资金共同参与"一带一路"重点项目建设。

5. 民心相通

民心相通是"一带一路"建设的社会根基。传承和弘扬丝绸之路友好合作精神，广泛开展文化交流、学术往来、人才交流合作、媒体合作、青年和妇女交往、志愿者服务等，为深化双多边合作奠定坚实的民意基础。

扩大相互间留学生规模，开展合作办学，中国每年向沿线国家提供1万个政府奖学金名额。沿线国家间互办文化年、艺术节、电影节、电视周和图书展等活动，合作开展广播影视剧精品创作及翻译，联合申请世界文化遗产，共同开展世界遗产的联合保护工作。深化沿线国家间人才交流合作。

加强旅游合作，扩大旅游规模，互办旅游推广周、宣传月等活动，联合打造具有丝绸之路特色的国际精品旅游线路和旅游产品，提高沿线各国游客签证便利化水平。推动21世纪海上丝绸之路邮轮旅游合作。积极开展体育交流活动，支持沿线国家申办重大国际体育赛事。

强化与周边国家在传染病疫情信息沟通、防治技术交流、专业人才培养等方面的合作，提高合作处理突发公共卫生事件的能力。为有关国家提供医疗援助和应急医疗救助，在妇幼健康、残疾人康复以及艾滋病、结核、疟疾等主要传染病领域开展务实合作，扩大在传统医药领域的合作。

加强科技合作，共建联合实验室（研究中心）、国际技术转移中心、海上合作中心，促进科技人员交流，合作开展重大科技攻关，共同提升科技创新能力。

整合现有资源，积极开拓和推进与沿线国家在青年就业、创业培训、职业技能开发、社会保障管理服务、公共行政管理等共同关心领域的务实合作。

充分发挥政党、议会交往的桥梁作用，加强沿线国家之间立法机构、主要党派和政治组织的友好往来。开展城市交流合作，欢迎沿线国家重要城市之间互结友好城市，以人文交流为重点，突出务实合作，形成更多鲜活的合作范例。欢迎沿线国家智库之间开展联合研究、合作举办论坛等。

加强沿线国家民间组织的交流合作，重点面向基层民众，广泛开展教育医疗、减贫开发、生物多样性和生态环保等各类公益慈善活动，促进沿线贫困地区生产生活条件改善。加强文化传媒的国际交流合作，积极利用网络平台，运用新媒体工具，塑造和谐友好的文化生态和舆论环境。

内容04："一带一路"的合作机制

当前，世界经济融合加速发展，区域合作方兴未艾。积极利用现有双多边合作机制，推动"一带一路"建设，促进区域合作蓬勃发展。

加强双边合作，开展多层次、多渠道沟通磋商，推动双边关系全面发展。推动签署合作备忘录或合作规划，建设一批双边合作示范。建立完善双边联合工作机制，研究推进"一带一路"建设的实施方案、行动路线图。充分发挥现有联委会、混委会、协委会、指导委员会、管理委员会等双边机制作用，协调推动合作项目实施。

强化多边合作机制作用，发挥上海合作组织（SCO）、中国-东盟"10+1"、亚太经合组织（APEC）、亚欧会议（ASEM）、亚洲合作对话（ACD）、亚信会议（CICA）、中阿合作论坛、中国-海合会战略对话、大湄公河次区域经济合作（GMS）、中亚区域经济合作（CAREC）等现有多边合作机制作用，相关国家加强沟通，让更多国家和地区参与"一带一路"建设。

继续发挥沿线各国区域、次区域相关国际论坛、展会以及博鳌亚洲论坛、中国-东盟博览会、中国-亚欧博览会、欧亚经济论坛、中国国际投资贸易洽谈会，以及中国-南亚博览会、中国-阿拉伯博览会、中国西部国际博览会、中国-俄罗斯博览会、前海合作论坛等平台的建设性作用。支持沿线国家地方、民间挖掘"一带一路"历史文化遗产，联合举办专项投资、贸易、文化交流活动，办好丝绸之路（敦煌）国际文化博览会、丝绸之路国际电影节和图书展，倡议建立"一带一路"国际高峰论坛。

第三节 要点解答

问题01："一带一路"的时代背景是什么

当今世界正发生复杂深刻的变化，国际金融危机深层次影响继续显现，世界经济缓慢复苏、发展分化，国际投资贸易格局和多边投资贸易规则酝酿深刻调整，各国面临的发展问题依然严峻。共建"一带一路"顺应世界多极化、经济全球化、文化多样化、社会信息化的潮流，秉持开放的区域合作精神，致力于维护全球自由贸易体系和开放型世界经济。共建"一带一路"旨在促进经济要素有序自由流动、资源高效配置和市场深度融合，推动沿线各国实现经济政策协调，开展更大范围、更高水平、更深层次的区域合作，共同打造开放、包容、均衡、普惠的区域经济合作架构。共建"一带一路"符合国际社会的根本利益，彰显人类社会共同理想和美好追求，是国际合作以及全球治理新模式的积极探索，将为世界和平发展增添新的正能量。

共建"一带一路"致力于亚欧非大陆及附近海洋的互联互通，建立和加强沿线各国互联互通伙伴关系，构建全方位、多层次、复合型的互联互通网络，实现沿线各国多元、自主、平衡、可持续的发展。"一带一路"的互联互通项目将推动沿线各国发展战略的对接与耦合，发掘区域内市场的潜力，促进投资和消费，创造需求和就业，增进沿线各国人民的人文交流与文明互鉴，让各国人民相逢相知、互信互敬，共享和谐、安宁、富裕的生活。

当前，中国经济和世界经济高度关联。中国将一以贯之地坚持对外开放的基本国策，构建全方位开放新格局，深度融入世界经济体系。推进"一带一路"建设，既是中国扩大和深化对外开放的需要，也是加强和亚欧非及世界各国互利合作的需要，中国愿意在力所能及的范围内承担更多责任义务，为人类和平发展做出更大的贡献。

问题02："一带一路"涵盖了哪些范围

丝绸之路经济带圈定：新疆、重庆、陕西、甘肃、宁夏、青海、内蒙古、黑龙江、吉林、辽宁、广西、云南、西藏13个省（直辖市、自治区）。

21世纪海上丝绸之路圈定：上海、福建、广东、浙江、海南5个省（直辖市）。

共计18个省、自治区、直辖市。

问题03："一带一路"倡议的地域和国别范围有哪些

"一带一路"倡议的地域和国别范围也是开放的，古代陆、海丝绸之路上的国家、中国的友好邻国都可以参与进来。中亚、俄罗斯、南亚和东南亚国家是优先方向，中东和东非国家是"一带一路"的交会之地，欧洲、独联体和非洲部分国家从长远看也可融入合作。未来"一带一路"进程中的很多项目，涉及的国家和实体可能更多，开放性也更强。

历史上的丝绸之路主要是商品互通有无，"一带一路"交流合作范畴要大得多，优先领域和早期收获项目可以是基础设施互联互通，也可以是贸易投资便利化和产业合作，当然也少不了人文交流和人员往来。各类合作项目和合作方式，都旨在把政治互信、地缘毗邻、经济互补的优势转化为务实合作、持续增长的优势，目标是物畅其流，政通人和，互利互惠，共同发展。

问题04："一带一路"的路线图是怎样的

2015年发布的《推动共建丝绸之路经济带和21世纪海上丝绸之路的愿景与行动》，近9 000字的文件系统勾勒出了"一带一路"路线图，标志着"一带一路"步入全面推进阶段。以互联互通为抓手，以金融合作为前导，激发大市场活力，共享发展新成果。

一条北线：北京–俄罗斯–德国–北欧。

一条中线：北京–西安–乌鲁木齐–阿富汗–哈萨克斯坦–匈牙利–巴黎。

一条南线：泉州–福州–广州–海口–北海–河内–吉隆坡–雅加达–科伦坡–加尔各答–内罗毕–雅典–威尼斯。

问题05："一带一路"的合作国家有哪些

2015年2月3日，"一带一路"就已经从倡议变成了实实在在的行动，"一带一路"倡议提出后，应者云集。沿线国家中，已经有近60个国家明确表示支持和积极参与建设。

问题06：各地开放态势是怎样的

"一带一路"愿景与行动文件称：推进"一带一路"建设，中国将充分发挥国内各地区比较优势，实行更加积极主动的开放战略，加强东中西互动合作，全面提升开放型经济水平，具体如图2-2所示。

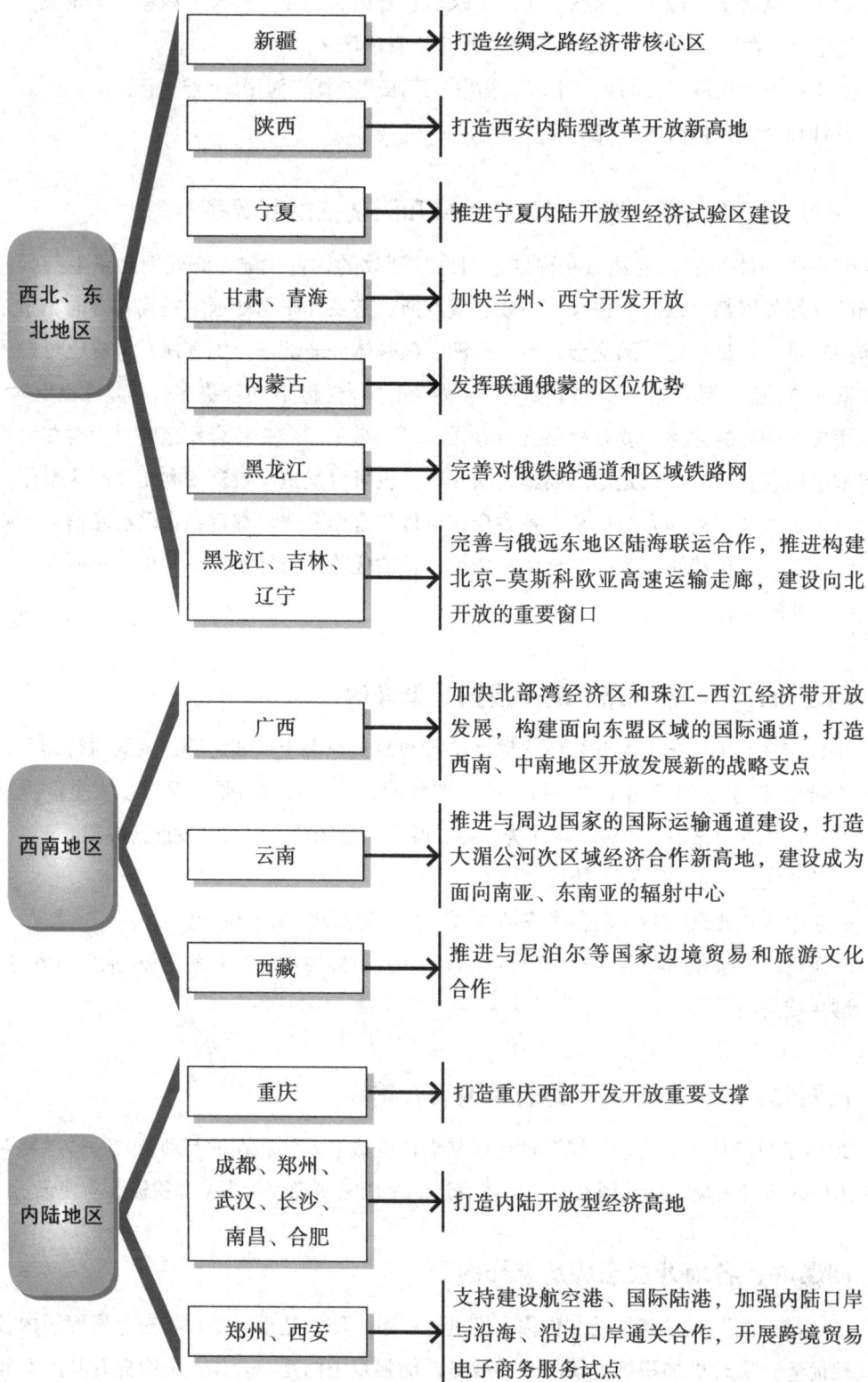

	新疆 →	打造丝绸之路经济带核心区
	陕西 →	打造西安内陆型改革开放新高地
	宁夏 →	推进宁夏内陆开放型经济试验区建设
西北、东北地区	甘肃、青海 →	加快兰州、西宁开发开放
	内蒙古 →	发挥联通俄蒙的区位优势
	黑龙江 →	完善对俄铁路通道和区域铁路网
	黑龙江、吉林、辽宁 →	完善与俄远东地区陆海联运合作，推进构建北京–莫斯科欧亚高速运输走廊，建设向北开放的重要窗口
西南地区	广西 →	加快北部湾经济区和珠江–西江经济带开放发展，构建面向东盟区域的国际通道，打造西南、中南地区开放发展新的战略支点
	云南 →	推进与周边国家的国际运输通道建设，打造大湄公河次区域经济合作新高地，建设成为面向南亚、东南亚的辐射中心
	西藏 →	推进与尼泊尔等国家边境贸易和旅游文化合作
内陆地区	重庆 →	打造重庆西部开发开放重要支撑
	成都、郑州、武汉、长沙、南昌、合肥 →	打造内陆开放型经济高地
	郑州、西安 →	支持建设航空港、国际陆港，加强内陆口岸与沿海、沿边口岸通关合作，开展跨境贸易电子商务服务试点

（续）

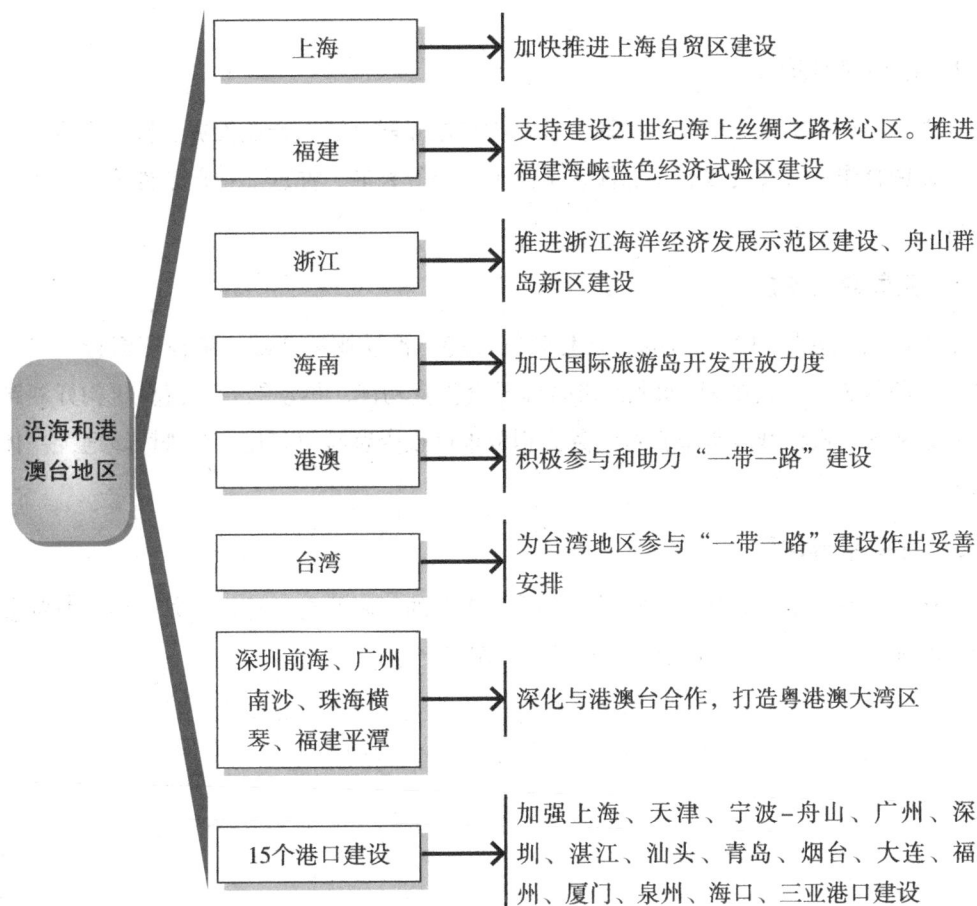

图2-2 各地开放态势

问题07：中国为"一带一路"采取了哪些积极行动

当前，中国政府积极推动"一带一路"建设，加强与沿线国家的沟通磋商，推动与沿线国家的务实合作，实施了一系列政策措施，努力收获早期成果。

1. 高层引领推动

习近平主席、李克强总理等国家领导人先后出访20多个国家，出席加强互联互通伙伴关系对话会、中阿合作论坛第六届部长级会议，就双边关系和地区发展问题，多次与有关国家元首和政府首脑进行会晤，深入阐释"一带一路"的深刻内涵和积极意义，就共建"一带一路"达成广泛共识。

2. 签署合作框架

与部分国家签署了共建"一带一路"合作备忘录，与一些毗邻国家签署了地区合作和边境合作的备忘录以及经贸合作中长期发展规划。研究编制与一些毗邻国家的地区合作规划纲要。

3. 推动项目建设

加强与沿线有关国家的沟通磋商，在基础设施互联互通、产业投资、资源开发、经贸合作、金融合作、人文交流、生态保护、海上合作等领域，推进了一批条件成熟的重点合作项目。

4. 完善政策措施

中国政府统筹国内各种资源，强化政策支持。推动亚洲基础设施投资银行筹建，发起设立丝路基金，强化中国-欧亚经济合作基金投资功能。推动银行卡清算机构开展跨境清算业务和支付机构开展跨境支付业务。积极推进投资贸易便利化，推进区域通关一体化改革。

5. 发挥平台作用

各地成功举办了一系列以"一带一路"为主题的国际峰会、论坛、研讨会、博览会，对增进理解、凝聚共识、深化合作发挥了重要作用。

要 点 回 顾

通过对本章的学习，想必你已经掌握了不少对外贸易政策的知识，请将你已经掌握的知识点罗列一下。另外，将你认为应该更深入地了解的或者本章没有涉及但也必须了解的列举出来。

我已经掌握的知识点

1. _____
2. _____
3. _____
4. _____
5. _____

应更深入了解的知识点

1. _____
2. _____
3. _____
4. _____
5. _____

我认为还有一些必须了解的知识点

1. _____
2. _____
3. _____
4. _____
5. _____

第三章

加工贸易基础知识

加工贸易是一国通过各种不同的方式，进口原料、材料或零件，利用本国的生产能力和技术，加工成成品后再出口，从而获得以外汇体现的附加价值。加工贸易是以加工为特征的再出口业务，其方式多种多样。

阅读提示

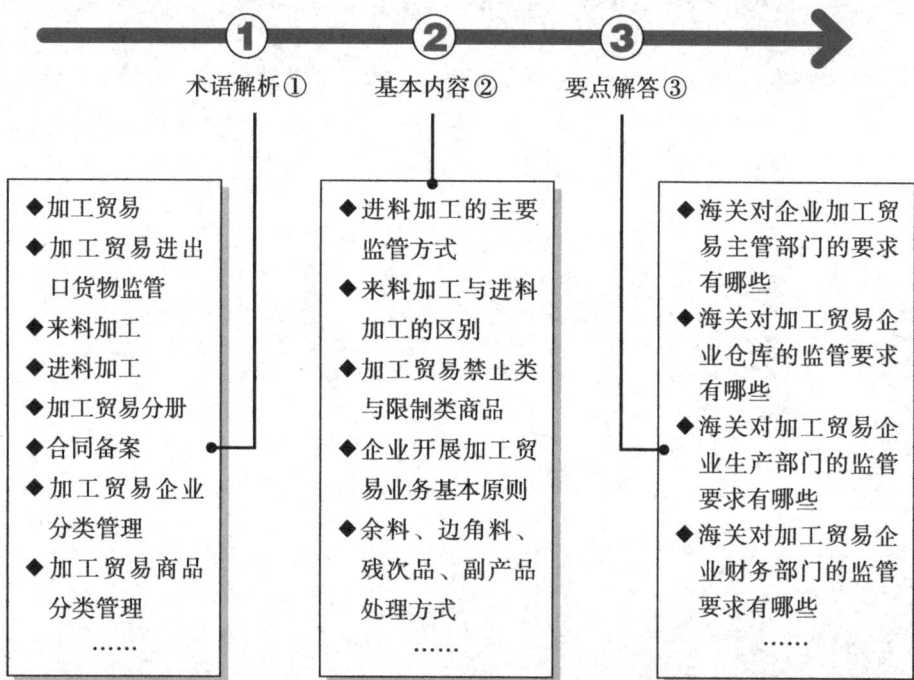

① ——— ② ——— ③ ———

术语解析①　　　基本内容②　　　要点解答③

◆加工贸易
◆加工贸易进出口货物监管
◆来料加工
◆进料加工
◆加工贸易分册
◆合同备案
◆加工贸易企业分类管理
◆加工贸易商品分类管理
……

◆进料加工的主要监管方式
◆来料加工与进料加工的区别
◆加工贸易禁止类与限制类商品
◆企业开展加工贸易业务基本原则
◆余料、边角料、残次品、副产品处理方式
……

◆海关对企业加工贸易主管部门的要求有哪些
◆海关对加工贸易企业仓库的监管要求有哪些
◆海关对加工贸易企业生产部门的监管要求有哪些
◆海关对加工贸易企业财务部门的监管要求有哪些
……

图示说明

①将加工贸易所涉及的术语（共12个）做简明扼要的解释。

②将加工贸易的基本内容（共6项）一一阐述清楚。

③列明加工贸易管理中的常见问题（共11个）并提出解决的办法。

第一节 术语解析

术语01：加工贸易

加工贸易是指经营企业进口全部或部分原辅材料、零部件、元器件、包装物料，经加工或者装配后，将制成品复出口的经营活动，包括来料加工和进料加工。如图3-1所示。

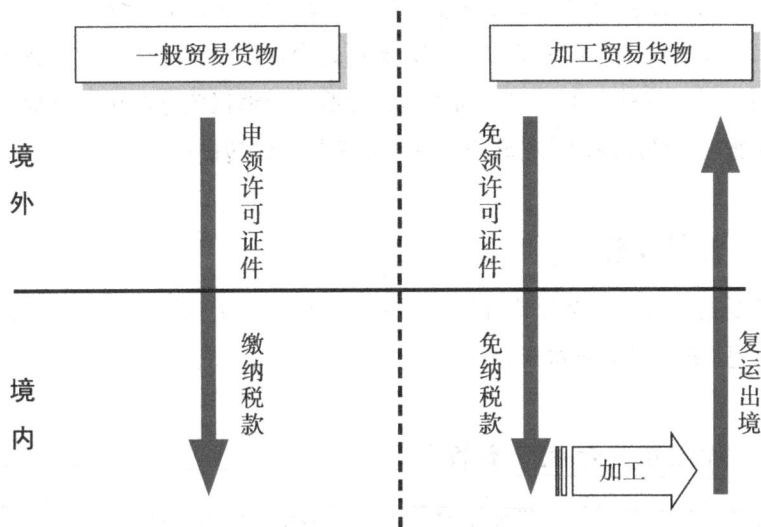

图3-1 加工贸易图示

术语02：加工贸易进出口货物监管

加工贸易进出口货物监管是指中华人民共和国海关对经营单位专为加工出口商品而经批准，缓办纳税手续进口的料、件实施全过程监督管理的行政执法行为。是海关对进料加工进出口货物监管、对外加工装配进出口货物监管和补偿贸易进出口货物监管的统称。加工贸易进出口货物属保税货物，自进口之日起至解除监管止，均应接受海关监管，未经海关许可，任何单位或个人均不得将其转让、出售、调换、抵押或移作他用。

术语03：来料加工

来料加工是指由外商提供全部或部分原材料（主料）、辅料、零部件、元器件、配套件和包装物料，必要时还提供设备，由我方加工企业按外商的要求进行加工装配，成品交外商销售，我方收取工缴费，外商提供的作价设备价款，我方用工缴费偿还的贸易形式。

术语04：进料加工

进料加工是指由我国有关经营单位用外汇购买进口的原料、材料、辅料、元器件、零部件、配套件和包装物料加工成成品或半成品后再外销出口的贸易方式。

术语05：加工贸易分册

加工贸易分册是指在海关核发的加工贸易《登记手册》（以下简称总册）基础上，因企业报关需要，由企业申请并经主管海关批准，将总册的部分内容重新登记备案，由海关核发该部分内容的加工贸易《登记手册》（以下简称分册）。分册含基本情况表、进口料件情况或出口成品情况（或两者兼有），分册可分为异地报关分册（指备案地海关与口岸海关不使用同一台计算机主机）和深加工结转分册。异地报关分册用于异地报关进出口，深加工结转分册用于异地深加工结转出口和本地深加工结转进口。

术语06：合同备案

合同备案是指加工贸易企业持合法的加工贸易合同到主管海关备案、申请保税并领取加工贸易《登记手册》或其他准予合同备案凭证的行为。

术语07：加工贸易企业分类管理

加工贸易企业分类管理是指将加工贸易企业分为A、B、C、D四类，企业分类名单实行动态管理，适时调整，具体如图3-2所示。

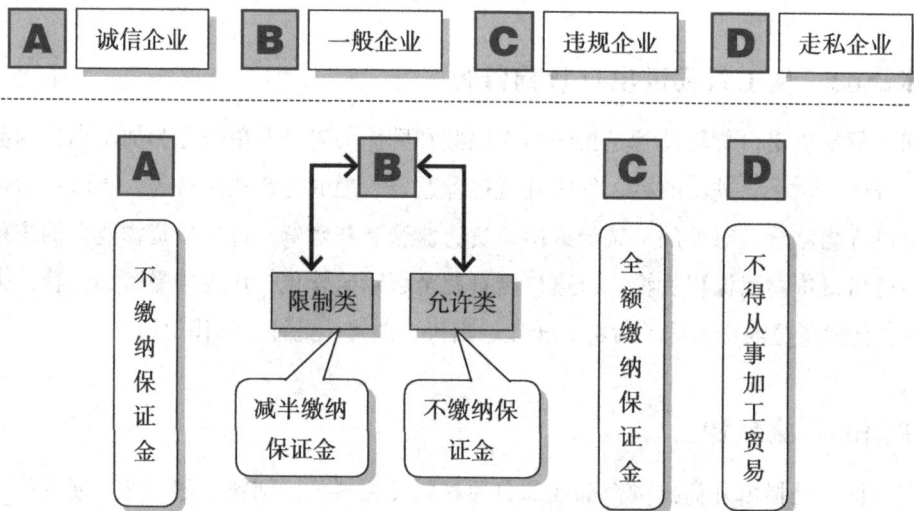

图3-2 加工贸易企业分类管理

术语08：加工贸易商品分类管理

加工贸易商品分类管理是指国家为了优化加工贸易产品结构，引导加工贸易向高技术、高附加值方向发展，按商品将加工贸易分为禁止类、限制类和允许类三类进行管理，具体内容如图3-3所示。

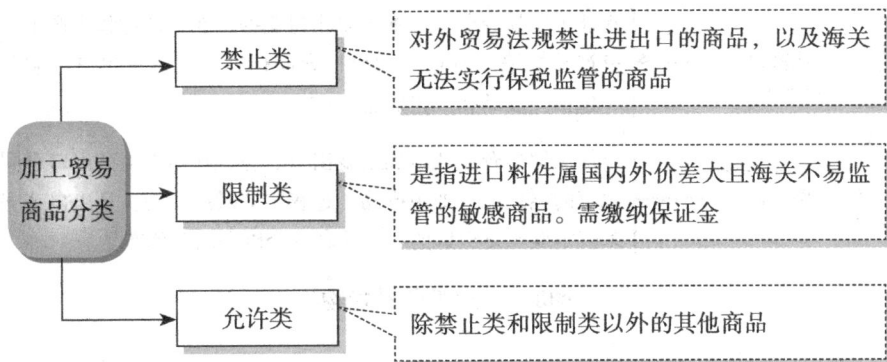

加工贸易商品分类

- 禁止类 ---- 对外贸易法规禁止进出口的商品，以及海关无法实行保税监管的商品
- 限制类 ---- 是指进口料件属国内外价差大且海关不易监管的敏感商品。需缴纳保证金
- 允许类 ---- 除禁止类和限制类以外的其他商品

图3-3　加工贸易商品分类管理

术语09：银行保证金台账制度

银行保证金台账制度是指加工贸易企业凭海关核准的加工贸易货物备案手续，按合同备案料件金额向指定银行申请设立加工贸易进口料件保证金台账，加工成品在规定的加工期限内全部出口，经海关核销后，由银行核销保证金台账的制度，具体如图3-4所示。

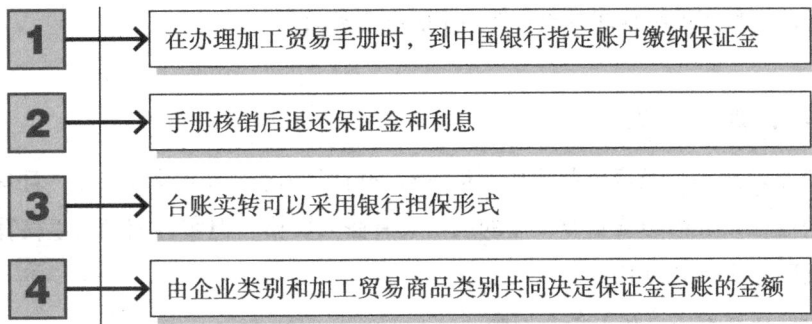

1. 在办理加工贸易手册时，到中国银行指定账户缴纳保证金
2. 手册核销后退还保证金和利息
3. 台账实转可以采用银行担保形式
4. 由企业类别和加工贸易商品类别共同决定保证金台账的金额

图3-4　银行保证金台账制度

术语10：加工贸易货物

加工贸易货物即海关保税货物属于海关监管货物，是指加工贸易项下的进口料件、加工成品以及加工过程中产生的边角料、剩余料件、残次品、副产品等，如图3-5所示。

边角料	指加工贸易企业从事加工复出口业务，在海关核定的单位耗料量内（以下简称单耗）、加工过程中产生的、无法再用于加工该合同项下出口制成品的数量合理的废、碎料及下脚料
剩余料件	指加工贸易企业在从事加工复出口业务过程中剩余的、可以继续用于加工制成品的加工贸易进口料件
残次品	指加工贸易企业从事加工复出口业务，在生产过程中产生的有严重缺陷或者达不到出口合同标准，无法复出口的制品（包括完成品和未完成品）
副产品	指加工贸易企业从事加工复出口业务，在加工生产出口合同规定的制成品（即主产品）过程中同时产生的，且出口合同未规定应当复出口的一个或者一个以上的其他产品

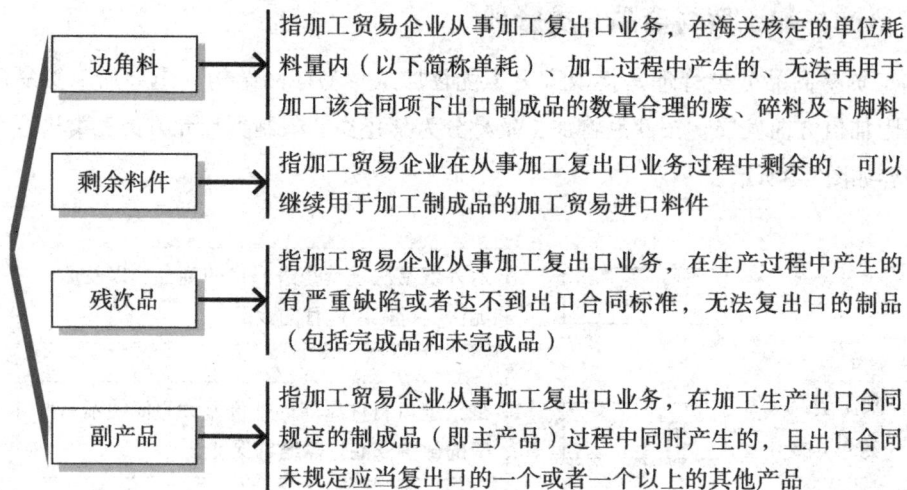

图3-5　加工贸易货物

加工贸易货物不得抵押、质押、留置，未经海关批准并补办征税手续不得擅自变卖。

除国家另有规定外，加工贸易进口料件属于国家对进口有限制性规定的，经营企业免于向海关提交进口许可证件；加工贸易出口制成品属于国家对出口有限制性规定的，经营企业应当向海关提交出口许可证件。

术语11：经营企业

经营企业是负责对外签订加工贸易进出口合同的各类进出口企业和外商投资企业，以及经批准获得来料加工经营许可的对外加工装配服务公司。

术语12：加工企业

加工企业是指接受经营企业委托，负责对进口料件进行加工或者装配，且具有法人资格的生产企业，以及由经营企业设立的虽不具有法人资格，但实行相对独立核算并已经办理工商营业证（执照）的工厂。

加工企业所在地主管海关备案原则。

经营单位不得将料件销售给加工企业。

第二节　基本内容

内容01：进料加工的主要监管方式

进料加工的主要监管方式有三种，具体介绍如图3-6所示。

| 保税工厂、保税仓库方式 | 对口合同方式 | 定额征税 |

图3-6　进料加工的主要监管方式

1．保税工厂、保税仓库方式

经营单位或生产企业有专门加工出口产品的工厂、车间，或经营单位本身拥有专门储存进口料件和加工成品的仓库，建有专用账册、专人管理制度，并具备海关监管的其他条件，海关可以批准建立加工贸易保税工厂或备料加工保税仓库。其料件进口时先予以全额保税，加工后以实际出口部分所耗加口料件予以免税，不出口部分自然予以征税。进出口货物的海关手续按进料加工保税工厂和保税仓库的要求办理。

2．对口合同方式

我方与外商分别签订进口和加工成品出口的对口合同，料件进口时我方先付料件价款，加工成成品出口时再收取成品价款的进料加工，经主管海关批准可对其进口料件予以保税。加工后对实际出口部分所耗进口料件予以免税，但合同项下进口的机器设备应按一般进口货物办理进口报关和征税手续。

3．定额征税

凡不具备以上条件的经营进料加工的单位和加工生产企业，其进口料件根据《进料加工进口料件征免税比例表》的规定，分别按85%或95%作为出口部分免税，15%或5%作为不能出口部分照章征税。如实际不能出口部分多于或少于已征比例，经海关审核无讹后，分别予以补税或退税。

内容02：来料加工与进料加工的区别

来料加工与进料加工的区别如表3-1所示。

表3-1　来料加工与进料加工的区别

	来料加工	进料加工
付汇情况	料件由外商提供，我方不支付外汇	料件由我方经营单位动用外汇购买进口
料件及成品的所属权	料件及成品的所属权属于外商	料件及成品的所属权属于我方经营单位
盈亏风险承担	不承担盈亏风险	承担盈亏风险
进口与出口联系程度	进口与出口有密切的内在联系，外商往往既是料件的供应人，又是成品的接受人，是连在一起的一笔交易，其合同不是以货物所有权的转移为内容的买卖合同	由我方经营单位以买主身份与外商签订进口合同，又以卖主身份签订出口合同，为两笔交易，且都是以特权的转移为特征

内容03：加工贸易禁止类与限制类商品

海关总署、商务部和环保总局发布的联合公告对加工贸易禁止类与限制类商品做出了规定，具体如图3-7所示。

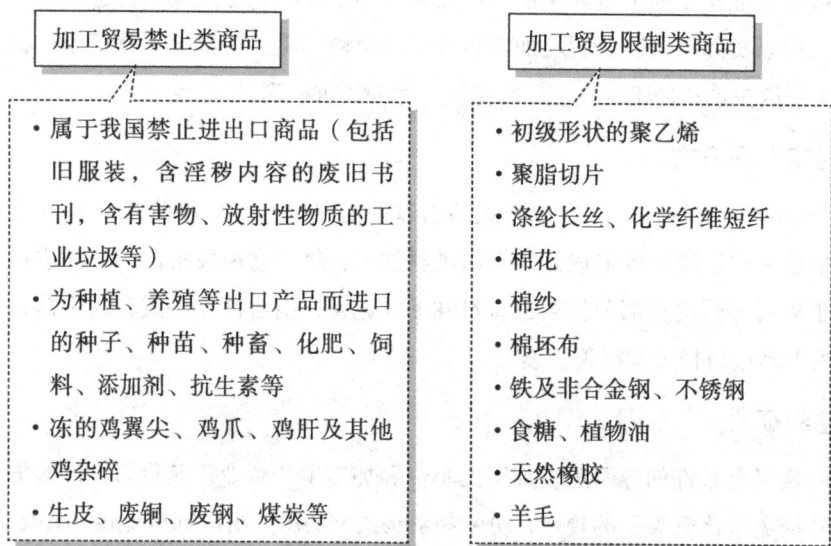

加工贸易禁止类商品

- 属于我国禁止进出口商品（包括旧服装，含淫秽内容的废旧书刊，含有害物、放射性物质的工业垃圾等）
- 为种植、养殖等出口产品而进口的种子、种苗、种畜、化肥、饲料、添加剂、抗生素等
- 冻的鸡翼尖、鸡爪、鸡肝及其他鸡杂碎
- 生皮、废铜、废钢、煤炭等

加工贸易限制类商品

- 初级形状的聚乙烯
- 聚脂切片
- 涤纶长丝、化学纤维短纤
- 棉花
- 棉纱
- 棉坯布
- 铁及非合金钢、不锈钢
- 食糖、植物油
- 天然橡胶
- 羊毛

图3-7　加工贸易禁止类与限制类商品

内容04：企业开展加工贸易业务基本原则

企业开展加工贸易业务基本原则如图3-8所示。

| 原则一 | 专料专用原则 |

加工贸易进口的料件必须用于加工贸易出口成品的生产、某本手册进口的料件必须用于该手册项下成品的生产

| 原则二 | 如实申报原则 |

各企业要根据实际生产和手册执行情况对加工贸易手册备案内容进行必要的变更和调整，也要将手册之外的信息及时向海关报告和处理，例如各种边角料、副产品的内销征税等

| 原则三 | 及时办理原则 |

海关对加工贸易业务办理的时限要求比较重视，严禁各种超期办理和擅自处理事项的发生，否则将承担相应的责任。及时办理原则提醒企业在手册执行过程中要重点关注：手册有效期、手册报核期、外发加工（深加工结转）办理时限、变更时间等

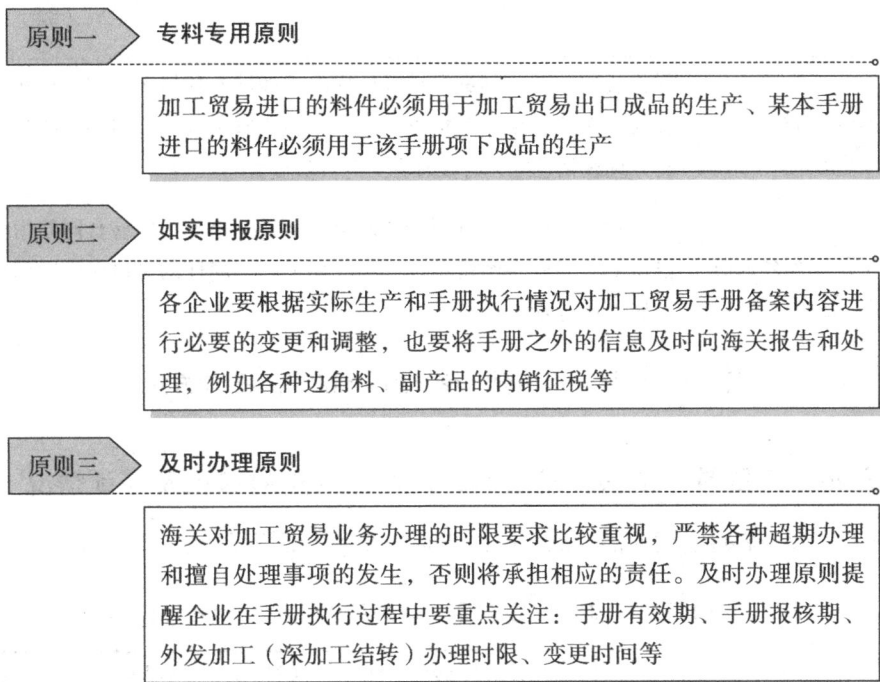

图3-8　企业开展加工贸易业务基本原则

内容05：余料、边角料、残次品、副产品处理方式

余料、边角料、残次品、副产品的处理方式如图3-9所示。

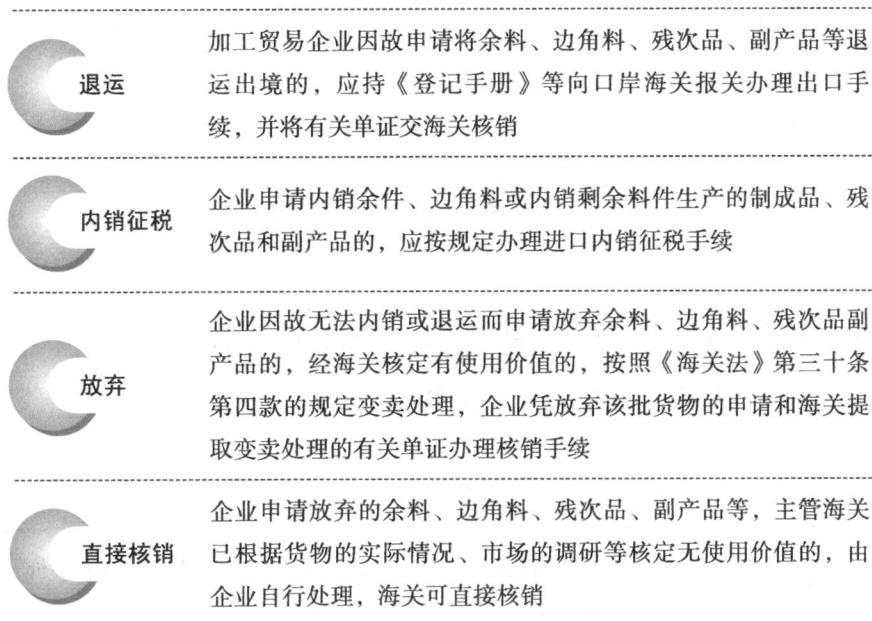

退运　加工贸易企业因故申请将余料、边角料、残次品、副产品等退运出境的，应持《登记手册》等向口岸海关报关办理出口手续，并将有关单证交海关核销

内销征税　企业申请内销余件、边角料或内销剩余料件生产的制成品、残次品和副产品的，应按规定办理进口内销征税手续

放弃　企业因故无法内销或退运而申请放弃余料、边角料、残次品副产品的，经海关核定有使用价值的，按照《海关法》第三十条第四款的规定变卖处理，企业凭放弃该批货物的申请和海关提取变卖处理的有关单证办理核销手续

直接核销　企业申请放弃的余料、边角料、残次品、副产品等，主管海关已根据货物的实际情况、市场的调研等核定无使用价值的，由企业自行处理，海关可直接核销

（续）

销毁处理	保税货物按规定须进行销毁处理的，如涉及环境保护知识产权公共安全等，由企业负责销毁，海关凭有关监管部门的证明材料办理核销手续，必要时海关可派员监督
结转出口	加工贸易企业申请将剩余料件结转至另一个加工贸易合同使用出口的，限同一经营单位、同一加工厂、同样的进口料件和同一加工贸易方式

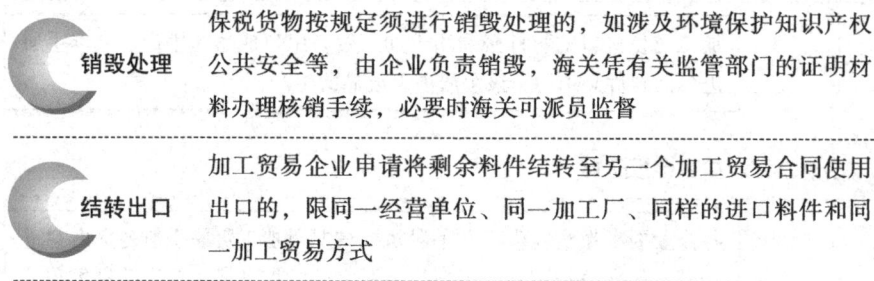

图3-9　余料、边角料、残次品、副产品的处理方式

内容06：边角料、余料、残次品、副产品内销时涉税及涉证情况

边角料、剩余料件、残次品、副产品内销时涉税及涉证情况如表3-2所示。

表3-2　边角料、余料、残次品、副产品内销时涉税及涉证情况

		税款	缓税利息	许可证	特别关税	配额税款
边角料		征	免	免	免	征
余料	符合条件	征	征	免	征	征
	不符合条件	征	征	提交	征	征
残次品	符合条件	征	征	免	征	征
	不符合条件	征	征	提交	征	征
副产品		征	征	提交	征	征

第三节　要点解答

问题01：海关对企业加工贸易主管部门的要求有哪些

海关对企业加工贸易主管部门的要求如图3-10所示。

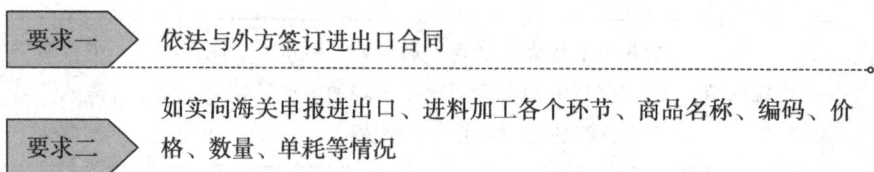

要求一	依法与外方签订进出口合同
要求二	如实向海关申报进出口、进料加工各个环节、商品名称、编码、价格、数量、单耗等情况

（续）

要求三	保管好加工贸易所涉及的进出口报关单、协议、合同、发票、保险单据、运输单据、进出口收付汇核销单、往来函电、许可证、批件、结汇单、手册及其核销结案表、其他与进出口业务直接有关的单证资料，及时将其归档
要求四	与进出口活动有关业务单证自进出口货物放行之日起保管三年

图3-10 海关对企业加工贸易主管部门的要求

问题02：海关对加工贸易企业仓库的监管要求有哪些

海关对加工贸易企业仓库的监管要求如图3-11所示。

要求一	划出一定区域用于存放保税料件及产成品，并在货物上设置明显的标志标明是保税货物，区别于其他一般贸易的货物，保税货物和一般贸易货物之间有明显的隔断
要求二	设立正常的货物进出库台账，如实记录仓库原材料及成品进出库情况，制作书面进出库单证，如是进料加工手册项下货物进出库的，在台账、进出库单证上都要标明手册号以便区分
要求三	定期对库存的保税料件、一般贸易的料件进行盘点，盘点结果及时记录并反映给财务部门，以便财务部门及时登记入账
要求四	如实记录生产过程中产生的余料、边角料、废料，登记并做好台账

图3-11 海关对加工贸易企业仓库的监管要求

问题03：海关对加工贸易企业生产部门的监管要求有哪些

海关对加工贸易企业生产部门的监管要求如下。

（1）保管好原材料领料单、成品入库单。

（2）根据每天实际的生产用料情况来制作保税货物及非保税货物的生产记录单，随时作好成品的单耗记录，以便于今后在合同备案时的单耗更准确。例如，铜阀门加工贸易企业就可以通过流程卡的形式对生产实际进行跟踪和记录。

问题04：海关对加工贸易企业财务部门的监管要求有哪些

海关对加工贸易企业财务部门的监管要求如图3-12所示。

要求一 ▷ 严格按照《会计法》的规定建立和健全财务管理制度

要求二 ▷ 保税货物的原材料账、成品账、应收账、应付账、边角料、余料的销售账等会计科目应在账中予以体现，即在总账中应设有有关加工贸易的子科目；会计原始凭证记载的各项内容不得涂改

要求三 ▷ 会计账簿记录与实物及款项的实有数额，与会计凭证及会计报表的有关内容必须相符

要求四 ▷ 不得隐匿或故意销毁依法应当保存的会计凭证、会计账簿、财务会计报告和其他会计资料

要求五 ▷ 不得伪造、变造会计凭证、会计账簿及编制虚假财务会计报告

要求六 ▷ 监督仓库保管人员作好仓库台账。根据仓库提供的盘点结果及时做账

要求七 ▷ 财务账册保管期限为15年

要求八 ▷ 积极配合海关对企业的核查、稽查

图3-12　海关对加工贸易企业财务部门的监管要求

问题05：加工贸易业务整体流程是怎样的

加工贸易业务整体流程如图3-13所示。

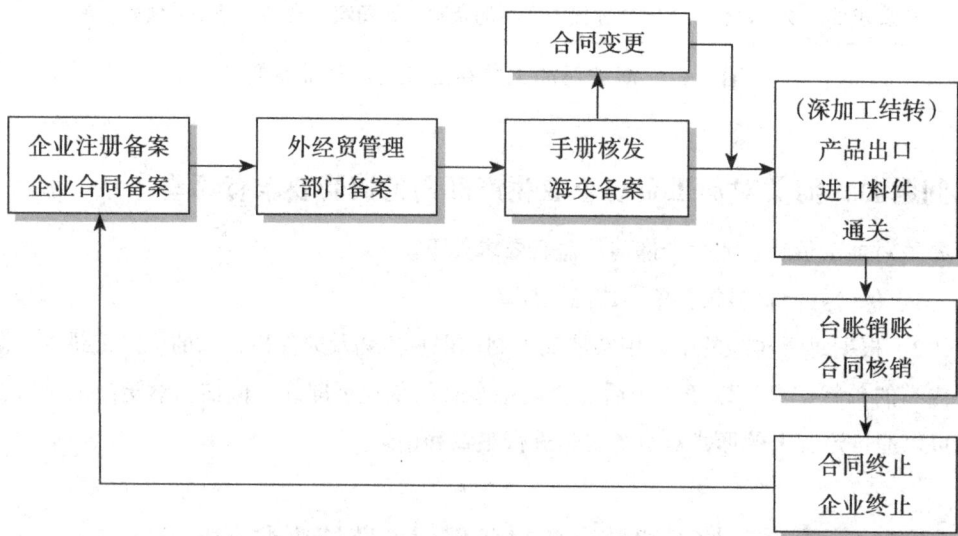

图3-13　加工贸易业务整体流程

问题06：如何办理加工贸易手册的备案和审批

加工贸易手册的备案和审批是经营单位按照相关法律法规的规定，向海关提供相应的单证办理加工贸易手册的过程，其流程如图3-14所示。

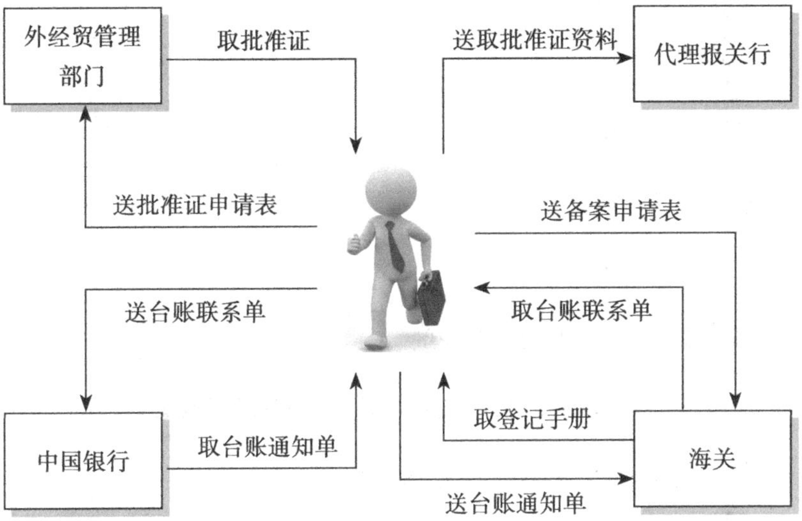

图3-14 加工贸易手册办理流程

在办理加工贸易手册时需提供以下单据。

（1）商务主管部门签发的《加工贸易业务批准证》。

（2）商务主管部门出具的《加工贸易加工企业生产能力证明》，经营企业在其《加工贸易加工企业生产能力证明》的有效期限内再次申请备案的，加工贸易部门可以收取加盖企业印章的《加工贸易加工企业生产能力证明》复印件。

（3）经营企业对外签订的合同或者协议。

（4）海关按规定需要获取的其他证件和材料。

经营企业开展委托加工的，加工贸易审批部门还应当取得经营企业与加工企业签订的委托加工合同。

（5）必要的其他单证。

问题07：加工贸易合同备案的流程是怎样的

经营企业办理加工贸易合同备案手续，应当如实申报贸易方式、单耗、进出口口岸，以及进口料件和出口成品的商品名称、商品编号、规格型号、价格和原产地等。加工贸易合同备案流程如图3-15所示。

○ 企业持合同、批准证等相关单证

○ 海关接单预审

○ 海关预归类

○ 科长、关长审定

○ 海关复核

○ 海关初审

○ 报关行预录入

○ 交初审岗位打印台账联系单

○ 企业持银行回单到加工贸易初审岗位办理打印等其他手续

○ 复核岗位加盖印章、核发手册、归档

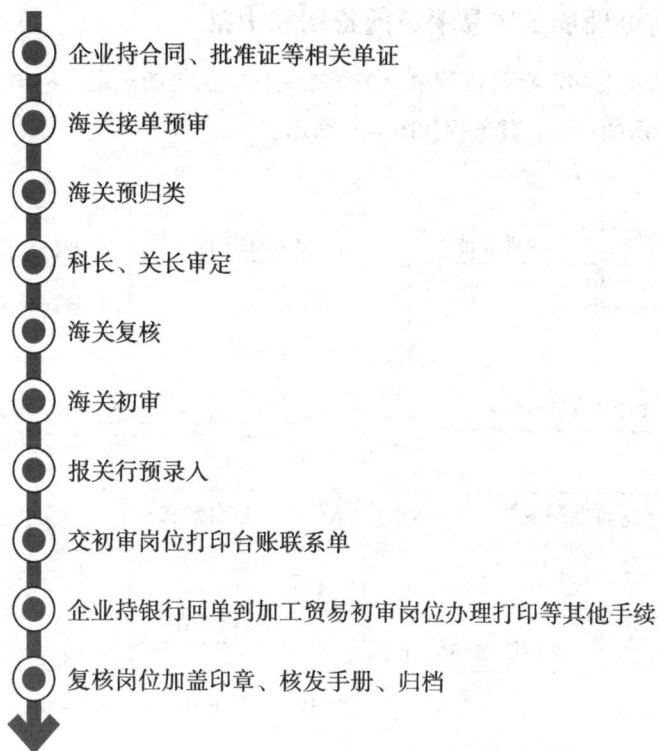

图3-15 加工贸易合同备案流程

加工贸易合同备案中有两种情形要特别注意，具体内容如图3-16所示。

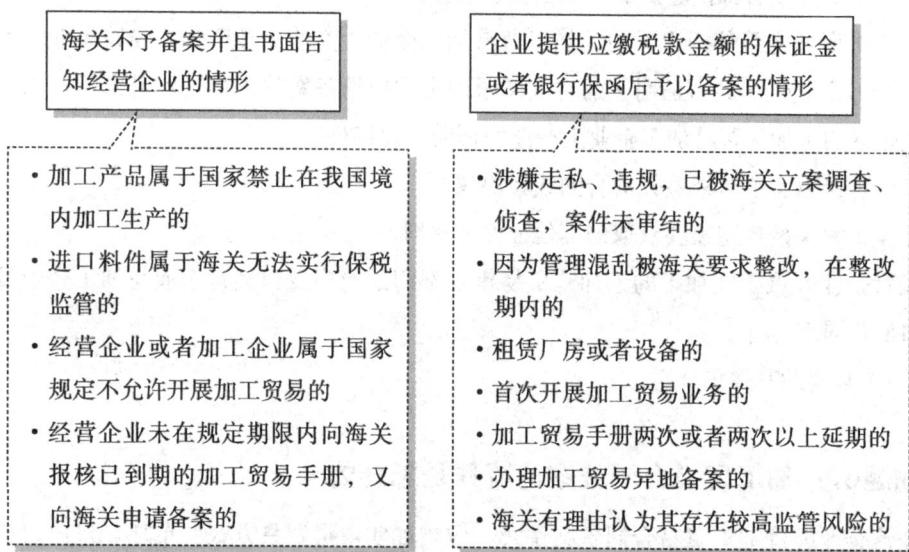

海关不予备案并且书面告知经营企业的情形	企业提供应缴税款金额的保证金或者银行保函后予以备案的情形
・加工产品属于国家禁止在我国境内加工生产的 ・进口料件属于海关无法实行保税监管的 ・经营企业或者加工企业属于国家规定不允许开展加工贸易的 ・经营企业未在规定期限内向海关报核已到期的加工贸易手册，又向海关申请备案的	・涉嫌走私、违规，已被海关立案调查、侦查，案件未审结的 ・因为管理混乱被海关要求整改，在整改期内的 ・租赁厂房或者设备的 ・首次开展加工贸易业务的 ・加工贸易手册两次或者两次以上延期的 ・办理加工贸易异地备案的 ・海关有理由认为其存在较高监管风险的

图3-16 加工贸易合同备案中要特别注意的两种情形

问题08：如何办理加工贸易合同变更

加工贸易备案内容发生变更的，经营企业应当在加工贸易手册有效期内办理变更手续，需要报原审批机关批准的，还应当报原审批机关批准。

企业办理加工贸易合同变更手续应提交的单证及流程如下。

1．应提交的单证

（1）变更合同备案清单一式两份。

（2）外经贸部门签发的《加工贸易业务批准证》一式两份。

（3）海关核发的原备案《登记手册》。

（4）报关行电脑预录入《变更预录入呈报表》。

（5）按规定需提交的其他单证。

2．变更流程

加工贸易合同变更流程如图3-17所示。

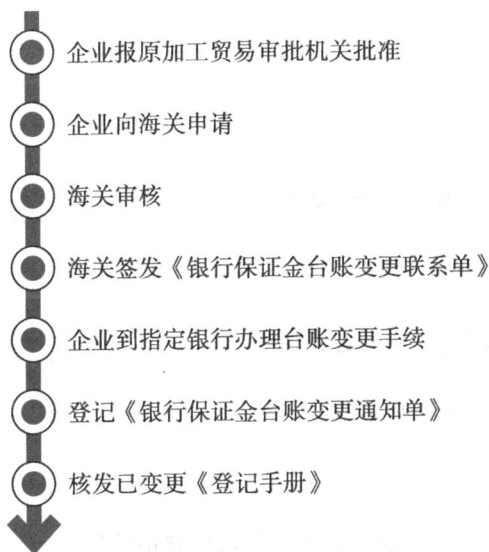

- 企业报原加工贸易审批机关批准
- 企业向海关申请
- 海关审核
- 海关签发《银行保证金台账变更联系单》
- 企业到指定银行办理台账变更手续
- 登记《银行保证金台账变更通知单》
- 核发已变更《登记手册》

图3-17　加工贸易合同变更流程

特别提示

经营企业申请单耗变更必须在该手册的最后一批成品出口之前。

问题09：如何办理加工贸易合同延期

1．加工贸易合同延期所需单证

（1）《合同延期申请表》（经营单位签章）、延期合同或双方函电。

（2）延期超过3个月或属二次延期的，须经外经贸主管部门审批。

（3）申请二次延期的，视情形交纳风险担保金。

2．加工贸易合同延期申请流程

加工贸易合同延期申请流程如图3-18所示。

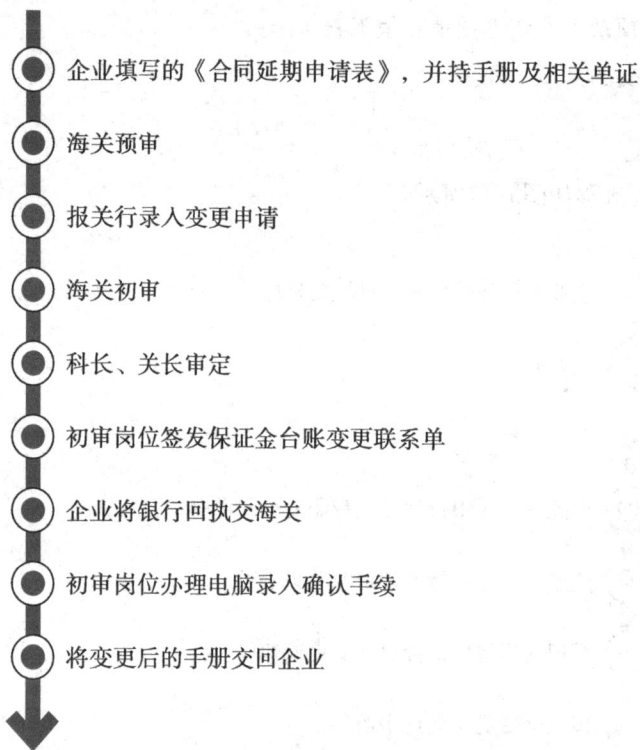

企业填写的《合同延期申请表》，并持手册及相关单证

海关预审

报关行录入变更申请

海关初审

科长、关长审定

初审岗位签发保证金台账变更联系单

企业将银行回执交海关

初审岗位办理电脑录入确认手续

将变更后的手册交回企业

图3-18　加工贸易合同延期申请流程

问题10：如何办理深加工结转

深加工结转是指加工贸易企业将保税进口料件加工的产品转移至另一加工贸易企业进一步加工后复出口的经营活动。

1．应提交的单证

办理深加工结转应提交的单证如图3-19所示。

| 向转出地海关备案
开展深加工结转 | → | • 出口方的《登记手册》（复印件），复印内容应
包括手册封面、加工合同备案情况表
• 《申请表》（一式四联） |

| 向转入地海关申请
开展深加工结转 | → | • 《申请表》（第二、三、四联）
• 结转双方企业的《登记手册》（复印件），复印
内容应包括手册封面、加工合同备案情况表 |

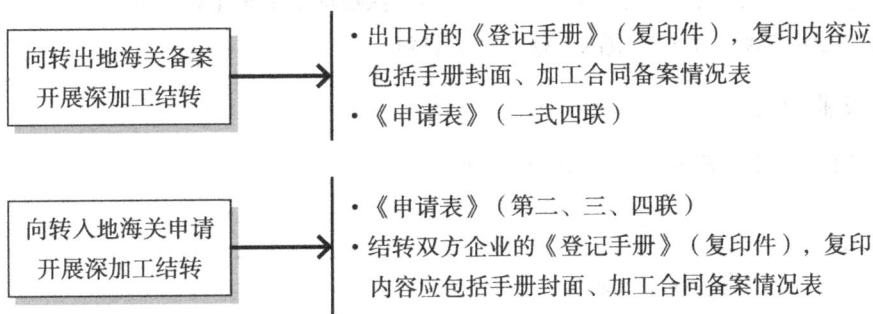

图3-19　办理深加工结转应提交的单证

2．作业流程

深加工结转作业流程如图3-20所示。

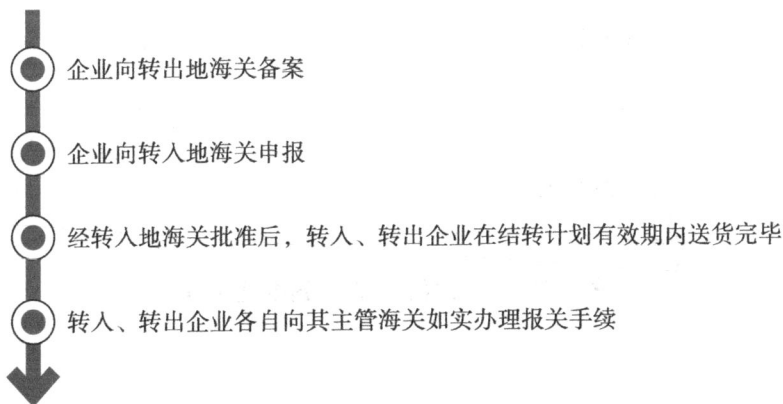

○ 企业向转出地海关备案

○ 企业向转入地海关申报

○ 经转入地海关批准后，转入、转出企业在结转计划有效期内送货完毕

○ 转入、转出企业各自向其主管海关如实办理报关手续

图3-20　深加工结转作业流程

问题11：如何办理加工贸易手册核销

加工贸易手册核销是指加工贸易单位在合同执行完毕后将《加工贸易登记手册》、进出口专用报关单等有效单证递交海关，由海关核查该合同项下进出口、耗料等情况，以确定征、免、退、补税的海关后续管理中的一项业务。

1．递交单证

（1）经营企业填制的《加工贸易核销申请表》；

（2）进出口执行完毕后的加工贸易《登记手册》，包括分册、续册（适用电子账册、电子化手册企业除外）；

（3）加工贸易专用进、出口报关单（正本）；

（4）已预录入的《加工贸易核销申请表》；

（5）《加工贸易单耗申报单》（企业选择在报核环节申报单耗时提供）；

（6）海关按规定需要获取的其他单证和材料。

2．作业流程

加工贸易手册核销办理流程如图3-21所示。

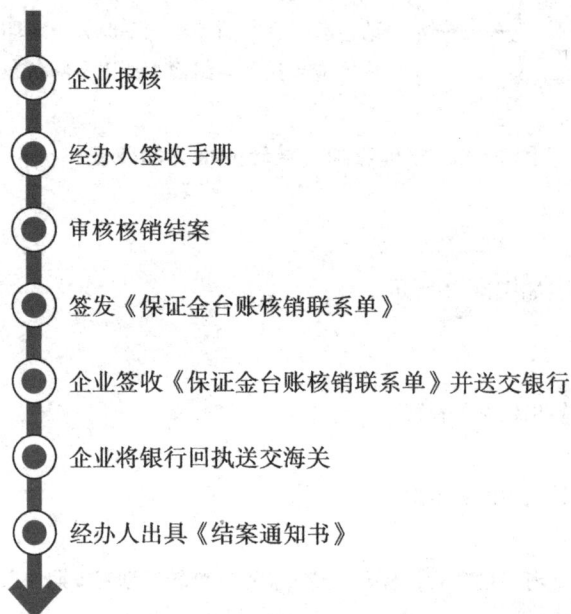

企业报核

经办人签收手册

审核核销结案

签发《保证金台账核销联系单》

企业签收《保证金台账核销联系单》并送交银行

企业将银行回执送交海关

经办人出具《结案通知书》

图3-21　加工贸易手册核销办理流程

要点回顾

通过对本章的学习，想必你已经掌握了不少对外贸易政策的知识，请将你已经掌握的知识点罗列一下。另外，将你认为应该更深入地了解的或者本章没有涉及但也必须了解的列举出来。

我已经掌握的知识点

1. _____
2. _____
3. _____
4. _____
5. _____

应更深入了解的知识点

1. _____
2. _____
3. _____
4. _____
5. _____

我认为还有一些必须了解的知识点

1. _____
2. _____
3. _____
4. _____
5. _____

第四章

国际服务贸易基础知识

国际服务贸易（international service trade）是指国际间服务的输入和输出的一种贸易方式。国际服务贸易的范围相当广泛，对国际服务贸易的了解，有助于制定和完善服务出口发展战略，也有助于更好地服务于外贸企业。

阅读提示

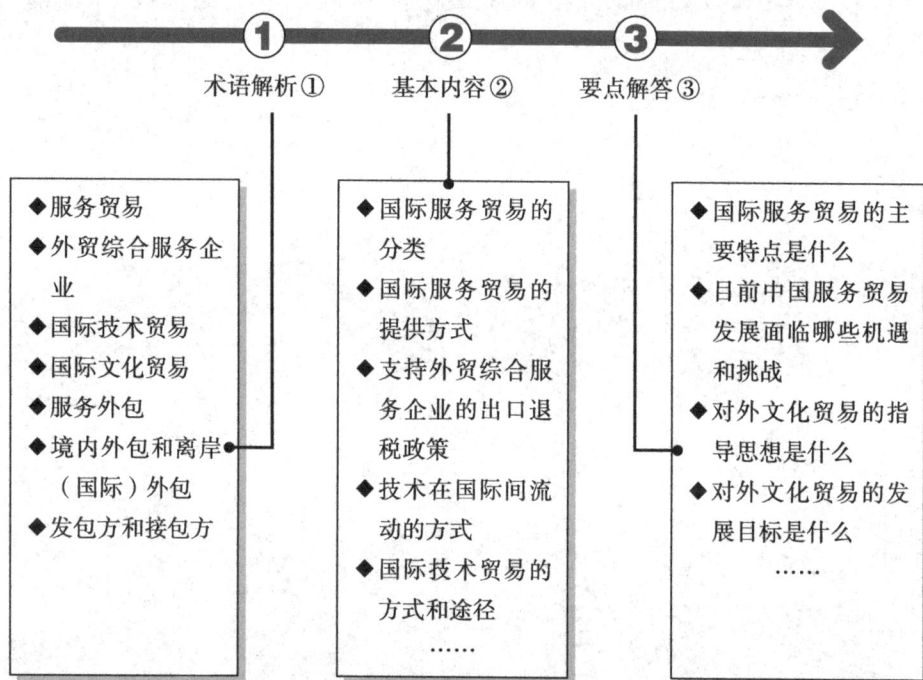

① ② ③
术语解析① 基本内容② 要点解答③

◆服务贸易
◆外贸综合服务企业
◆国际技术贸易
◆国际文化贸易
◆服务外包
◆境内外包和离岸（国际）外包
◆发包方和接包方

◆国际服务贸易的分类
◆国际服务贸易的提供方式
◆支持外贸综合服务企业的出口退税政策
◆技术在国际间流动的方式
◆国际技术贸易的方式和途径
……

◆国际服务贸易的主要特点是什么
◆目前中国服务贸易发展面临哪些机遇和挑战
◆对外文化贸易的指导思想是什么
◆对外文化贸易的发展目标是什么
……

图示说明

①将国际服务贸易所涉及的术语（共7个）做简明扼要的解释。

②将国际服务贸易的基本内容（共11项）一一阐述清楚。

③列明国际服务贸易管理中的常见问题（共6个）并提出解决的办法。

第一节　术语解析

术语01：服务贸易

根据关贸总协定乌拉圭回合达成的《服务贸易总协定》，服务贸易是指："从一成员境内向任何其他成员境内提供服务；在一成员境内向任何其他成员的服务消费者提供服务；一成员的服务提供者在任何其他成员境内以商业存在提供服务；一成员的服务提供者在任何其他成员境内以自然人的存在提供服务。"服务部门包括如下内容：商业服务，通信服务，建筑及有关工程服务，销售服务，教育服务，环境服务，金融服务，健康与社会服务，与旅游有关的服务，娱乐、文化与体育服务，运输服务。

术语02：外贸综合服务企业

外贸综合服务企业就是为中小民营企业出口提供融资、通关、退税等服务的企业。它以整合各类环节服务为基础，然后统一投放给中小外贸企业，主要的服务包括国务院六条措施所指的融资、通关、退税以及物流、保险等外贸必需环节，盈利也来自服务的批发和零售。外贸综合服务企业的出现，是我国外贸业务模式的创新。通过为中小企业提供进出口环节相关服务，降低了中小外贸企业的成本，壮大了外贸企业主体，对促进我国外贸转型升级具有积极意义。

术语03：国际技术贸易

国际技术贸易是指不同国家的企业、经济组织或个人之间，按照一般商业条件，向对方出售或从对方购买软件技术使用权的一种国际贸易行为。它由技术出口和技术引进两方面组成。简言之，国际技术贸易是一种国际间的以纯技术的使用权为主要交易标的的商业行为。

术语04：国际文化贸易

国际文化贸易是指国际间文化产品与服务的输入和输出的贸易方式，是国际服务贸易的重要组成部分，如图4-1所示。

```
                                            ┌─────────────────┐      不具有物质外形，直接体现在人们的
                           ┌──── 文化精神产品 ─────┤ 精神生活之中，并作为人的文化素质
                           │                      得以保存和巩固
          ┌── 文化产品 ──┤
          │                │                      具有一定的物质表现形式，以一定的
          │                └──── 文化物质产品 ─────┤ 物质材料作为自己的载体。例如，书
          │                                        籍、雕塑、博物馆、文化制度等
          │
          │                ┌──── 核心层 ──────→ 包括新闻、出版、广电、文艺
          │                │
          └── 文化服务 ──┤                      包括网络、休闲娱乐和其他文化服
                           │                      务，其他文化服务主要是指文化艺术
                           └──── 外围层 ──────┤ 商务代理服务、文化产品出租与拍卖
                                                  服务、广告和会展文化服务等
```

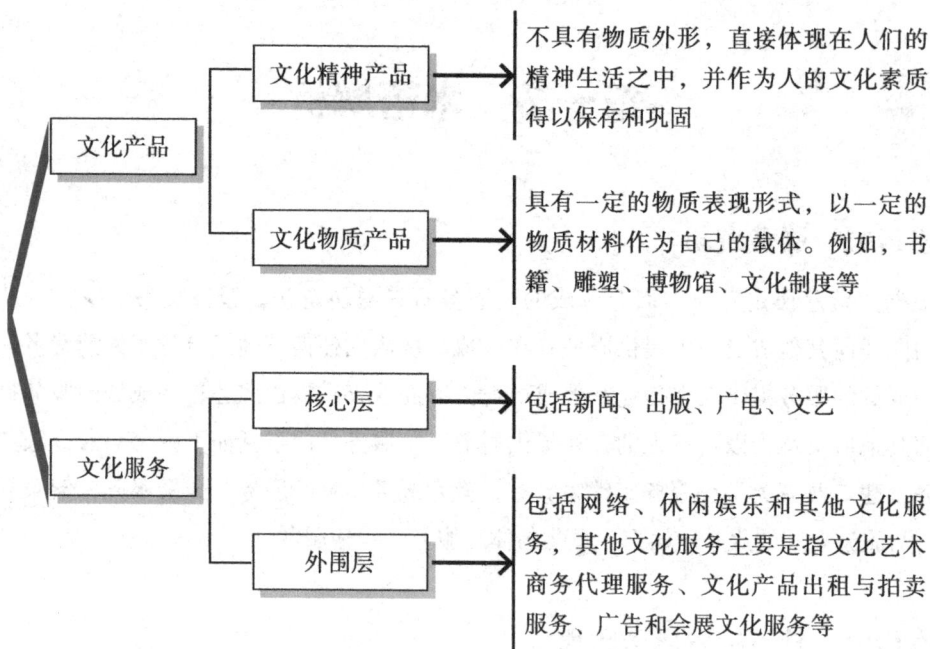

图4-1　国际文化贸易

术语05：服务外包

服务外包是指企业将其非核心的业务外包出去，利用外部最优秀的专业化团队来承接这部分业务，从而使其专注核心业务，达到降低成本、提高效率、增强企业核心竞争力和对环境应变能力的一种管理模式。它包括商业流程外包（BPO）、信息技术外包（ITO）和知识流程外包（KPO）。

术语06：境内外包和离岸（国际）外包

境内外包是指外包转移方（外包商）与其外包承接方（供应商）来自同一个国家，外包业务在国内完成。

离岸（国际）外包是指外包转移方（外包商）与其外包承接方（供应商）来自不同的国家，外包业务跨国完成。

术语07：发包方和接包方

发包方，也就是发包商，一般来自劳动力成本较高的国家和地区，如美国、西欧、日本。

接包方，也就是外包供应商，一般来自劳动力成本较低的国家和地区。世界主要的服

务外包承接国有7个，即欧洲的爱尔兰、捷克和亚洲的中国、印度、菲律宾、马来西亚和新加坡。

第二节　基本内容

内容01：国际服务贸易的分类

国际服务贸易是指服务提供者从一国境内通过商业现场或自然人现场向消费者提供服务，并获取外汇收入的过程。狭义的国际服务贸易指发生在国家之间的服务输入和输出活动。广义的国际服务贸易包括有形的劳动力的输出、输入和无形的提供者与使用者在没有实体接触情况下的交易活动。

其内容按照世贸组织的分类如下所示。

1．商业性服务

商业性服务是指在商业活动中涉及的服务交换活动，既包括个人消费的服务，也包括企业和政府消费的服务，具体的分类及说明如表4-1所示。

表4-1　商业性服务的分类

序号	类别	具体说明
1	专业性（包括咨询）服务	（1）法律服务 （2）工程设计服务 （3）旅游机构提供服务 （4）城市规划与环保服务 （5）公共关系服务等 （6）涉及上述服务项目的有关咨询服务活动 （7）安装及装配工程服务（不包括建筑工程服务），如设备的安装、装配服务 （8）设备的维修服务，指除固定建筑物以外的一切设备的维修服务，例如成套设备的定期维修、机车的检修、汽车等运输设备的维修等
2	计算机及相关服务	包括计算机硬件安装的咨询服务、软件开发与执行服务、数据处理服务、数据库服务及其他
3	研究与开发服务	包括自然科学、社会科学及人类学中的研究与开发服务等

（续表）

序号	类别	具体说明
4	不动产服务	指不动产范围内的服务交换，但是不包含土地的租赁服务
5	设备租赁服务	主要包括交通运输设备，如汽车、卡车、飞机、船舶等，和非交通运输设备，如计算机、娱乐设备等的租赁服务。但是，不包括其中有可能涉及的操作人员的雇用或所需人员的培训服务
6	其他服务	（1）生物工艺学服务 （2）翻译服务 （3）展览管理服务 （4）广告服务 （5）市场研究及公众观点调查服务 （6）管理咨询服务 （7）与人类相关的咨询服务 （8）技术检测及分析服务 （9）与农、林、牧、采掘业、制造业相关的服务 （10）与能源分销相关的服务 （11）人员的安置与提供服务 （12）调查与保安服务 （13）与科技相关的服务 （14）建筑物清洁服务 （15）摄影服务 （16）包装服务 （17）印刷、出版服务 （18）会议服务 （19）其他服务等

2．通信服务

通信服务主要是指所有有关信息产品、操作、储存设备和软件功能等服务。通信服务由公共通信部门、信息服务部门、关系密切的企业集团和私人企业间进行信息转接和服务提供。主要包括：

（1）邮电服务；

（2）信使服务；

（3）电信服务，其中包含电话、电报、数据传输、电传、传真；

（4）视听服务，包括收音机及电视广播服务；

（5）其他电信服务。

3．建筑服务

建筑服务主要是指工程建筑从设计、选址到施工的整个服务过程。具体包括：

（1）选址服务，涉及建筑物的选址；

（2）国内工程建筑项目，如桥梁、港口、公路等地址的选择；

（3）建筑物的安装及装配工程；

（4）工程项目施工建筑；

（5）固定建筑物的维修服务；

（6）其他服务。

4．销售服务

销售服务是指产品销售过程中的服务交换。主要包括：

（1）商业销售，主要指批发业务；

（2）零售服务；

（3）与销售有关的代理费用及佣金等；

（4）特许经营服务；

（5）其他销售服务。

5．教育服务

教育服务是指各国间在高等教育、中等教育、初等教育、学前教育、继续教育、特殊教育和其他教育中的服务交往，如互派留学生、访问学者等。

6．环境服务

环境服务是指污水处理服务、废物处理服务、卫生及相似服务等。

7．金融服务

金融服务主要是指银行和保险业及相关的金融服务活动。具体的服务内容如表4-2所示。

表4-2　金融服务内容

序号	类别	具体说明
1	银行及相关的服务	（1）银行存款服务 （2）与金融市场运行管理有关的服务 （3）贷款服务 （4）其他贷款服务 （5）与债券市场有关的服务，主要涉及经纪业、股票发行和注册管理、有价证券管理等 （6）附属于金融中介的其他服务，包括贷款经纪、金融咨询、外汇兑换服务等

（续表）

序号	类别	具体说明
2	保险服务	（1）货物运输保险，其中含海运、航空运输及陆路运输中的货物运输保险等 （2）非货物运输保险。具体包括人寿保险、养老金或年金保险、伤残及医疗费用保险、财产保险服务、债务保险服务 （3）附属于保险的服务。例如保险经纪业、保险类别咨询、保险统计和数据服务 （4）再保险服务

8．健康及社会服务

健康及社会服务主要是指医疗服务、其他与人类健康相关服务、社会服务等。

9．旅游及相关服务

旅游及相关服务主要是指旅馆、饭店提供的住宿、餐饮服务，膳食服务及相关的服务，旅行社及导游服务。

10．文化、娱乐及体育服务

文化、娱乐及体育服务是指包括广播、电影、电视在内的一切文化、娱乐、新闻、图书馆、体育服务，如文化交流、文艺演出等。

11．交通运输服务

交通运输服务主要包括如下内容。

（1）货物运输服务，如航空运输、海洋运输、铁路运输、管道运输、内河和沿海运输、公路运输服务，也包括航天发射以及运输服务，如卫星发射等。

（2）客运服务。

（3）船舶服务（包括船员雇用）。

（4）附属于交通运输的服务。主要指报关行、货物装卸、仓储、港口服务、起航前查验服务等。

内容02：国际服务贸易的提供方式

国际服务贸易是指一国的法人或自然人在其境内或进入他国境内提供服务的贸易行为。按照WTO于1994年签署的《服务贸易总协定》，国际服务贸易有四种提供方式，如图4-2所示。

跨境交付	跨境交付是指服务的提供者在一成员方的领土内，向另一成员方领土内的消费者提供服务的方式，如在中国境内通过电信、邮政、计算机网络等手段实现对境外的消费者的服务
境外消费	境外消费是指服务提供者在一成员方的领土内，向来自另一成员方的消费者提供服务的方式，如中国公民在其他国家短期居留期间，享受国外的医疗服务
商业存在	商业存在是指一成员方的服务提供者在另一成员方领土内设立商业机构，在后者领土内为消费者提供服务的方式，如外国服务类企业在中国设立公司为中国企业或个人提供服务
自然人流动	自然人流动是指一成员方的服务提供者以自然人的身份进入另一成员方的领土内提供服务的方式，如某外国律师作为外国律师事务所的驻华代表到中国境内为消费者提供服务

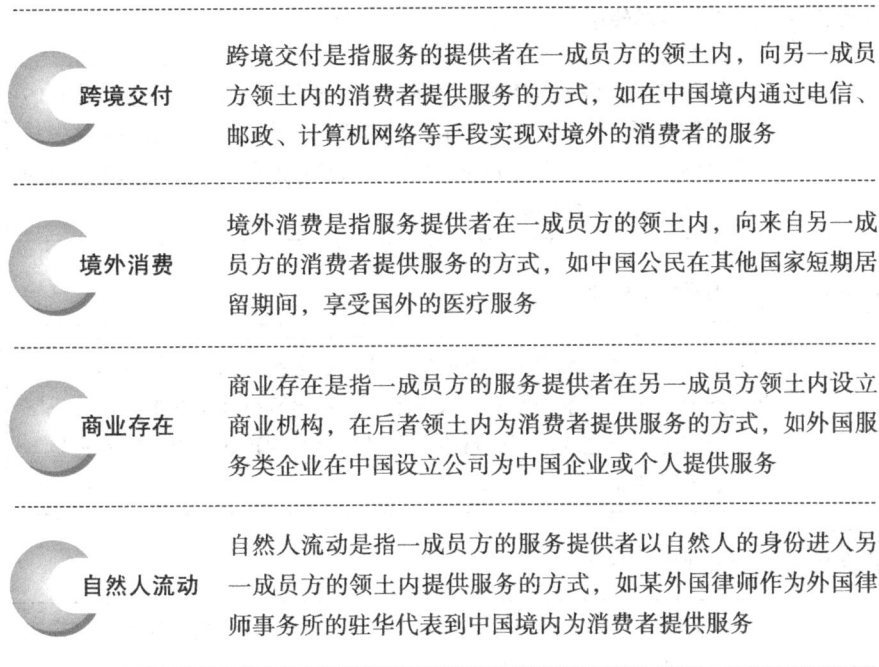

图4-2　国际服务贸易的提供方式

内容03：支持外贸综合服务企业的出口退税政策

2014年4月1日，国家税务总局关于外贸综合服务企业出口退（免）税有关问题的公告明确，生产企业自产货物与外商签订出口合同，又销售给外贸综合服务企业，约定由外贸综合服务企业以自营方式报关出口、收汇的业务，应由外贸综合服务企业办理出口退（免）税，且不适用于既签订购货合同又签订代理出口合同（协议）应缴纳增值税的政策规定。

此次政策调整后，中小微企业就可以直接与外商签订合同，再将自产货物销售给外贸综合服务企业自营出口了。这样一来，中小微企业不再需要考虑出口报关、结汇、退税等业务的办理，就可以在短期内回笼资金，获取销售收入和部分退税收益，会大大降低企业的资金成本，提高利润，增强产品竞争力。与此同时，专业办理融资、通关、物流、退税、保险等业务的外贸综合服务平台企业，相当于国家贸易便利化政策的"转换器"，能够有效整合并提供各个环节的优质资源，让退税等相关政策切实惠及中小微企业。

内容04：技术在国际间流动的方式

根据技术在国际间流动原因的不同，可以将技术在国际间的流动分为国际技术转移、国际技术转让、国际技术贸易，如图4-3所示。

方式一 ▶ 国际技术转移

> 国际技术转移是指技术在地理位置上的变化。这种地理位置变化的机制来源于资源有限和需求之间的矛盾，从而形成技术的自然转移机制。技术转移通常并非人为的、有意识的行为，如技术人员流动本身成为技术转移的载体

方式二 ▶ 国际技术转让

> 国际技术转让是指由于不同地区或国家生产力水平、经济基础、劳动力素质等因素的差异，人为地、有意识地将技术在不同地区或国家间进行引进或让与的行为。可以分为有偿转让（也即技术贸易）和无偿转让

方式三 ▶ 国际技术贸易

> 国际技术贸易是指一个国家的公司、企业、经济组织或个人，按一般商业条件，将技术向另一个国家的公司、企业、经济组织或个人转让或许可的行为。这里"国际性"关键在于交易的标的是否跨越国境

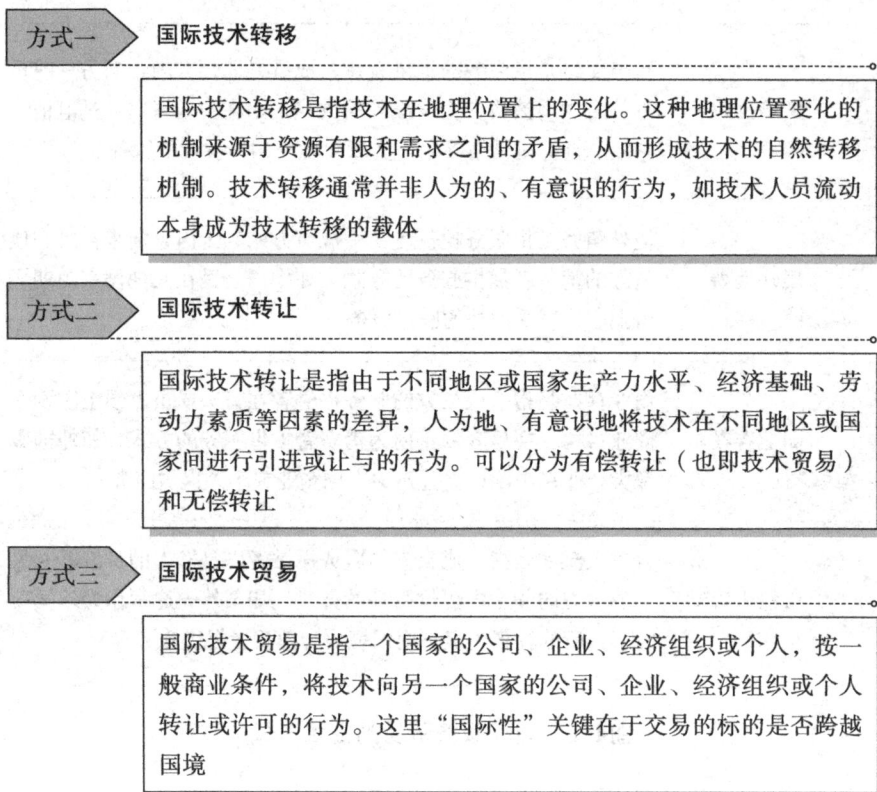

图4-3 技术在国际间流动的方式

内容05：国际技术贸易的方式和途径

总体而言，国际技术贸易可以分为三类，如图4-4所示。

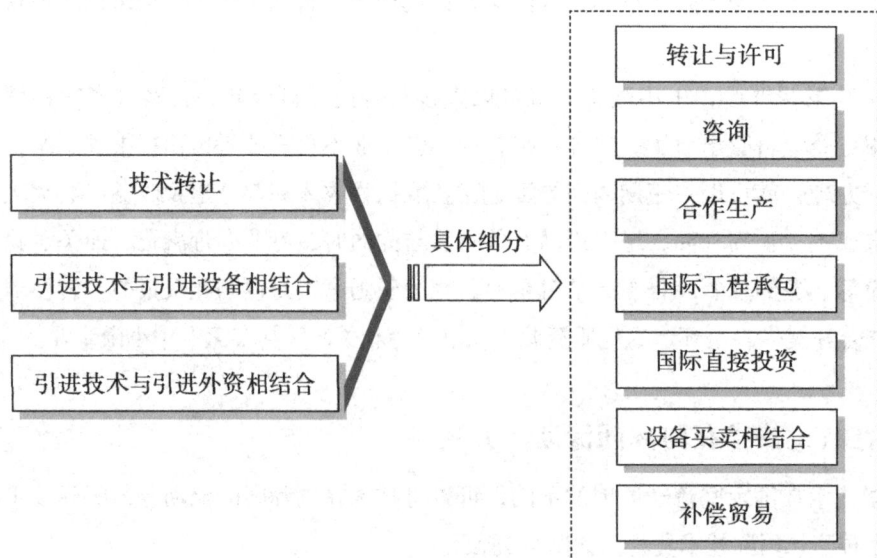

技术转让

引进技术与引进设备相结合

引进技术与引进外资相结合

具体细分 →

转让与许可

咨询

合作生产

国际工程承包

国际直接投资

设备买卖相结合

补偿贸易

图4-4 国际技术贸易分类

1．转让与许可

工业产权与非工业产权的转让与许可是国际技术贸易的主要形式，如图4-5所示。

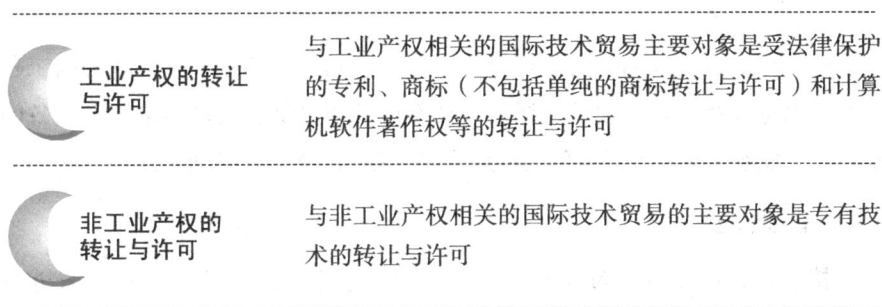

工业产权的转让与许可 | 与工业产权相关的国际技术贸易主要对象是受法律保护的专利、商标（不包括单纯的商标转让与许可）和计算机软件著作权等的转让与许可

非工业产权的转让与许可 | 与非工业产权相关的国际技术贸易的主要对象是专有技术的转让与许可

图4-5 转让与许可

无论是工业产权还是非工业产权的国际技术贸易通常都是进行使用权的许可，国际技术贸易实践中是通过所谓的许可贸易来实现的。当然，国际技术贸易也包括上述对象的所有权本身的转让。

2．咨询

技术服务和咨询是指独立的专家或专家小组或咨询机构作为服务方应委托方的要求，就某一个具体的技术课题向委托方提供高知识性服务，并由委托方支付一定数额的技术服务费的活动。技术服务和咨询的范围及内容相当广泛，包括产品开发、成果推广、技术改造、工程建设、科技管理等方面，大到大型工程项目的工程设计、可行性研究，小到对某个设备的改进和产品质量的控制等，如图4-6所示。企业利用"外脑"或外部智囊机构，帮助解决其发展中的重要技术问题，可弥补自身技术力量的不足，减少失误，加速发展。

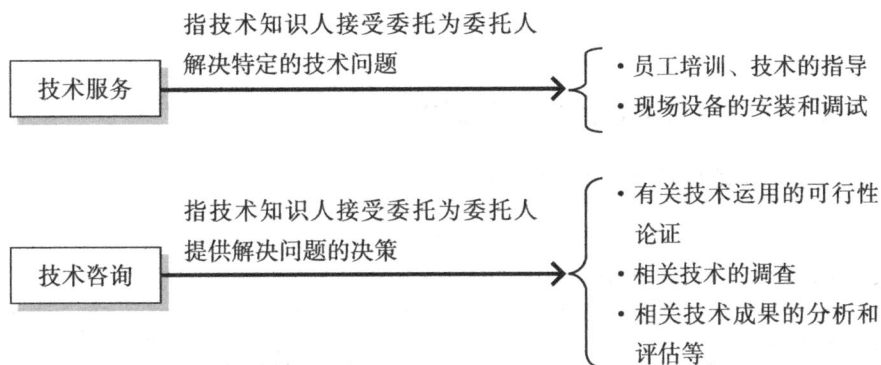

技术服务 → 指技术知识人接受委托为委托人解决特定的技术问题
- 员工培训、技术的指导
- 现场设备的安装和调试

技术咨询 → 指技术知识人接受委托为委托人提供解决问题的决策
- 有关技术运用的可行性论证
- 相关技术的调查
- 相关技术成果的分析和评估等

图4-6 技术服务和咨询内容

3．合作生产

合作生产与合作设计就是通过双方的合作，利用各自拥有的技术共同完成有关的生产

项目或共同开发有关的生产计划。发展中国家通过这种形式在引进外资的同时，也同时引进了经济发展所需的有关技术和技术设备。

4. 国际工程承包

国际工程承包通常通过国际间的招投标方式由中标人为招标人承建相关的工程项目。由于国际工程承包涉及咨询、勘探、评估、技术设备的提供、人员的培训、设备的调试、试生产等技术性服务，国际工程承包已经成为国际技术贸易的重要形式。

5. 国际直接投资

国际直接投资是投资方通过兼并、收购或建立新企业的方式，直接在东道国设厂生产。在当前国际经济全球化日趋深化的背景下，国际直接投资已经成为国际性跨国公司实现全球化经营的重要战略内容。国际直接投资的投资方通常以现金资本的方式作为主要形式，以技术和技术设备作价作为投资的方式日趋增多。

6. 设备买卖相结合

技术的引进方除了运用许可贸易方式引进软件技术之外，还通过购买有关产品生产的成套设备、流水线等硬件技术提升企业的技术水平和生产能力，这种所谓的硬件技术的转让通常是发展中国家在经济发展初期较为常见的方式。我国在改革开放初期所引进的技术大量的就是以成套设备为主的硬件技术。

7. 补偿贸易

所谓补偿贸易是指技术引进方以融资的方式引进成套设备，通过生产的产品（或双方约定的其他产品）抵偿设备价款的方式。设备的引进方通过这种方式可以在设备提供方的帮助下获得相关的生产技术。有些学者将补偿贸易、加工贸易等方式合并在合作生产的技术贸易方式中。

内容06：我国技术出口应遵循的原则

我国技术出口应遵循六项原则，如图4-7所示。

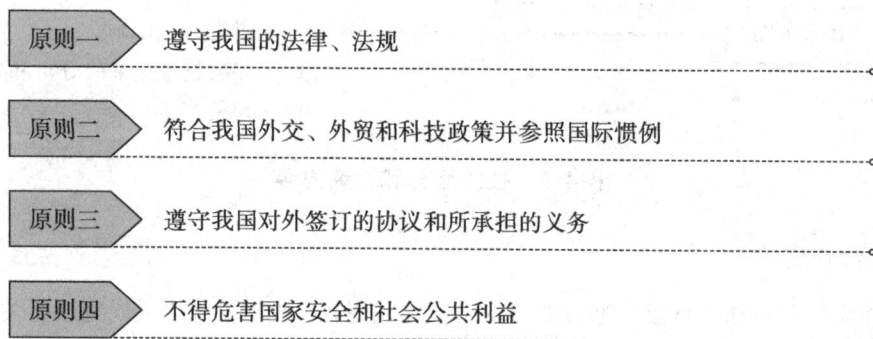

原则一	遵守我国的法律、法规
原则二	符合我国外交、外贸和科技政策并参照国际惯例
原则三	遵守我国对外签订的协议和所承担的义务
原则四	不得危害国家安全和社会公共利益

（续）

| 原则五 | 有利于促进我国对外贸易发展、科学技术进步以及经济技术合作 |
| 原则六 | 保护我国经济技术权益和我国产品在国际市场上的竞争地位 |

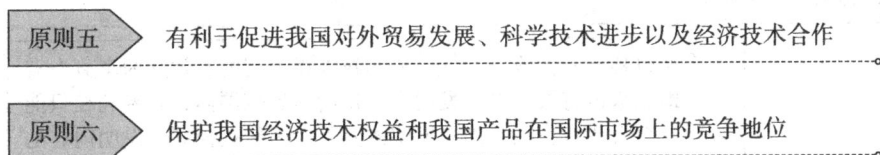

图4-7　我国技术出口应遵循的原则

为贯彻上述原则，我国把技术项目分为禁止出口、控制出口（重大技术）和允许出口（一般技术）三大类，并对技术出口项目和技术出口合同实行双重审批制度。

内容07：国际技术贸易的主要内容

工业产权和专有技术是国际技术贸易的主要内容，其中工业产权又包括专利和商标。

1．专利

（1）专利的含义。

专利是由一国政府主管部门根据发明人的申请，认为其发明符合法律规定的条件，而在一定时期内授予发明人的一种专利权，并予以法律保护。

各国专利法中所指的专利包括：发明专利、实用新型专利、外观设计发明，如图4-8所示。

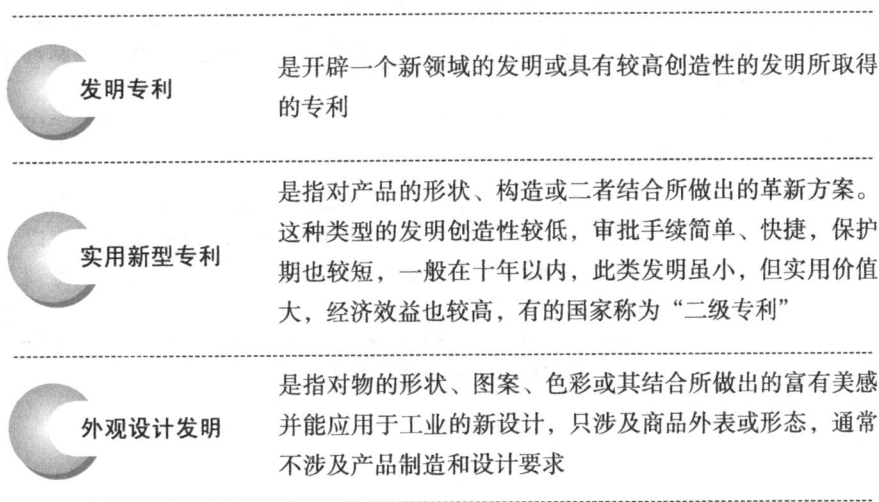

发明专利	是开辟一个新领域的发明或具有较高创造性的发明所取得的专利
实用新型专利	是指对产品的形状、构造或二者结合所做出的革新方案。这种类型的发明创造性较低，审批手续简单、快捷，保护期也较短，一般在十年以内，此类发明虽小，但实用价值大，经济效益也较高，有的国家称为"二级专利"
外观设计发明	是指对物的形状、图案、色彩或其结合所做出的富有美感并能应用于工业的新设计，只涉及商品外表或形态，通常不涉及产品制造和设计要求

图4-8　各国专利法中所指的专利

（2）专利的特点。

专利是一种无形的财产权，具有与其他财产权不同的特征，即专利具有独占性、无形性、地域性、时间性和实施性，具体如图4-9所示。

特点一 > **独占性**

独占性也称专有性或排他性，专利权人在专利的有效期内享有专有权，即独家占有权。同一发明在一定的地域范围内，其专利权只能授予一个发明者，做出同一发明的其他人不能获得同一发明内容的专利权。发明人被授予专利权后，其在一定时期内享有独立制造、使用和销售权，其他人如欲使用，必须征得专利权人的同意，否则属于侵权行为

特点二 > **无形性**

无形性是指专利权是一种无形资产权。专利权是无形的，因而是不可计量的

特点三 > **地域性**

地域性是指专利只有在法律管辖区域内有效，受法律保护。但同一发明可以在两个或两个以上的国家申请专利，获得批准后便可以在有关国家受到法律的保护

特点四 > **时间性**

时间性是指专利只有在法律规定的有效期内才有效及存在。专利有效期结束后，发明人所享有的专利权便自动丧失，一般不能续展，发明便成为社会公共的财富，其他人可以自由地使用该发明制造产品

特点五 > **实施性**

实施性是指对发明者所得到的专利权，除美国等少数几个国家以外，大多数国家都要求专利权人在给予保护的国家内实施某专利权，即利用专利技术制造产品或转让其专利

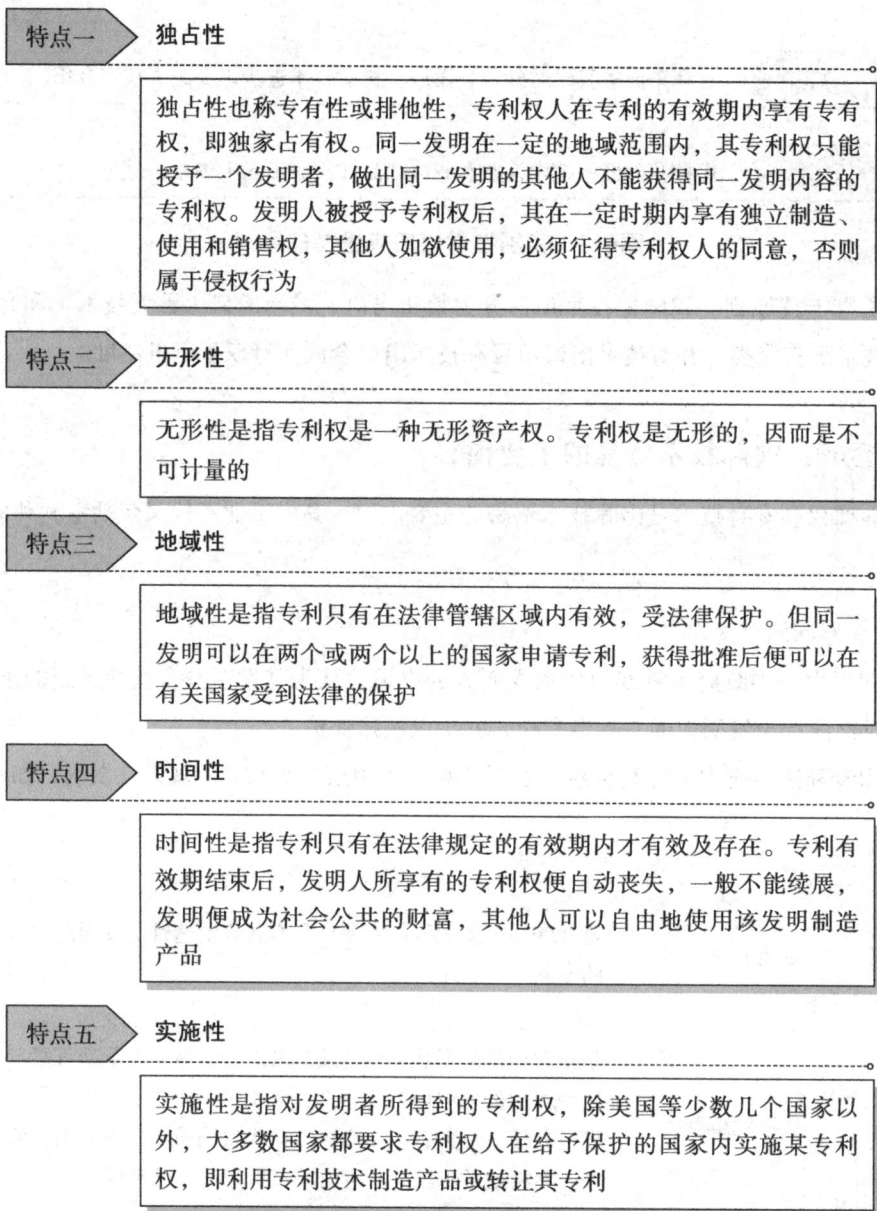

图4-9 专利的特点

2. 商标

（1）商标的含义

商标是工商企业为使本企业生产或经营的商品受到法律保护，用有色泽的文字、图形、记号或其组合标明在商品上面的一种特定标志。商标权是商标的使用者向主管部门依法申请、经主管部门核准所授予的商标专用权，也称商标专利权，受法律的保护。

（2）商标的特点

商标权也是一种工业产权，他人未经许可不得在同种或同类商品上使用与注册商标相

同或近似的商标，否则就是侵权行为。商标权具有独占性、时间性和地域性的特点，具体如图4-10所示。

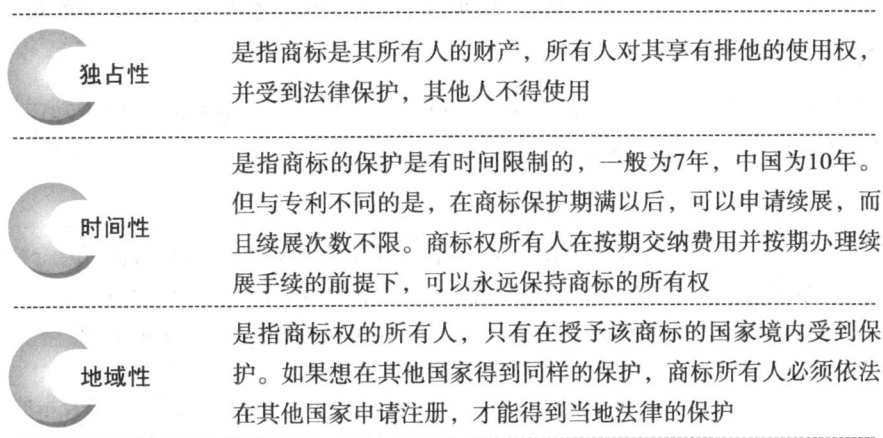

独占性	是指商标是其所有人的财产，所有人对其享有排他的使用权，并受到法律保护，其他人不得使用	
时间性	是指商标的保护是有时间限制的，一般为7年，中国为10年。但与专利不同的是，在商标保护期满以后，可以申请续展，而且续展次数不限。商标权所有人在按期交纳费用并按期办理续展手续的前提下，可以永远保持商标的所有权	
地域性	是指商标权的所有人，只有在授予该商标的国家境内受到保护。如果想在其他国家得到同样的保护，商标所有人必须依法在其他国家申请注册，才能得到当地法律的保护	

图4-10　商标的特点

（3）商标的注册原则

根据各国商标法的规定，必须由商标使用人提出书面申请，并交纳申请费。商标申请经主管部门批准后，才予以登记注册，授予商标权。各国对商标权的规定大致有三种原则，如图4-11所示。

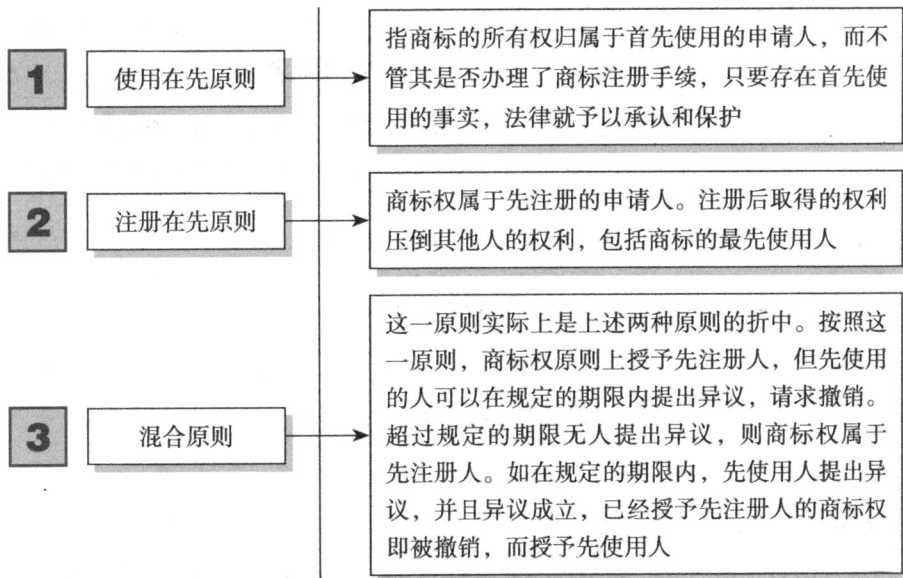

1	使用在先原则	指商标的所有权归属于首先使用的申请人，而不管其是否办理了商标注册手续，只要存在首先使用的事实，法律就予以承认和保护
2	注册在先原则	商标权属于先注册的申请人。注册后取得的权利压倒其他人的权利，包括商标的最先使用人
3	混合原则	这一原则实际上是上述两种原则的折中。按照这一原则，商标权原则上授予先注册人，但先使用的人可以在规定的期限内提出异议，请求撤销。超过规定的期限无人提出异议，则商标权属于先注册人。如在规定的期限内，先使用人提出异议，并且异议成立，已经授予先注册人的商标权即被撤销，而授予先使用人

图4-11　商标的注册原则

目前大多数国家采用的是注册在先原则，我国的商标法也采用这一原则。

3．专有技术

（1）专有技术的含义。专有技术又被称为技术秘密、技术诀窍、专有技术等，现在统称为专有技术。专有技术是指从事生产活动所必需的未向社会公开的秘密技术知识、工艺流程、设计方案和实践经验等。

（2）专有技术的特点。专有技术不像专利技术那样经过法律的认可而得到保护，它是一种非法定的权利。其特点如图4-12所示。

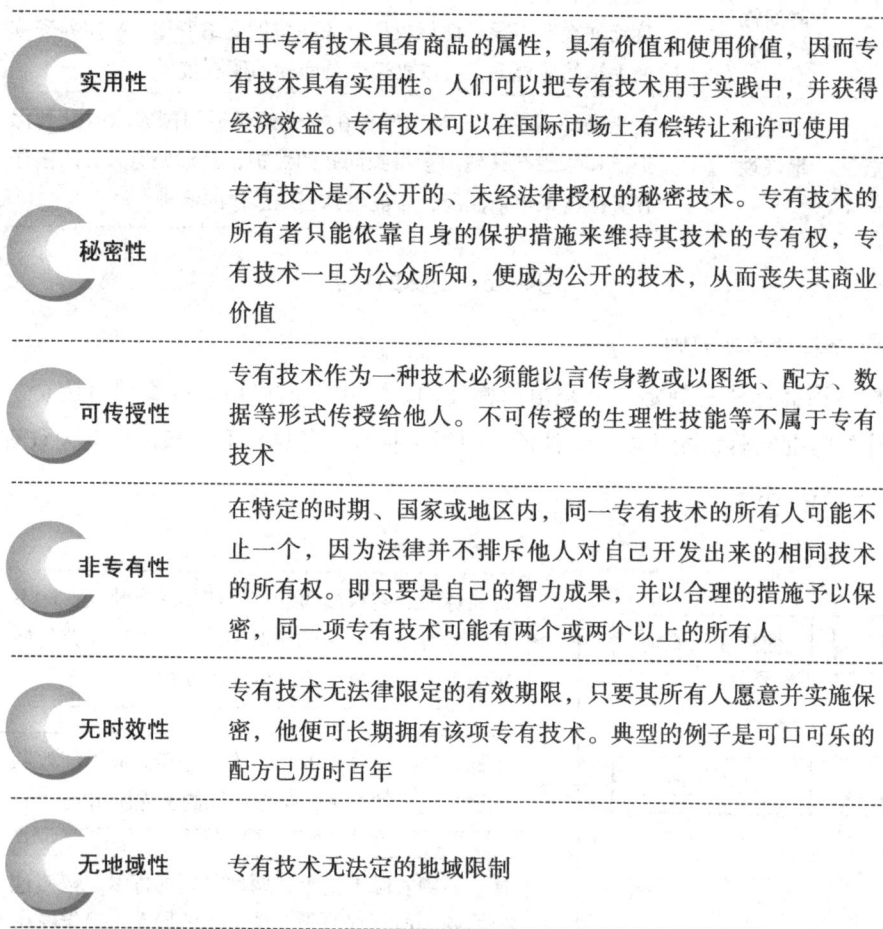

实用性	由于专有技术具有商品的属性，具有价值和使用价值，因而专有技术具有实用性。人们可以把专有技术用于实践中，并获得经济效益。专有技术可以在国际市场上有偿转让和许可使用
秘密性	专有技术是不公开的、未经法律授权的秘密技术。专有技术的所有者只能依靠自身的保护措施来维持其技术的专有权，专有技术一旦为公众所知，便成为公开的技术，从而丧失其商业价值
可传授性	专有技术作为一种技术必须能以言传身教或以图纸、配方、数据等形式传授给他人。不可传授的生理性技能等不属于专有技术
非专有性	在特定的时期、国家或地区内，同一专有技术的所有人可能不止一个，因为法律并不排斥他人对自己开发出来的相同技术的所有权。即只要是自己的智力成果，并以合理的措施予以保密，同一项专有技术可能有两个或两个以上的所有人
无时效性	专有技术无法律限定的有效期限，只要其所有人愿意并实施保密，他便可长期拥有该项专有技术。典型的例子是可口可乐的配方已历时百年
无地域性	专有技术无法定的地域限制

图4-12　专有技术的特点

内容08：文化服务贸易的方式

文化服务贸易主要是指与知识产权有关的文化产品和文化服务的贸易活动。文化服务贸易方式的主要表现如图4-13所示。

表现一	文化直接创造产值
表现二	文化渗透到货物贸易和其他服务贸易的产品之中
表现三	文化产业与现代科技密切结合
表现四	文化与经济整体输出

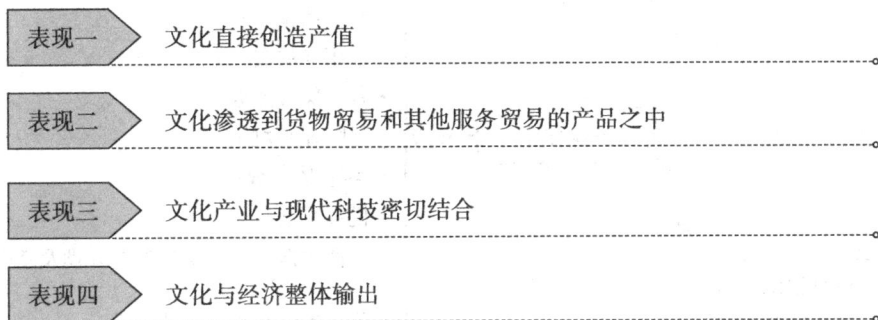

图4-13 文化服务贸易的方式

内容09：文化服务贸易的内容

WTO《国际服务贸易分类表》将服务贸易分为11大类142个服务项目，其中3大类与文化服务有关，具体如图4-14所示。

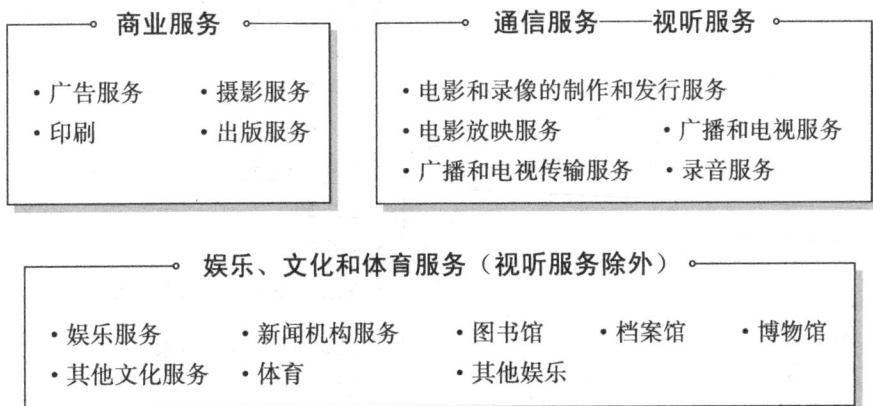

商业服务
- 广告服务　　· 摄影服务
- 印刷　　　　· 出版服务

通信服务——视听服务
- 电影和录像的制作和发行服务
- 电影放映服务　　· 广播和电视服务
- 广播和电视传输服务　· 录音服务

娱乐、文化和体育服务（视听服务除外）
- 娱乐服务　　· 新闻机构服务　　· 图书馆　　· 档案馆　　· 博物馆
- 其他文化服务　· 体育　　· 其他娱乐

图4-14 文化服务贸易的内容

但是，随着科技的发展，上述分类显然已经无法适应现实的需要，并因此遭到了一些国家的批评。

内容10：服务外包业务的分类内容

服务外包业务是指服务外包企业向客户提供的信息技术外包服务（ITO）、业务流程外包服务（BPO）和知识流程外包服务（KPO），如图4-15所示。

```
                                              · 银行数据
                                              · 信用卡数据
                                              · 各类保险数据
                             系统操作服务  →   · 保险理赔数据
                                              · 医疗/体检数据
                                              · 税务数据
                                              · 法律数据（包括信息）的处理及整合
    信息技术
    外包服务
    （ITO）                                    · 信息工程及流程设计
                             系统应用服务  →   · 管理信息系统服务
                                              · 远程维护等

                                              · 承接技术研发
                             基础技术服务  →   · 软件开发设计
                                              · 基础技术或基础管理平台整合或管理
                                                整合等
```

```
                                              为客户企业提供企业各类内部管理服
                                              务，包括：
                             企业内部          · 后勤服务
                             管理服务  →       · 人力资源服务
                                              · 工资福利服务
                                              · 会计服务
                                              · 财务中心
                                              · 数据中心及其他内部管理服务等

    业务流程                                   · 为客户企业提供技术研发服务
    外包服务                                   · 销售及批发服务
    （BPO）                  企业业务     →    · 产品售后服务（售后电话指导、维
                             运作服务             修服务）及其他业务流程环节的服
                                                务等

                             供应链管理         为客户企业提供采购、运输、仓库/库
                             服务      →       存整体方案服务等
```

```
                                              是围绕对业务诀窍的需求而建立起来的
                                              业务，指把通过广泛利用全球数据库以
    知识流程        是服务外包的高端部分   →    及监管机构等的信息资源获取的信息，
    外包服务                                   经过即时、综合的分析研究，最终将报
    （KPO）                                    告呈现给客户，作为决策的依据
```

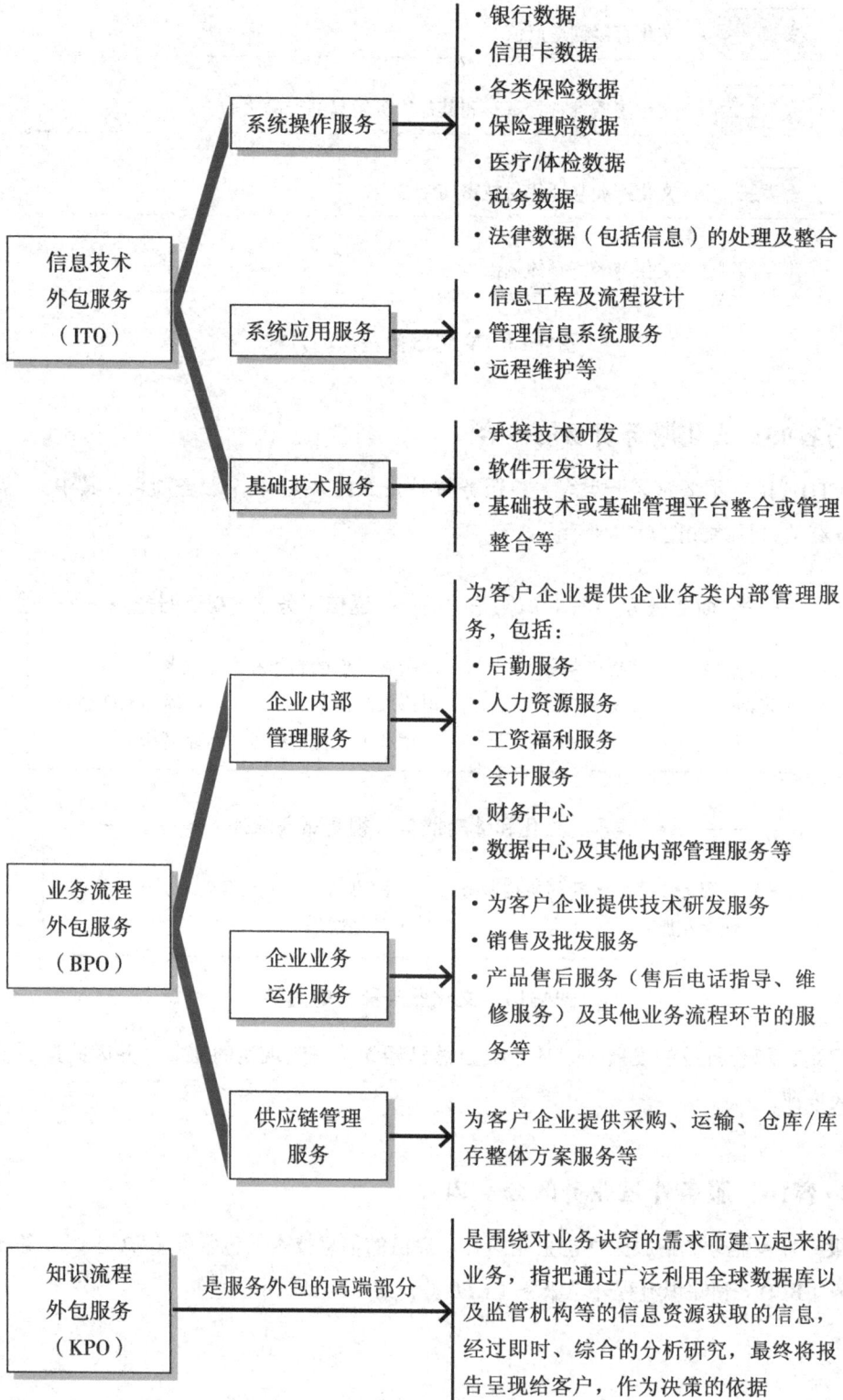

图4-15 服务外包业务的分类内容

内容11：服务外包人才培训重点项目

服务外包人才培训重点项目包括六个方面，如图4-16所示。

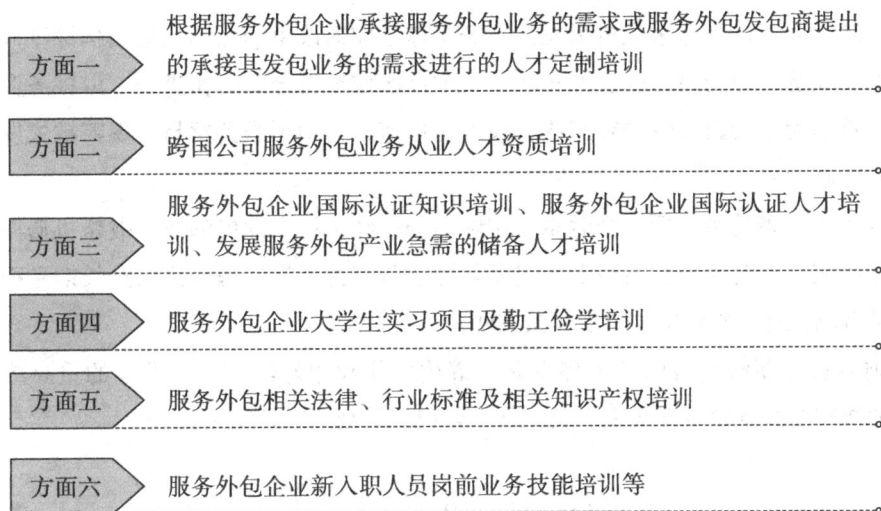

方面一 根据服务外包企业承接服务外包业务的需求或服务外包发包商提出的承接其发包业务的需求进行的人才定制培训

方面二 跨国公司服务外包业务从业人才资质培训

方面三 服务外包企业国际认证知识培训、服务外包企业国际认证人才培训、发展服务外包产业急需的储备人才培训

方面四 服务外包企业大学生实习项目及勤工俭学培训

方面五 服务外包相关法律、行业标准及相关知识产权培训

方面六 服务外包企业新入职人员岗前业务技能培训等

图4-16 服务外包人才培训重点项目

第三节 要点解答

问题01：国际服务贸易的主要特点是什么

国际服务贸易的主要特点如下。

（1）国际服务贸易发展迅速。

（2）国际服务贸易在总贸易中的比重不断提高，但发达国家所占比重高于世界平均水平。

（3）发达国家是国际服务贸易的主体，但亚洲发展速度最快。

（4）其他商业项目成为国际服务贸易的最大项目。

（5）发达国家特别是美国是国际运输服务贸易的主体，但美国地位在下降。

（6）发达国家特别是美国是国际旅游服务贸易的主体，发达国家整体比重在下降，但美国稍有上升。

（7）发达国家特别是美国是国际其他商业服务贸易的主体，美国地位快速上升。

（8）主要发达国家虽为国际服务贸易主体，但发展很不平衡。

（9）发展中国家和地区商业服务贸易集中在极少数国家和地区，发展很不平衡。

问题02：目前中国服务贸易发展面临哪些机遇和挑战

当前，世界经济复苏的步伐有所放缓，中国经济总体保持平稳较快增长。未来五年，中国服务贸易发展面临的形势复杂，但总体看，机遇大于挑战。

从国际上看，国际金融危机引发国际经济体系加速改革和全球治理结构深度调整，促使各国加快经济结构调整和发展方式转变、推进区域经济金融合作进程，以服务业跨国转移和要素重组为主的新一轮国际产业转移不断加速，为中国服务贸易实现跨越式发展提供了难得的机遇。

从国内看，当前和今后一个时期，中国仍处于经济社会发展的重要战略机遇期。经济基础日益巩固，社会大局和谐稳定，制度环境不断完善，为中国经济保持长期平稳较快发展创造了有利条件，服务贸易发展前景广阔。

中国要适应新时期国内外形势变化，继续抓住和用好经济社会发展的重要战略机遇期，以加快转变经济发展方式为主线，科学合理规划服务贸易发展。

问题03：对外文化贸易的指导思想是什么

《关于加快发展对外文化贸易的意见》（国发〔2014〕13号）明确了对外文化贸易的指导思想，具体如下。

- 立足当前，着眼长远，改革创新，完善机制。
- 统筹国际国内两个市场、两种资源。
- 加强政策引导，优化市场环境，壮大市场主体。
- 改善贸易结构。
- 加快发展对外文化贸易，在更大范围、更广领域和更高层次上参与国际文化合作和竞争，把更多具有中国特色的优秀文化产品推向世界。

问题04：对外文化贸易的发展目标是什么

对外文化贸易的发展目标具体如下。

- 加快发展传统文化产业和新兴文化产业。
- 扩大文化产品和服务出口。
- 加大文化领域对外投资，力争到2020年，培育一批具有国际竞争力的外向型文化企业，形成一批具有核心竞争力的文化产品，打造一批具有国际影响力的文化品牌，

（续）

搭建若干具有较强辐射力的国际文化交易平台；使核心文化产品和服务贸易逆差状况得以扭转，对外文化贸易额在对外贸易总额中的比重大幅提高，我国文化产品和服务在国际市场的份额进一步扩大，我国文化整体实力和竞争力显著提升。

问题05：我国加快发展对外文化贸易政策的支持重点有哪些

我国加快发展对外文化贸易政策的支持重点如下。

● 鼓励和支持国有、民营、外资等各种所有制文化企业从事国家法律法规允许经营的对外文化贸易业务，并享有同等待遇。进一步完善《文化产品和服务出口指导目录》，定期发布《国家文化出口重点企业目录》和《国家文化出口重点项目目录》，加大对入选企业和项目的扶持力度。

● 鼓励和引导文化企业加大内容创新力度，创作开发体现中华优秀文化、展示当代中国形象、面向国际市场的文化产品和服务，在编创、设计、翻译、配音、市场推广等方面予以重点支持。

● 支持文化企业拓展文化出口平台和渠道，鼓励各类企业通过新设、收购、合作等方式，在境外开展文化领域投资合作，建设国际营销网络，扩大境外优质文化资产规模。推动文化产品和服务出口交易平台建设，支持文化企业参加境内外重要国际性文化展会。鼓励文化企业借助电子商务等新型交易模式拓展国际业务。

● 支持文化和科技融合发展，鼓励企业开展技术创新，增加对文化出口产品和服务的研发投入，开发具有自主知识产权的关键技术和核心技术；支持文化企业积极利用国际先进技术，提升消化、吸收和再创新能力。

问题06：我国加快对外文化贸易发展的政策措施有哪些

我国加快对外文化贸易发展的政策措施如图4-17所示。

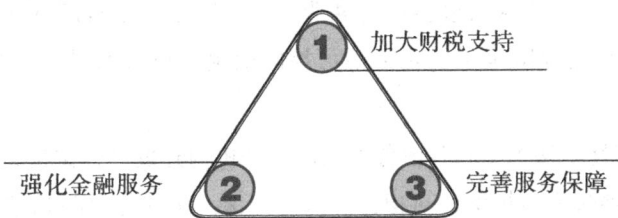

图4-17　我国加快对外文化贸易发展的政策措施

1. 加大财税支持

（1）充分发挥财政资金的杠杆作用，加大文化产业发展专项资金等支持力度，综合运用多种政策手段，对文化服务出口、境外投资、营销渠道建设、市场开拓、公共服务平台建设、文化贸易人才培养等方面给予支持。中央和地方有关文化发展的财政专项资金和基金，要加大对文化出口的支持力度。

（2）对国家重点鼓励的文化产品出口实行增值税零税率。对国家重点鼓励的文化服务出口实行营业税免税。结合营业税改征增值税改革试点，逐步将文化服务行业纳入"营改增"试点范围，对纳入增值税征收范围的文化服务出口实行增值税零税率或免税。享受税收优惠政策的国家重点鼓励的文化产品和服务的具体范围由财政部、税务总局会同有关部门确定。

（3）在国务院批准的服务外包示范城市从事服务外包业务的文化企业，符合现行税收优惠政策规定的技术先进型服务企业相关条件的，经认定可享受减按15%的税率征收企业所得税和职工教育经费不超过工资薪金总额8%的部分税前扣除政策。

2. 强化金融服务

（1）鼓励金融机构按照风险可控、商业可持续原则探索适合对外文化贸易特点的信贷产品和贷款模式，开展供应链融资、海外并购融资、应收账款质押贷款、仓单质押贷款、融资租赁、银团贷款、联保联贷等业务。

积极探索扩大文化企业收益权质押贷款的适用范围。鼓励金融机构对符合信贷条件的国家文化出口重点企业和项目提供优质金融服务。

（2）支持符合条件的国家文化出口重点企业通过发行企业债券、公司债券、非金融企业债务融资工具等方式融资。积极发挥专业增信机构作用，为中小文化企业发行中期票据、短期融资券、中小企业集合票据、中小企业私募债券等债务融资工具提供便利。

支持符合条件的文化出口项目发行非金融企业资产支持票据和证券公司资产证券化产品。鼓励有跨境投资需求的文化企业在境内发行外币债券。支持文化出口企业在国务院批准的额度内，赴我国香港等境外市场发行债券。

（3）鼓励保险机构创新保险品种和保险业务，开展知识产权侵权险，演艺、会展、动漫游戏、出版物印刷复制发行和广播影视产品完工险和损失险，团体意外伤害保险、特定演职人员人身意外伤害保险等新型险种和业务。对国家文化出口重点企业和项目，鼓励保险机构提供出口信用保险服务，在风险可控的前提下可采取灵活承保政策，优化投保手续。

（4）鼓励融资性担保机构和其他各类信用中介机构开发符合文化企业特点的信用评级和信用评价方法，通过直接担保、再担保、联合担保、担保与保险相结合等方式为文化企业提供融资担保服务，多渠道分散风险。利用中小企业发展专项资金等对符合条件的融资性担保机构和担保业务予以支持。

（5）推进文化贸易投资的外汇管理便利化，确保文化出口相关跨境收付与汇兑顺畅，满足文化企业跨境投资的用汇需求。支持文化企业采用出口收入存放境外等方式提高外汇资金使用效率。简化跨境人民币结算手续和审核流程，提升结算便利，降低汇率风险。鼓励境内金融机构开展境外项目人民币贷款业务，支持文化企业从事境外投资。

3．完善服务保障

（1）尽快培育国家文化出口重点企业成为海关高信用企业，享受海关便捷通关措施。对图书、报纸、期刊等品种多、时效性强、出口次数频繁的文化产品，经海关批准，实行集中申报管理。为文化产品出口提供24小时预约通关服务等便利措施。对文化企业出境演出、展览、进行影视节目摄制和后期加工等所需暂时进出境货物，按照规定加速验放。对暂时出境货物使用暂准免税进口单证册（ATA单证册）向海关申报的，免于向海关提供其他担保。

（2）减少对文化出口的行政审批事项，简化手续，缩短时限。对国有文化企业从事文化出口业务的编创、演职、营销人员等，不设出国（境）指标，简化因公出国（境）审批手续，出国一次审批、全年有效。对面向境外市场生产销售外语出版物的民营文化企业，经批准可以配置专项出版权。

（3）加强相关知识产权保护，研究开展文化知识产权价值评估，及时提供海外知识产权、法律体系及适用等方面咨询，支持文化企业开展涉外知识产权维权工作。加强对外文化贸易公共信息服务，及时发布国际文化市场动态和国际文化产业政策信息。着力培养对外文化贸易复合型人才，积极引进各类优秀人才。建立健全行业中介组织，发挥其在出口促进、行业自律、国际交流等方面的作用。

要点回顾

通过对本章的学习，想必你已经掌握了不少对外贸易政策的知识，请将你已经掌握的知识点罗列一下。另外，将你认为应该更深入地了解的或者本章没有涉及但也必须了解的列举出来。

我已经掌握的知识点

1. _____
2. _____
3. _____
4. _____
5. _____

应更深入了解的知识点

1. _____
2. _____
3. _____
4. _____
5. _____

我认为还有一些必须了解的知识点

1. _____
2. _____
3. _____
4. _____
5. _____

第五章

多双边经贸合作基础知识

我国一直在加强多双边经贸合作，不仅加强和改善与发达国家的经贸关系，也在深化与发展中国家的经贸合作，密切与台港澳地区的经贸合作，从而营造有利于我国改革开放和现代化建设的良好外部环境。

阅读提示

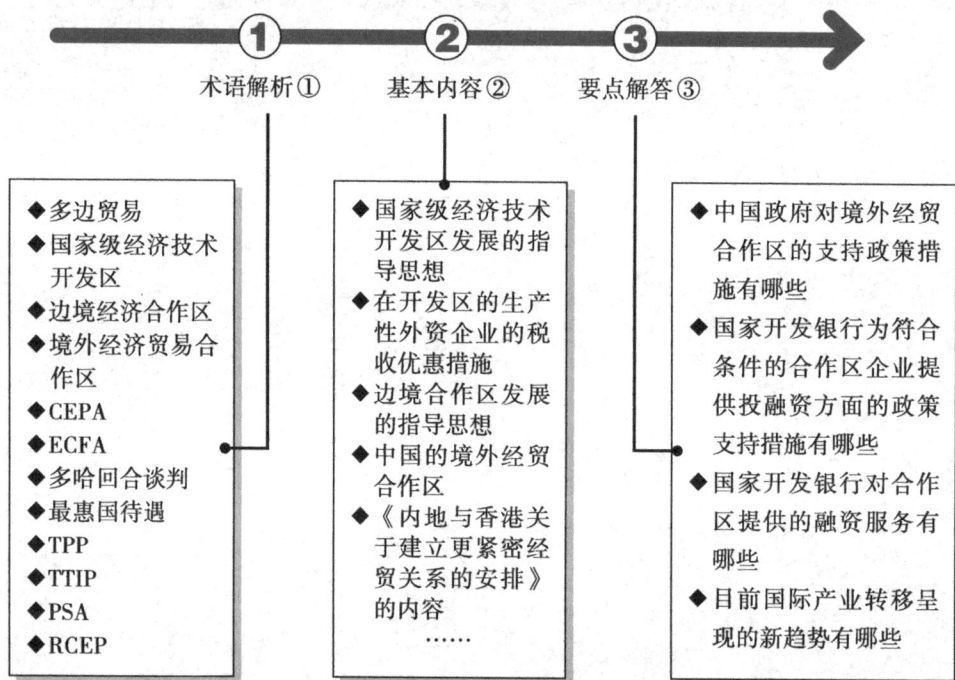

① 术语解析①
- ◆ 多边贸易
- ◆ 国家级经济技术开发区
- ◆ 边境经济合作区
- ◆ 境外经济贸易合作区
- ◆ CEPA
- ◆ ECFA
- ◆ 多哈回合谈判
- ◆ 最惠国待遇
- ◆ TPP
- ◆ TTIP
- ◆ PSA
- ◆ RCEP

② 基本内容②
- ◆ 国家级经济技术开发区发展的指导思想
- ◆ 在开发区的生产性外资企业的税收优惠措施
- ◆ 边境合作区发展的指导思想
- ◆ 中国的境外经贸合作区
- ◆ 《内地与香港关于建立更紧密经贸关系的安排》的内容
  ......

③ 要点解答③
- ◆ 中国政府对境外经贸合作区的支持政策措施有哪些
- ◆ 国家开发银行为符合条件的合作区企业提供投融资方面的政策支持措施有哪些
- ◆ 国家开发银行对合作区提供的融资服务有哪些
- ◆ 目前国际产业转移呈现的新趋势有哪些

图示说明

①将多双边经贸合作所涉及的术语（共12个）做简明扼要的解释。

②将多双边经贸合作的基本内容（共9项）一一阐述清楚。

③列明多双边经贸合作管理中的常见问题（共4个）并提出解决的办法。

第一节　术语解析

术语01：多边贸易

多边贸易又称多角贸易，是指三个或三个以上的国家，为求相互间的收支在整体上获得平衡，通过协议在多边结算的基础上所进行的贸易。多边贸易的产生往往是由于两国间彼此供应的商品不对路或价格不相当，以致进出口不能平衡，外汇收支发生困难，需要第三国或更多的国家参加协议，建立三国或多国贸易，以使彼此间的进出口达到基本平衡。

术语02：国家级经济技术开发区

国家级经济技术开发区是中国对外开放地区的重要组成部分，它们大都位于各省、市、自治区的省会等中心城市，在沿海开放城市和其他开放城市划定小块的区域，集中力量建设完善的基础设施，创建符合国际水准的投资环境，通过吸收利用外资，形成以高新技术产业为主的现代工业结构，成为所在城市及周围地区发展对外经济贸易的重点区域。有利于促进区域经济协调发展及国有经济结构的进一步优化，能进一步提高吸收外商投资的质量，引进更多的先进技术。

1984年到1986年，经中华人民共和国国务院批准，首先设立了14个国家级经济技术开发区；到2016年，我国共设立了219个国家级经济技术开发区（如表5-1所示）。国家级经济技术开发区为所在地（直辖）设区的市以上人民政府的派出机构，拥有同级人民政府的审批权限，以提高服务效率，打造更加优越的投资软环境，吸引更多的投资者关注开发区，聚集投资，形成完善的产业链。

表5-1　219个国家级经济技术开发区

北京1个		
北京经济技术开发区		
天津6个		
天津经济技术开发区	西青经济技术开发区	武清经济技术开发区
天津子牙经济技术开发区	北辰经济技术开发区	东丽经济技术开发区
河北6个		
秦皇岛经济技术开发区	廊坊经济技术开发区	沧州临港经济技术开发区
石家庄经济技术开发区	唐山曹妃甸经济技术开发区	邯郸经济技术开发区

（续表）

山西4个		
太原经济技术开发区	大同经济技术开发区	晋中经济技术开发区
晋城经济技术开发区		

内蒙古3个		
呼和浩特经济技术开发区	巴彦淖尔经济技术开发区	呼伦贝尔经济技术开发区

辽宁9个		
大连经济技术开发区	营口经济技术开发区	沈阳经济技术开发区
大连长兴岛经济技术开发区	锦州经济技术开发区	盘锦辽滨沿海经济技术开发区
沈阳辉山经济技术开发区	铁岭经济技术开发区	旅顺经济技术开发区

吉林5个		
长春经济技术开发区	吉林经济技术开发区	四平红嘴经济技术开发区
长春汽车经济技术开发区	松原经济技术开发区	

黑龙江8个		
哈尔滨经济技术开发区	宾西经济技术开发区	海林经济技术开发区
哈尔滨利民经济技术开发区	大庆经济技术开发区	绥化经济技术开发区
牡丹江经济技术开发区	双鸭山经济技术开发区	

上海6个		
闵行经济技术开发区	虹桥经济技术开发区	上海漕河泾新兴技术开发区
上海金桥出口加工区	上海化学工业经济技术开发区	松江经济技术开发区

江苏26个		
南通经济技术开发区	连云港经济技术开发区	昆山经济技术开发区
苏州工业园区	南京经济技术开发区	扬州经济技术开发区
徐州经济技术开发区	镇江经济技术开发区	吴江经济技术开发区
江宁经济技术开发区	常熟经济技术开发区	淮安经济技术开发区
盐城经济技术开发区	锡山经济技术开发区	太仓港经济技术开发区
张家港经济技术开发区	海安经济技术开发区	靖江经济技术开发区
吴中经济技术开发区	宿迁经济技术开发区	海门经济技术开发区
如皋经济技术开发区	宜兴经济技术开发区	浒墅关经济技术开发区
沭阳经济技术开发区	相城经济技术开发区	

浙江21个		
宁波经济技术开发区	温州经济技术开发区	宁波大榭开发区

（续表）

杭州经济技术开发区	萧山经济技术开发区	嘉兴经济技术开发区
湖州经济技术开发区	绍兴袍江经济技术开发区	金华经济技术开发区
长兴经济技术开发区	宁波石化经济技术开发区	嘉善经济技术开发区
衢州经济技术开发区	义乌经济技术开发区	杭州余杭经济技术开发区
绍兴柯桥经济技术开发区	富阳经济技术开发区	平湖经济技术开发区
杭州湾上虞经济技术开发区	慈溪经济技术开发区	丽水经济技术开发区
安徽12个		
芜湖经济技术开发区	合肥经济技术开发区	马鞍山经济技术开发区
安庆经济技术开发区	铜陵经济技术开发区	滁州经济技术开发区
池州经济技术开发区	六安经济技术开发区	淮南经济技术开发区
宁国经济技术开发区	桐城经济技术开发区	宣城经济技术开发区
福建10个		
福州经济技术开发区	厦门海沧台商投资区	福清融侨经济技术开发区
东山经济技术开发区	漳州招商局经济技术开发区	泉州经济技术开发区
漳州台商投资区	泉州台商投资区	龙岩经济技术开发区
东侨经济技术开发区		
江西10个		
南昌经济技术开发区	九江经济技术开发区	赣州经济技术开发区
井冈山经济技术开发区	上饶经济技术开发区	萍乡经济技术开发区
南昌小蓝经济技术开发区	宜春经济技术开发区	龙南经济技术开发区
瑞金经济技术开发区		
山东15个		
青岛经济技术开发区	烟台经济技术开发区	威海经济技术开发区
东营经济技术开发区	日照经济技术开发区	潍坊滨海经济技术开发区
邹平经济技术开发区	临沂经济技术开发区	招远经济技术开发区
德州经济技术开发区	明水经济技术开发区	胶州经济技术开发区
聊城经济技术开发区	滨州经济技术开发区	威海临港经济技术开发区
河南9个		
郑州经济技术开发区	漯河经济技术开发区	鹤壁经济技术开发区
开封经济技术开发区	许昌经济技术开发区	洛阳经济技术开发区

（续表）

新乡经济技术开发区	红旗渠经济技术开发区	濮阳经济技术开发区
湖北7个		
武汉经济技术开发区	黄石经济技术开发区	襄阳经济技术开发区
武汉临空港经济技术开发区	荆州经济技术开发区	鄂州葛店经济技术开发区
十堰经济技术开发区		
湖南8个		
长沙经济技术开发区	岳阳经济技术开发区	常德经济技术开发区
宁乡经济技术开发区	湘潭经济技术开发区	浏阳经济技术开发区
娄底经济技术开发区	望城经济技术开发区	
广东6个		
湛江经济技术开发区	广州经济技术开发区	广州南沙经济技术开发区
惠州大亚湾经济技术开发区	增城经济技术开发区	珠海经济技术开发区
广西4个		
南宁经济技术开发区	钦州港经济技术开发区	中国—马来西亚钦州产业园区
广西—东盟经济技术开发区		
海南1个		
海南洋浦经济开发区		
重庆3个		
重庆经济技术开发区	万州经济技术开发区	长寿经济技术开发区
四川8个		
成都经济技术开发区	广安经济技术开发区	德阳经济技术开发区
遂宁经济技术开发区	绵阳经济技术开发区	广元经济技术开发区
宜宾临港经济技术开发区	内江经济技术开发区	
贵州2个		
贵阳经济技术开发区	遵义经济技术开发区	
云南5个		
昆明经济技术开发区	曲靖经济技术开发区	蒙自经济技术开发区
嵩明杨林经济技术开发区	大理经济技术开发区	
西藏1个		
拉萨经济技术开发区		

（续表）

陕西5个		
西安经济技术开发区	陕西航空经济技术开发区	陕西航天经济技术开发区
汉中经济技术开发区	神府经济技术开发区	
甘肃5个		
兰州经济技术开发区	金昌经济技术开发区	天水经济技术开发区
酒泉经济技术开发区	张掖经济技术开发区	
青海2个		
西宁经济技术开发区	格尔木昆仑经济技术开发区	
宁夏2个		
银川经济技术开发区	石嘴山经济技术开发区	
新疆9个		
乌鲁木齐经济技术开发区	石河子经济技术开发区	库尔勒经济技术开发区
奎屯经济技术开发区	阿拉尔经济技术开发区	五家渠经济技术开发区
准东经济技术开发区	甘泉堡经济技术开发区	库车经济技术开发区

术语03：边境经济合作区

边境经济合作区是中国沿边开放城市发展边境贸易和加工出口的区域。沿边开放是我国中西部地区对外开放的重要一翼，自1992年以来，经国务院批准的边境经济合作区达17个（如表5-2所示），对发展我国与周边国家（地区）的经济贸易和睦邻友好关系、繁荣少数民族地区经济发挥了积极作用。

表5-2 17个边境经济合作区

内蒙古2个		
满洲里边境经济合作区	二连浩特边境经济合作区	
辽宁1个		
丹东边境经济合作区		
吉林2个		
中国图们江区域（珲春）国际合作示范区	和龙边境经济合作区	
黑龙江2个		
黑河边境经济合作区	绥芬河边境经济合作区	

（续表）

广西2个		
凭祥边境经济合作区	东兴边境经济合作区	
云南4个		
畹町边境经济合作区	河口边境经济合作区	瑞丽边境经济合作区
临沧边境经济合作区		
新疆4个		
伊宁边境经济合作区	博乐边境经济合作区	塔城边境经济合作区
吉木乃边境经济合作区		

术语04：境外经济贸易合作区

境外经济贸易合作区是指国内企业在境外建设的或参与建设的基础设施较为完善、产业链较为完整、带动和辐射能力强、影响大的加工区、工业园区、科技产业园区等各类经济贸易合作区域。

境外经贸合作区为中国企业尤其是中、小企业实施海外投资提供了良好的平台。此项工作对于促进我国企业对外投资，实现互利共赢，构建和谐国际环境都具有重要意义。

目前，我国正在全球50个国家建立118个经贸合作区，其中有77个处在"一带一路"沿线的23个国家，35个合作区处在丝绸之路经济带的沿线国家，42个处在21世纪海上丝绸之路的沿线国家。这些境外经贸合作区成为中国企业对外投资合作的平台，也是产业集聚的平台。

术语05：CEPA

CEPA即为《关于建立更紧密经贸关系的安排》（Closer Economic Partnership Arrangement）的英文简称。包括中央政府与香港特区政府签署的《内地与香港关于建立更紧密经贸关系的安排》、中央政府与澳门特区政府签署的《内地与澳门关于建立更紧密经贸关系的安排》。

CEPA是"一国两制"原则的成功实践，是内地与港澳制度性合作的新路径，是内地与港澳经贸交流与合作的重要里程碑，是国家主体与香港、澳门单独关税区之间签署的自由贸易协议，也是内地第一个全面实施的自由贸易协议。

从宏观角度看，CEPA的基本目标是：逐步取消货物贸易的关税和非关税壁垒，逐步实现服务贸易自由化，促进贸易投资便利化，提高内地与香港、澳门之间的经贸合作水平。

术语06：ECFA

ECFA即为《海峡两岸经济合作框架协议》（Economic Cooperation Framework Agreement）的英文简称，我国台湾方面的繁体版本称为《海峡两岸经济合作架构协议》，是指在世贸协议允许的框架内，两岸类似自由贸易区的经济合作协议。

术语07：多哈回合谈判

多哈回合贸易谈判又称多哈发展议程，是世界贸易组织于2001年11月在卡塔尔首都多哈举行的世界贸易组织第四次部长级会议中开始的新一轮多边贸易谈判。议程原定于2005年1月1日前全面结束谈判，但至2005年底为止仍未能达成协议，最终于2006年7月22日世界贸易组织总理事会的批准下正式中止。

多哈回合谈判虽是多边谈判，但真正谈判主角是美国、欧盟以及由发展中国家组成的"20国协调组"。

术语08：最惠国待遇

最惠国待遇（Most-Favored-Nation Treatment，MFN）是国际经济贸易关系中常用的一项制度，是国与国之间贸易条约和协定的法律待遇条款，在进出口贸易、税收、通航等方面互相给予优惠利益、提供必要的方便、享受某些特权等的一项制度，又称"无歧视待遇"。它通常指的是缔约国双方在通商、航海、关税、公民法律地位等方面相互给予的不低于现时或将来给予任何第三国的优惠、特权或豁免待遇。条约中规定这种待遇的条文称"最惠国条款"。

术语09：TPP

TPP是《跨太平洋伙伴关系协定》（Trans-Pacific Partnership Agreement）的简称，也被称作"经济北约"，是由亚太经济合作会议成员国中的新西兰、新加坡、智利和文莱四国发起。

TPP谈判始于2010年3月，谈判由两大类内容构成：一是知识产权保护规则等所有12个谈判参与国一起决定的领域；二是如某类商品进口关税减免等双边磋商领域。

术语10：TTIP

TTIP即《跨大西洋贸易与投资伙伴关系协定》（Transatlantic Trade and Investment Partnership）。2013年6月，美欧正式宣布启动TTIP的谈判。

TTIP的最终目标是建立美欧自由贸易区（FTA），其中欧盟有27个成员国。欧盟在

2013年2月宣布与美国开始有关《跨大西洋贸易与投资伙伴关系协定》的谈判。这个协定如果达成，将成为史上最大的自由贸易协定：美欧关税降至零、覆盖世界贸易量的1/3、全球GDP的1/2。很大程度上，TTIP将改变世界贸易规则、产业行业标准，挑战新兴国家尤其是金砖国家间的准贸易联盟。

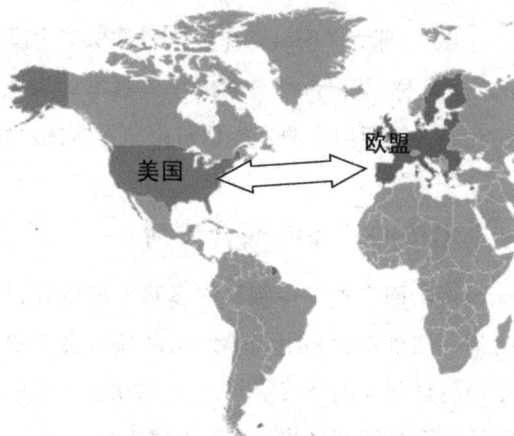

图5-1　TTIP图示

TPP和TTIP谈判几乎把我国最主要的贸易伙伴"一网打尽"。在TTIP里面的美欧是我国最大的两个出口市场。TPP现已有12成员国，已把东盟、日本与美国连在一起，我国排名前10位的贸易伙伴基本都囊括在内。如果TPP和TTIP最终达成协议，那么队中国和金砖国家之外的主要经济体都进入到这两个贸易区之内，届时我国的处境将十分被动。

总而言之，无论是TPP，还是TTIP，中国都被孤立在外。

术语11：PSA

PSA为《诸（多）边服务业协议》（Plurilateral Services Agreement）的英文简称，美国则称为ISA（International Services Agreement）。

PSA是由美国、欧盟、日本、中国台湾地区等21个国家或地区组成的、覆盖服务贸易的所有领域和模式的、并在成员之间形成良好规则的全球第一个"服务游戏规则"。

PSA组成成员：欧盟、美国、澳大利亚、加拿大、哥伦比、哥斯达黎加、中国香港、以色列、日本、墨西哥、新西兰、智利、挪威、秘鲁、韩国、瑞士、中国台湾、土耳其、巴基斯坦、巴拿马、冰岛。

PSA主要内容：金融、快递、传播、电信、电子商务、运输、观光、物联网、移动通信网络、互联网等所有服务业领域。PSA谈判要求尽可能取消大西洋贸易领域工业品和农产品全部关税；进一步开放服务市场；加强在公共采购、政策制定领域的合作；在竞争、贸易便利化、劳工、环境和知识产权领域制定最新规则等。

美欧日合谋PSA，就等于垄断了全球服务业近80%的业务总量，那么发展中国家今后崛起的关键产业——服务业游戏规则就掌握在美欧日手中，这也是全球第一个正统的"服务业"游戏规则，也是美国废止、取代WTO的具体行动。

术语12：RCEP

RCEP即《区域全面经济伙伴关系》（Regional Com-prehensive Economic Partnership）的英文简称，由东盟10国发起，邀请中国、日本、韩国、澳大利亚、新西兰、印度共同参加（"10＋6"），通过削减关税及非关税壁垒，建立16国统一市场的自由贸易协定。

RCEP的目标是消除内部贸易壁垒、创造和完善自由的投资环境、扩大服务贸易，还将涉及知识产权保护、竞争政策等多领域，自由化程度将高于东盟与这6个国家已经达成的自贸协议。RCEP拥有占世界总人口约一半的人口，生产总值占全球年生产总值的三分之一。

2011年2月26日，在内比都举行的第十八次东盟经济部长会议上，部长们优先讨论了如何与其经济伙伴国共同达成一个综合性的自由贸易协议。会议结果是产生了组建RCEP的草案。在2011年东盟峰会上东盟10国领导人正式批准了RCEP。2012年8月底召开的东盟10国、中国、日本、韩国、印度、澳大利亚和新西兰的经济部长会议原则上同意组建RCEP。尽管由于领土问题和在贸易自由化原则上的分歧，RCEP内各方步调未必能完全协调一致，但尽早达成自由贸易协定、增加经济活力已成为各方共识。

2016年4月17日至29日，RCEP第12轮谈判在澳大利亚珀斯举行。该轮谈判取得了新的进展。各方就货物、服务、投资、知识产权、经济技术合作、电子商务、法律条款等领域进行了深入磋商，到目前为止，各方都提交了货物贸易和服务贸易初始出价，以及投资负面清单，多数国家提交了货物贸易和服务贸易初始要价。各方继续开展双边或多边服务贸易市场准入谈判，基于负面清单的投资自由化磋商也在进行。

第二节　基本内容

内容01：国家级经济技术开发区发展的指导思想

国家级经济技术开发区发展的指导思想：高举中国特色社会主义伟大旗帜，以邓小平理论和"三个代表"重要思想为指导，深入贯彻落实科学发展观，把握国内外形势新特点、新变化，以科学发展为主题，以加快转变经济发展方式为主线，深化改革扩大开放，坚持党中央、国务院确定的发展方针，按照"先进制造业与现代服务业并重，利用境外投资与境内投资并重，经济发展与社会和谐并重，致力于提高发展质量和水平，致力于增强体制机制活力，促进国家级开发区向以产业为主导的多功能综合性区域转变"的"三并重、二致力、一促进"的发展要求，努力开创国家级经济技术开发区发展新局面，为我国社会主义现代化建设事业和全面实现小康社会目标做出新的贡献。

内容02：在开发区的生产性外资企业的税收优惠措施

1．企业所得税

企业所得税税收优惠措施如图5-2所示。

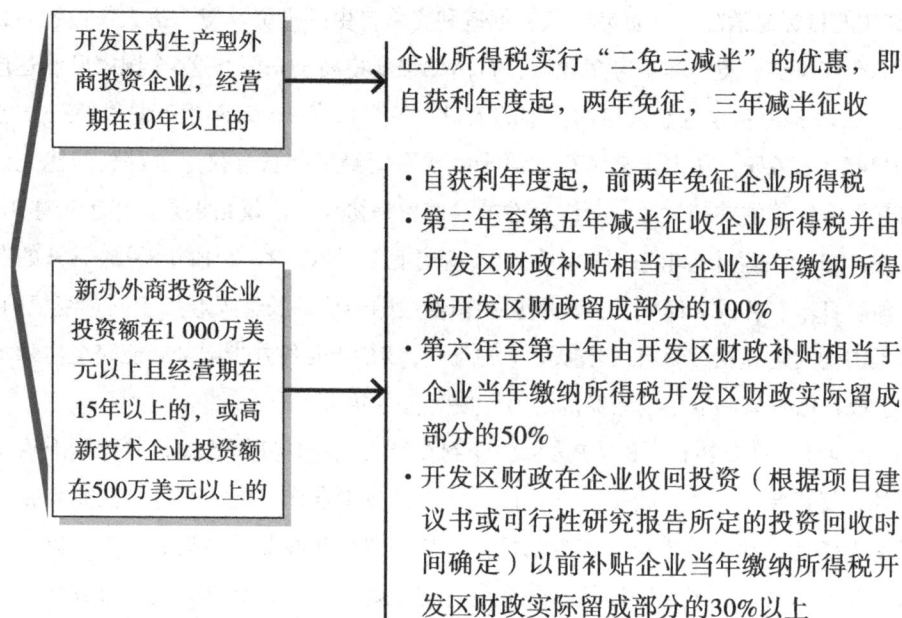

| 开发区内生产型外商投资企业，经营期在10年以上的 | → | 企业所得税实行"二免三减半"的优惠，即自获利年度起，两年免征，三年减半征收 |

| 新办外商投资企业投资额在1 000万美元以上且经营期在15年以上的，或高新技术企业投资额在500万美元以上的 | → | · 自获利年度起，前两年免征企业所得税
· 第三年至第五年减半征收企业所得税并由开发区财政补贴相当于企业当年缴纳所得税开发区财政留成部分的100%
· 第六年至第十年由开发区财政补贴相当于企业当年缴纳所得税开发区财政实际留成部分的50%
· 开发区财政在企业收回投资（根据项目建议书或可行性研究报告所定的投资回收时间确定）以前补贴企业当年缴纳所得税开发区财政实际留成部分的30%以上 |

图5-2　企业所得税税收优惠措施

2．增值税

增值税的优惠措施如图5-3所示。

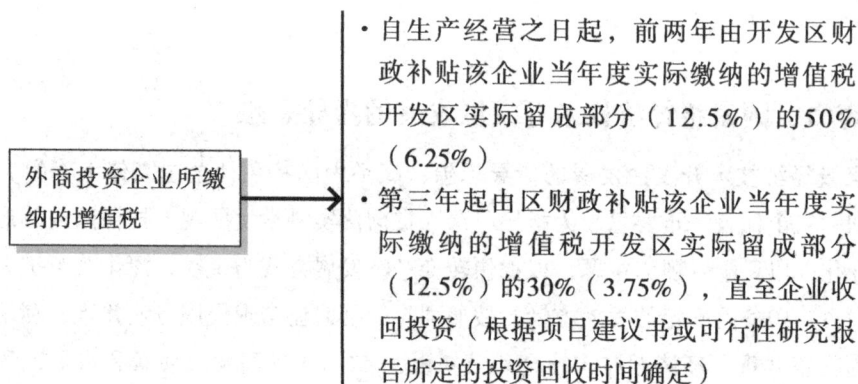

| 外商投资企业所缴纳的增值税 | → | · 自生产经营之日起，前两年由开发区财政补贴该企业当年度实际缴纳的增值税开发区实际留成部分（12.5%）的50%（6.25%）
· 第三年起由区财政补贴该企业当年度实际缴纳的增值税开发区实际留成部分（12.5%）的30%（3.75%），直至企业收回投资（根据项目建议书或可行性研究报告所定的投资回收时间确定） |

图5-3　增值税的优惠措施

内容03：边境合作区发展的指导思想

边境合作区发展的指导思想：高举中国特色社会主义伟大旗帜，以邓小平理论和"三个代表"重要思想为指导，深入贯彻落实科学发展观，把握国内外新形势、新变化，以科学发展为主题，以加快转变经济发展方式为主线，深化改革扩大开放，全面规划、因地制宜、突出重点，积极推进外引内联，深化与周边国家经贸合作，进一步扩大和提升沿边开放质量和水平，完善沿边地区互利共赢、安全高效的开放型经济体系，优化、整合和提升区域功能，形成沿边地区参与国际竞争的新优势，为实现"富民、兴边、强国、睦邻"的战略目标做出新的贡献。

内容04：中国的境外经贸合作区

举办中国境外经贸合作区是各地为顺应经济全球化发展趋势，积极响应国家"走出去"发展战略的具体体现，是我国企业境外投资的良好平台。现将正在建成或已建成的15个境外经贸合作区简介如下。

1．埃及苏伊士经贸合作区

埃及苏伊士经贸合作区是我国政府批准的国家级境外经贸合作区，由天津泰达投资控股有限公司在埃及设立的埃及泰达投资公司负责开发、建设和运营。

合作区位于埃及东北部，地处苏伊士运河南端，距开罗120千米，距苏伊士城40千米，交通便利、辐射能力强。经过10余年的园区建设，已有一批中资企业入驻，取得了良好的经济效益，对入驻的企业实行"一站式"服务。

工业区优势

合作区特色：

● 埃及国内政局稳定，政策方针和金融稳定，经济秩序良好，劳动力充足，工资水平低；

● 出口欧美、东南部非洲和阿拉伯国家全部免除进口关税；

● 在合作区投资可享受优惠政策。

投资模式分为两种，具体如表5-3所示。

表5-3 投资模式

序号	模式	具体说明
1	工业区模式投资	进口用于投资项目的机电设备，仪器征收5%关税，免交海关手续费，10%的销售税10年内免交，产品销售税（增值税）税率为10%，产品可在国内销售，无外销比例，出口产品可享受出口退税，为生产出口产品而进口原材料，可执行海关临时放行制度，投资者可以向埃及政府购买土地所有权，并可无限期拥有所购土地
2	自由区模式投资	投资项目进口机电设备、原材料等免除关税、销售税和其他一切税率，在自由区的投资项目按照销售税（出口额）的1%纳税，免除其他税率，从自由区销往国内的产品则视为进口。依法征税，自由区设立的投资项目所生产的产品出口要达到80%以上，投资者只能租用土地

2. 巴基斯坦海尔——鲁巴经济区

巴基斯坦中国经济区特区，位于巴基斯坦第二大城市拉合尔市，是经商务部批准建设的首批"中国境外经贸合作区"之一。目前，国家经济区一期已建成投产，为海尔企业自用，二期33万平方米已开始建设，三期规划2万平方千米，二、三期园区主要面向国内企业招商。

巴基斯坦投资政策高度自由，所有经济领域向外商直接（FDI）开放；外商与当地企业享有同等待遇，允许外资100%持股，无须政府审批，享有税收及关税优惠，所有与项目相关的汇出均获允准。土地实行私有制，一经购买，永久拥有使用权。

经济区内的优惠政策有：

- 为外销目的进口原材料免关税；
- 经济区商品出口中国，中国商品进口经济区享受进一步降税；
- 经济区内设独立海关；
- 免除投资项目相关的机电设备的进口关税及税收；
- 投资项目自运营之日起5年内免税；
- 现行初始折旧率由50%可提高至100%；
- 入区享受免费咨询及"一站式"服务。

3. 俄罗斯乌苏里斯克经济贸易合作区

俄罗斯乌苏里斯克经济贸易合作区是2006年经国家商务部批准建设的境外经贸合作区之一。该合作区由中国康奈集团和吉信集团共同负责组织实施。运作模式是以企业投资为主体，以商业运作为手段，以促进互利共赢为目的，为中国企业"走出去"发展，推进由"中国制造"向"世界制造"转变而搭建的平台。

合作区位于俄罗斯远东滨海边疆区乌苏里斯克市，距我国黑龙江东宁口岸53千米，距国际优良深水港海参崴100千米。乌苏里斯克市是俄滨海边疆区第二大城市，工业基础扎实，交通方便。

合作区规划占地面积228万平方米，规划建筑面积116万平方米，总投资20亿元人民币。区内分为生产加工、商务、物流仓储和生产服务等区域。合作区发展重点定位于轻工、机电（家电、电子）、木业等产业，面向俄罗斯等独联体国家及欧洲市场，主要生产加工销售国内优势产业的纺织、鞋类、家电、家居、建材、木业等产品。

4．广西·印尼沃诺吉利经贸合作区

中国广西·印尼沃诺吉利经贸合作区位于印度尼西亚中爪哇省沃诺吉利县县城北部1千米处，东边距离著名的梭罗河仅1千米，距离南部的哇渡加瓜湖5千米，离沃诺吉利县火车站仅1.5千米，垄-梭罗市-沃诺吉利县省A级公路线1千米，离北部重要国际港口三爆垄210千米，交通方便。

根据印尼的国情和投资环境以及双边经贸状况，结合广西产业发展和结构调整升级需要，发挥广西农垦的技术优势，确定合作区的产业定位是以木薯为主要原料的精细化工及建材、制药等行业，以及与此相关的国内市场相对饱和的行业。

项目占地200万平方米，分三期建设，总投资39 400万人民币。其中一期占地89万平方米，完成89万平方米用地的"七通一平"，引进入园企业10家。二期占地62万平方米，完成62万平方米用地的"七通一平"以及其他配套设施的建设，引进二期入园企业20家。三期占地49万平方米，完成49万平方米用地的"七通一平"以及其他配套设施的建设，引进三期入园企业20家。

5．韩中国际产业园区

"韩中国际产业园区"是目前中韩经贸史上最大的合作项目，是中国国家商务部确定给予重点扶持的"境外经济贸易合作园区"之一，是中国外向型企业以较低成本直接进入世界一流市场和进一步参与国际市场竞争的桥梁。

项目位于韩国务安企业城内，韩中国际产业园区占地约2 000万平方米，由中国东泰华安国际投资有限公司出资7 650万美元，占股51%，韩方股东出资7 350万美元，占股49%，入园的中国企业，前5年免交国税、后2年减半，地税减免至少8年，最长可减免15年，企业引进中国劳动力比例可达40%。

韩国中央和地方政府均对项目持支持态度，在中国相关部委高层领导访韩时表示将最大限度地给予园区各项优惠政策，包括陆续出台专门针对园区的劳动力雇用、出入境、通关等方面的一系列优惠政策和法规等。

6. 毛里求斯天利经贸合作区

毛里求斯天利经贸合作区是国家商务部批准的首批境外经贸合作区之一，由山西天利实业集团投资建设。该合作区距毛里求斯首都路易港3千米，交通便利，园区面积211万平方米，依山临海，环境优美。

合作区定性为自由港区，具备"境内关外"特性，所有入区企业为自由港公司，享受免关税、免增值税待遇，所得税15%，入区企业雇用外籍工人不受比例和年限限制，入区企业可享受"一站式"服务。

- 合作区为入区企业提供完善的基础设施，包括"八通一平"、厂房、办公及住宿等配套设施。
- 到毛里求斯天利经贸合作区投资的企业除了享受在毛里求斯投资无外汇管制，可独资设立公司，自由汇出资金和利润。
- 2008年6月30日之前，投资经营纺纱、织布、印染、针织等行业，到2016年6月30日前免征企业所得税优惠政策，毛里求斯天利经贸合作区作自由港区，入区企业进出港区的货物免征增值税、关税，企业所得税征收15%，入区企业可享受毛里求斯《2006所得税法案（修改案）》规定的资本补贴政策。
- 入区企业雇用外籍劳工将不受比例和年限限制。

毛里求斯是WTO成员国，是美国、欧盟、东南非共同市场、南部非洲共同体，印度洋委员会等多个贸易协定和经济组织的受惠国，其市场准入和贸易条件非常优越，在毛里求斯投资能实现近14亿人口的市场销路。日本、澳洲、瑞士和挪威等国家也给予毛里求斯普惠制和优惠关税待遇。

7. 尼日利亚广东经济贸易合作区

尼日利亚广东经济贸易合作区是我国首批8个获得国家商务部批准的境外经贸合作区之一，得到中尼两国政府众多优惠政策及强大的支持，系广东省政府外经贸重点项目，由广东新广国际集团等公司负责建设。

合作区总面积为1亿平方米，选址于尼日利亚奥贡州，紧靠尼日利亚经济商务中心拉各斯，交通便利、物流渠道畅通。合作区包括加工园区、工业园区和科技园区，同时成为境外原材料基地和经济技术推广基地。

尼日利亚资源丰富，劳动力充裕，是世界上仅有的几个投资回报率和行业利润较高的地区之一。合作区将采用统一规划、组团推动、滚动开发的建设模式。目前面向全国招商的重点招商行业有：建材陶瓷、五金建材、轻工家具、木材加工、小家电、仓储物流、计算机、机械、电光源、纸业等。

相关优惠政策，对合作区（自由贸易区）的相关税收均予以免除，对投资项目有关的物品，如原材料、制成品、机器设备等均免进口关税，且不受配额限制。外资投资股东可随时撤出，利润和红利可自由汇出，区内企业对欧盟和美国出口不受配额限制。合作区享有99年土地所有权及自主管理权，入区企业建设期内免收土地金，可为入区企业提供"一站式服务"。

8．尼日利亚莱基自贸区项目情况

莱基自由贸易区是南京江宁经济技术开发区和南京北亚集团联合投资兴建的境外经贸合作区。

莱基自由贸易区采取"分期进行，滚动开发"的方式，一期首先开发1 000万平方米。计划经过5年建设，发展成为基础设施健全、企业集群、产能突出、经贸繁荣、服务周到、安全有序、辐射带动能力强的现代产业集聚区。

尼日利亚拉各斯州有1 300多万人口，尼日利亚有1.3亿多人口，西非共同体有5亿多人口。根据《洛美协定》，在尼日利亚生产的产品销往欧盟没有配额限制，关税较低。莱基自由贸易区将给入区生产经营企业提供一个潜力不可估量的巨大市场。

莱基自由贸易区位于拉各斯州东南部，南临大西洋，北接莱基湖，距拉各斯市中心约60千米，距拟新建的国际机场仅8千米。它是一个正在发展中的新兴卫星城市，也是尼日利亚发展最快的都市新区之一。

尼日利亚是世界第六大石油输出国，石油资源极其丰富，当地其他自然资源如天然气、木材、橡胶等极其丰富，同时人力资源丰富，劳动力成本低。

投资莱基自由贸易区，可以享有以下优惠政策：
- 区内企业生产用的原材料、制成品、机器和设备、消费品及其他与投资项目有关的物品，均免征进口关税，不受配额限制；
- 区内企业生产加工的所有产品进入尼日利亚市场，其关税按原材料价格和零部件价格计算，不按成品价计算；
- 外资投资股本及其赢利可随时撤出；
- 外资所得利润和红利可自由汇出；
- 区内企业产品销往欧盟和美国无配额限制等。

9．泰国泰中罗勇工业园

泰国泰中罗勇工业园是由中国华立集团与泰国安美德集团在泰国合作开发的面向中国投资者的现代化工业区。园区位于泰国东部海岸，靠近泰国首都曼谷和廉差邦深水港，总体规划面积400万平方米，其中一期150万平方米，包括一般工业区、保税区、物流仓储区和商业生活区，主要吸引汽配、机械、家电等中国企业入园设厂。

泰中罗勇工业园已被中国政府认定为首批"境外经贸合作区"——中国传统优势产业在泰国的产业集群中心与制造业出口基地，最终形成集制造、会展、物流和商业生活区于一体的现代化综合园区。

> 作为东盟创始成员国的泰国位于东南亚的中心，长期以来一直以其完善的基础设施、宽松的投资环境、较好的市场辐射能力、稳定的社会和政治以及友好丰富的文化吸引着来自世界各国的投资者。泰中罗勇工业园凭借优势的区位与交通、一流的基础设施、优惠的政策和优质的"一站式"服务，将成为中国企业赴泰国投资兴业的最佳选择。

10．委内瑞拉中国科技工贸区

委内瑞拉中国科技工贸区项目系纳入中委双边合作重点计划项目。山东浪潮集团为该区的实施企业。

科技工贸区规划占地总面积500万平方米，建筑总面积规划200万平方米，主要产业定位为电子、家电和农机等。工贸区采取滚动发展的方式。该合作区分两期、两地建设，分别在巴拉瓜那半岛保税区和库阿市内。

中委政治互信，双边关系良好，经贸合作和文化等领域的交流不断深化，目前双方经贸关系处于最佳历史时期。

> **合作区优势**
>
> 该国石油资源丰富（世界第五大出口国）、经济快速发展（连续三年超8%），委方希望中国企业赴委开展科技、家电、农机、纺织等产业合作的愿望日趋强烈。该国是WTO、南共市、南共体的成员国。享受共同体内部的关税优惠协议，市场发展潜力巨大。
>
> 委内瑞拉地理位置优越，交通便利，是整个拉美市场的中间枢纽。积极实行对外开放、《外资法》和《投资促进法》等一系列政策法规鼓励外国企业投资，并享受与本国企业同等待遇。
>
> 合作区对我国企业的入驻，可提供"一站式"服务。

11．柬埔寨西哈努克港经济特区

西哈努克港经济特区（以下简称特区）是红豆集团等四家企业为顺应经济全球化发展趋势，积极响应国家"走出去"发展战略在柬埔寨西哈努克与柬埔寨公司合资打造的境外经济贸易合作区，目前建设进展顺利。特区位于西哈努克市东郊，总面积1 130万平方米，紧临4号国道，距首都金边210千米，距港口12千米，距西市机场仅3千米，交通便利，区位优势明显。

特区的产业定位以轻纺服装、机械电子和高新技术为主。同时，发展保税、物流等配套服务，建成集工业、商业、居住、文化及公共生活服务于一体的现代化工业城镇。

- 柬埔寨国内政局稳定，治安状况良好，无种族冲突，无地震、台风、海啸等自然灾害，与中国友好，民风淳朴。
- 对所有的投资者不分国籍种族，一视同仁，不实行外汇管制，允许外汇资金自由出入。
- 市场高度自由化，劳动力成本较低，纺织工人最低工资标准为50美元，无贸易壁垒和反倾销。
- 税收方面也十分优惠：进出口税全免，企业所得税免税6～9年，免税期过后为20%，无利润汇出税等。

12. 赞比亚中国经济贸易合作区

赞比亚中国经贸合作区是中国有色矿业集团有限公司为了充分利用其投资建设的谦比希铜矿地表4 100万平方米土地（使用期99年）和赞比亚良好的投资环境而于2003年开始建立的，距赞比亚首都卢萨卡360千米，距第三大城市基特韦28千米。合作区一期规划面积1 158万平方米，总投资18.6亿人民币，新建基础设施投资17亿人民币。

赞比亚铜铁为主的有色金属丰富，以铜钴开采为基础，以铜钴冶炼为核心，形成有色金属矿冶产业群。合作区内已建成一批铜矿采选、冶炼等项目，在建和拟建重点项目有温法炼铜厂、粗铜冶炼厂、温法炼钴厂等。其他产业链产业如以型材、电线电缆加工、铜钴副产品开发及服装、食品、家电等为主的轻工业产业也是园区拟促进招商的产业。

13. 中俄托木斯克木材工贸合作区

中俄托木斯克木材工贸合作区是于2007年11月经国家商务部正式批准的中国境外经贸合作区。该项目是中俄总理定期会晤机制下的重点项目，也是俄罗斯30年来在林业领域最大的投资项目，两国政府予以高度关注和重视，由烟台西北林业有限公司、中国国际海运集装箱（集团）股份有限公司等参与建设。

园区规划面积695万平方米，起步区300万平方米，拟总投资15.7亿美元。重点规划有65万吨纸浆厂、200平方板材及20万方旋切单板、20万方密度板、20万方刨花板、20万方地板等10多个项目。

项目优势：西北林业有限公司全资子公司"恒达–西伯利有限责任公司"在托木斯克

州取得了80亿平方米49年的森林采伐权、453平方米的建设用地和多宗境外资产、10千米长的铁路专线；年采伐木材450万～600万平方米。主要树种有：白桦30%、白松30%、杨木20%、鱼鳞松20%、红松70%。

山东省人民政府和俄罗斯托木斯克州政府已分别成立了领导小组，设立了专门机构，负责组织实施该项目。中国几家开发银行将对项目跟踪并提供联合银团贷款支持。

14. 中国越南龙江工业园

龙江工业园是由浙江省前江投资管理有限责任公司在越南前江省投资的工业园项目，总投资1.05亿美元，总占地600万平方米，其中包括工业区540万平方米和住宅服务区60万平方米。

龙江工业园位于越南西南部的前江省新福县，紧邻忠良高速公路，距胡志明市40千米，距新山一国际机场、西贡港国际集装箱码头50千米，交通便利，物流成本低。

龙江工业园入园企业的产业规划主要集中在轻工、电子、建材、化工、服装等行业。园区将提供土地租赁、标准厂房租赁、标准厂房出售等多种企业入园方式，并实现支付方式的灵活性；同时提供免费协助办理投资执照，代理报关，协助办理进出口手续、原产地证明，代理运输，介绍建筑公司、建筑监理，提供宿舍及物业管理等一系列全套服务，以期有效帮助企业控制前期投资费用，压缩时间成本，尽快投入正常的生产经营活动。

> 由于中越两国中央及地方政府对龙江工业园项目的高度重视和大力支持，入园企业可享受越南政府对外商投资十分优惠的减免税政策：
> - 构成企业固定资产的设备免进口税；
> - 产品出口免税；
> - 自企业开始投产之日起，生产用原材料、物资、零部件进口可免进口税5年；
> - 15年优惠期间所得税率10%，其中包括有利润之年起免税4年、减半9年（5%），优惠期后所得税率28%。

15. 埃塞俄比亚东方工业园

埃塞俄比亚东方工业园（以下简称工业园）于2007年11月正式中标中国商务部境外经贸合作区，2015年4月正式得到中国财政部和商务部确认。埃塞俄比亚政府将工业园作为国家"持续性发展及脱贫计划"（SDPRP）的一部分，列为工业发展计划中重要的优先项目。

工业园位于埃塞俄比亚首都亚的斯亚贝巴附近的杜卡姆市，规划面积5平方公里，首期开发4平方公里，目前工业园已完成2.33平方公里的四通一平基础设施建设，建成标准型钢结构厂房近20万平方米。工业园已经成为中国企业在非洲集聚投资的一个亮点，成为埃塞俄比亚工业经济发展的重大示范项目。为中国中小企业抱团"走出去"提供新的发展平台。目前已入园的20多家企业从事水泥生产、制鞋、汽车组装、钢材轧制、纺织服装等行业。

工业园已全面正式对外招商，重点发展适合埃塞俄比亚及非洲市场需求的纺织、皮革、农产品加工、冶金、建材、机电产业，将建成以外向型制造加工业为主，并有进出口贸易、资源开发、保税仓库、物流运输、仓储分拨、商品展示等功能，逐步形成集工业、商业、商务、居住、娱乐等多行业、多功能发展的工商贸综合功能区。

工业园享有的优惠政策为：区内企业所得税享受4～7年免税期，比区外外资企业延长2年；外汇留存30%，比区外企业多10%；区内设保税仓库，为区内企业提供保税业务服务、优先承接区内企业海陆运输服务，运费低5%。工业园已批准为海陆联运的目的港，区内享受埃塞俄比亚海关、税务、商检和质量标准等"一站式"服务。

内容05：《内地与香港关于建立更紧密经贸关系的安排》的内容

《内地与香港关于建立更紧密经贸关系的安排》由中央政府与香港特区政府于2003年6月29日正式签署。内容主要涵盖货物贸易、服务贸易和贸易投资便利化三个方面，如图5-4所示。

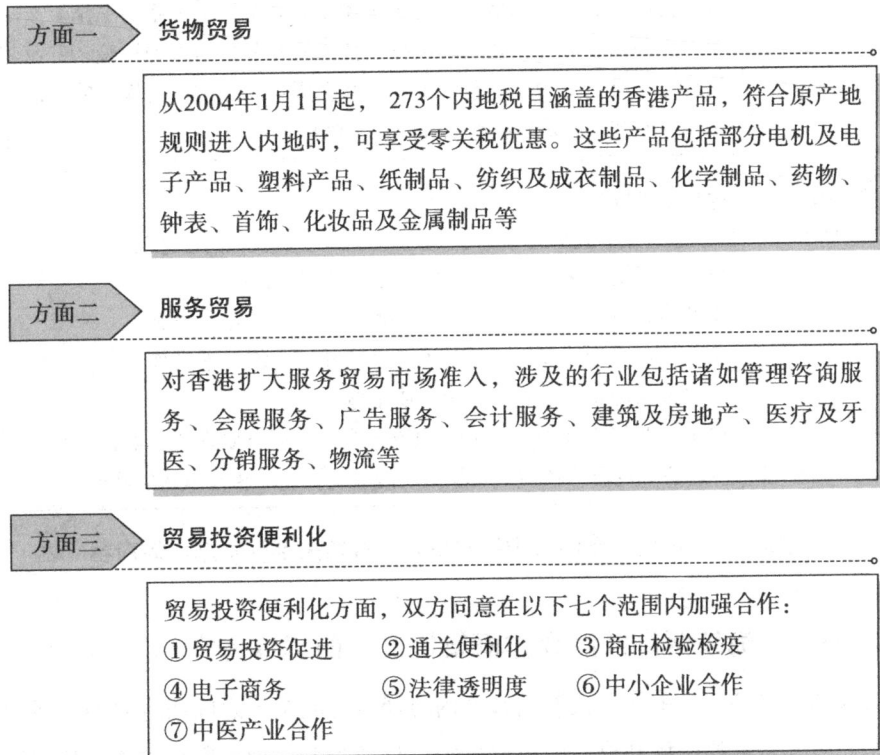

方面一 货物贸易

> 从2004年1月1日起，273个内地税目涵盖的香港产品，符合原产地规则进入内地时，可享受零关税优惠。这些产品包括部分电机及电子产品、塑料产品、纸制品、纺织及成衣制品、化学制品、药物、钟表、首饰、化妆品及金属制品等

方面二 服务贸易

> 对香港扩大服务贸易市场准入，涉及的行业包括诸如管理咨询服务、会展服务、广告服务、会计服务、建筑及房地产、医疗及牙医、分销服务、物流等

方面三 贸易投资便利化

> 贸易投资便利化方面，双方同意在以下七个范围内加强合作：
> ①贸易投资促进　②通关便利化　③商品检验检疫
> ④电子商务　　　⑤法律透明度　⑥中小企业合作
> ⑦中医产业合作

图5-4 《内地与香港关于建立更紧密经贸关系的安排》的内容

内容06：《内地与澳门关于建立更紧密经贸关系的安排》的内容

为促进中国内地与澳门经济共同繁荣与发展，2003年10月29日，中国中央政府与澳门特区政府签署《内地与澳门关于建立更紧密经贸关系的安排》（Closer Economic Partnership Arrangement，CEPA）。自此之后，2004年、2005年、2006、2007年、2008年又分别签署了《补充协议》《补充协议二》《补充协议三》《补充协议四》《补充协议五》。

《内地与澳门关于建立更紧密经贸关系的安排》主要框架包括三大方面（如图5-5所示）：一是货物贸易；二是服务贸易；三是贸易投资便利化。在货物贸易方面，根据两地货物贸易和海关监管的实际，内地对澳门原产地的货物，分两批实行零关税。

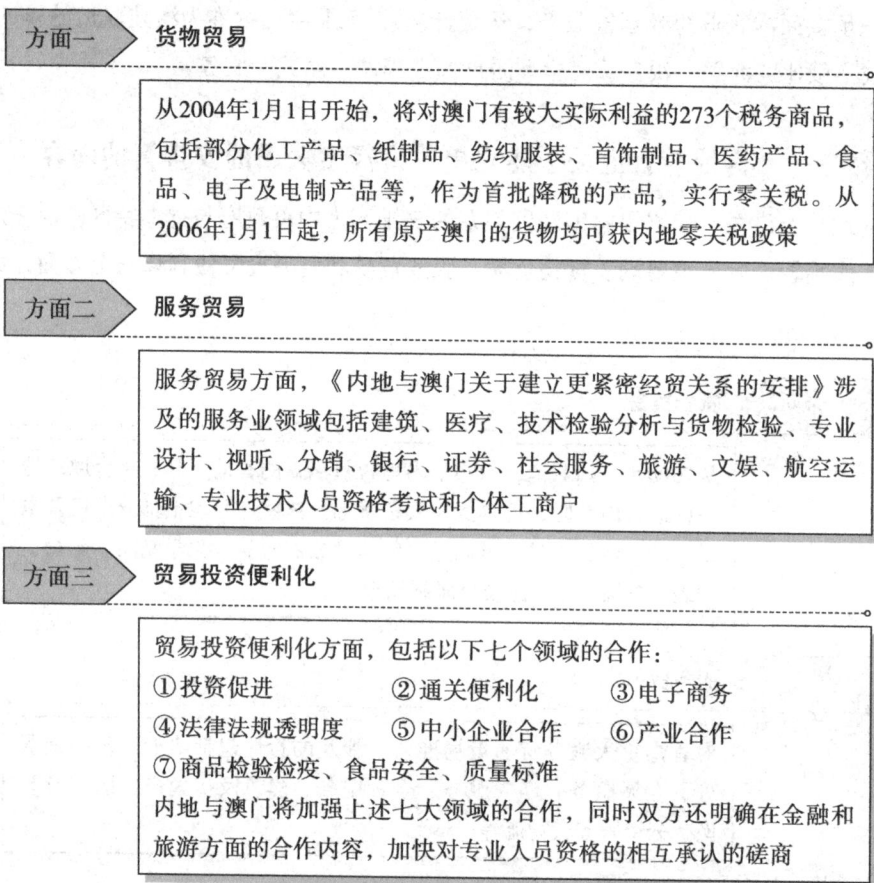

方面一 ▶ 货物贸易

从2004年1月1日开始，将对澳门有较大实际利益的273个税务商品，包括部分化工产品、纸制品、纺织服装、首饰制品、医药产品、食品、电子及电制产品等，作为首批降税的产品，实行零关税。从2006年1月1日起，所有原产澳门的货物均可获内地零关税政策

方面二 ▶ 服务贸易

服务贸易方面，《内地与澳门关于建立更紧密经贸关系的安排》涉及的服务业领域包括建筑、医疗、技术检验分析与货物检验、专业设计、视听、分销、银行、证券、社会服务、旅游、文娱、航空运输、专业技术人员资格考试和个体工商户

方面三 ▶ 贸易投资便利化

贸易投资便利化方面，包括以下七个领域的合作：
①投资促进　　　　②通关便利化　　　　③电子商务
④法律法规透明度　⑤中小企业合作　　　⑥产业合作
⑦商品检验检疫、食品安全、质量标准
内地与澳门将加强上述七大领域的合作，同时双方还明确在金融和旅游方面的合作内容，加快对专业人员资格的相互承认的磋商

图5-5　《内地与澳门关于建立更紧密经贸关系的安排》的内容

内容07：《海峡两岸经济合作框架协议》的基本内容

《海峡两岸经济合作框架协议》的基本内容涵盖海峡两岸之间的主要经济活动，包括货物贸易和服务贸易的市场开放、原产地规则、早期收获计划、贸易救济、争端解决、投资和经济合作等，今后将按业务议题进行协商。此外，海峡两岸还交换了税则和有关经济

管理规定与统计数据等。

内容08：多哈回合谈判的主要议题

2001年11月，在卡塔尔首都多哈举行的世贸组织第四次部长级会议启动了新一轮多边贸易谈判。新启动的多边贸易谈判又称"多哈发展议程"，或简称"多哈回合"。该轮谈判确定了以下八个谈判领域，如图5-6所示。

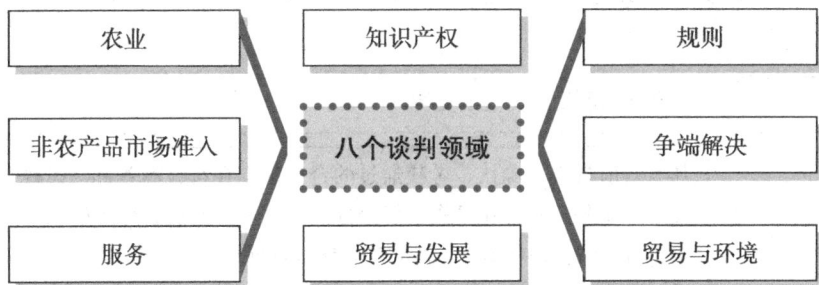

图5-6　多哈回合谈判的主要议题

谈判的关键是农业和非农产品市场准入问题，主要包括削减农业补贴、削减农产品进口关税及降低工业品进口关税三个部分。

内容09：最惠国待遇的主要内容

国际经济贸易条约或协定中所规定的、缔约国一方现在和将来给予任何第三国的一切关税减让、特权、优惠或豁免，也必须同样给予缔约国另一方的一种待遇。又称无歧视待遇。享有最惠国待遇的国家称最惠国，在国际贸易条约中这项规定称最惠国条款。

最惠国待遇范围广泛，其中主要的是进出口商品的关税待遇。在贸易协定中一般包括以下内容。

（1）有关进口、出口或者过境商品的关税和其他捐税。

（2）在商品进口、出口、过境、存仓和换船方面的有关海关规定、手续和费用。

（3）进出口许可证的发给。在通商航海条约中，最惠国待遇条款适用的范围较大，把缔约国一方的船舶和船上货物驶入、驶出和停泊时的各种税收、费用和手续费等也包括在内。

> **特别提示**
>
> 最惠国待遇可分为无条件最惠国待遇和有条件最惠国待遇两种。前者指缔约国的一方现在或将来给予第三国的一切优惠，应无条件地、无补偿地、自动地适用于缔约国的另一方。后者指缔约国的一方现在或将来给予第三国的优惠，缔约国的另一方必须提供同样的补偿才能享受。

第三节　要点解答

问题01：中国政府对境外经贸合作区的支持政策措施有哪些

中国政府支持境外经贸合作区的主要政策措施有以下八点，具体如图5-7所示。

措施一 ▷ 享受合作区发展资金的支持

凡经政府批准、确认、考核通过的合作区，在符合商务部、财政部关于《境外经贸合作区资金管理办法》《境外经贸合作区确认、考核暂行办法》的前提下，可享受合作区发展资金的支持

措施二 ▷ 提供必要的授信支持和配套金融服务

相关金融机构对符合国家政策规定和贷款条件的建区和入区企业，积极提供必要的授信支持和配套金融服务

措施三 ▷ 简化项目审批和外汇审查手续

简化项目审批和外汇审查手续，合作区相关业务人员出国手续一年内一次审批多次有效

措施四 ▷ 税收方面优惠

对投资到合作区的设备、原材料和散件，按政府统一规定的退税率和其他规定办理出口退（免）税。落实和完善关于企业境外所得的所得税政策

措施五 ▷ 检验方面的优惠

合作区建设所需施工器械（含配件）、工作人员自用的办公生活物资，以及其他从国内运出返回的物资免于检验；对运往合作区的原材料、全新机器设备、施工材料（包括安装设备）优先安排实施检验检疫，提供进出境通关便利

（续）

| 措施六 | 加强与驻在国政策方的沟通 |

通过双边途径，就合作区的土地政策、税收政策、劳工政策、基础设施配套以及贸易投资便利化措施等加强与驻在国政府的磋商，为合作区建设提供支持。切实维护好我国企业和人员的合法权益，保障投资和人员安全

| 措施七 | 保险服务 |

针对合作区建设特点，研究增加保险品种，为建区和入区企业提供国别风险分析咨询、投资保险、出口信用保险和担保等"一揽子"保险服务

| 措施八 | 对相关人员的培训工作 |

就合作区建设的有关知识、我国对外投资合作的方针政策、驻在国法律制度、风俗习惯、企业社会责任等提供培训服务

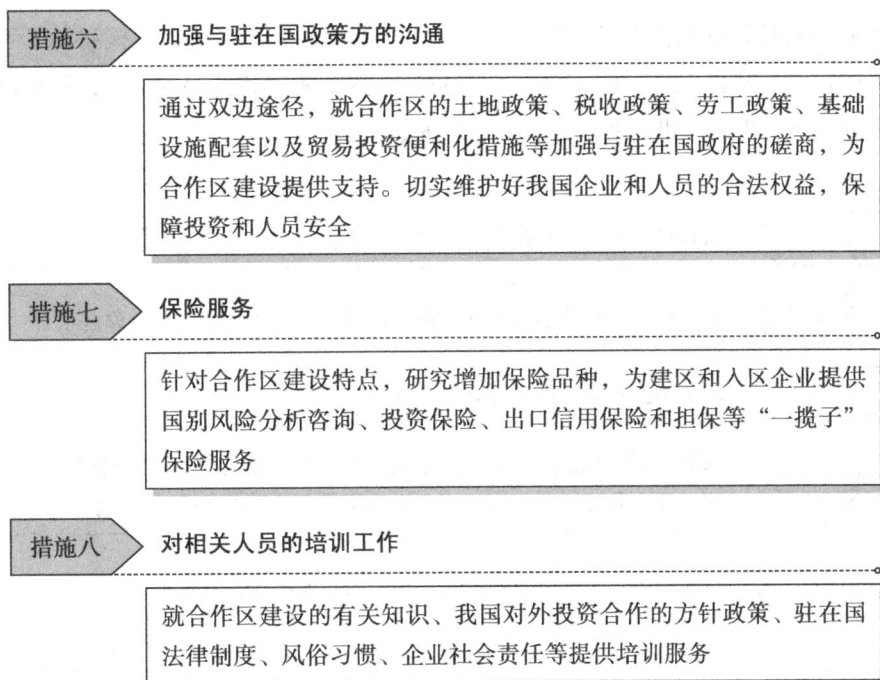

图5-7　中国政府对境外经贸合作区的支持政策措施

问题02：国家开发银行为符合条件的合作区企业提供投融资方面的政策支持措施有哪些

商务部和国家开发银行共同建立合作区项目协调和信息共享等联合工作机制，为符合条件的合作区实施企业、入区企业提供投融资等方面的政策支持，具体措施如图5-8所示。

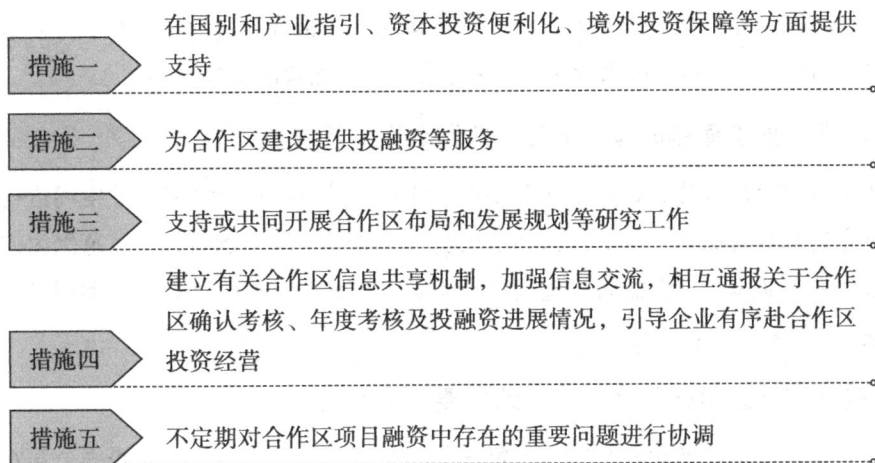

| 措施一 | 在国别和产业指引、资本投资便利化、境外投资保障等方面提供支持 |

| 措施二 | 为合作区建设提供投融资等服务 |

| 措施三 | 支持或共同开展合作区布局和发展规划等研究工作 |

| 措施四 | 建立有关合作区信息共享机制，加强信息交流，相互通报关于合作区确认考核、年度考核及投融资进展情况，引导企业有序赴合作区投资经营 |

| 措施五 | 不定期对合作区项目融资中存在的重要问题进行协调 |

图5-8　国家开发银行所提供的投融资方面的政策支持

问题03：国家开发银行对合作区提供的融资服务有哪些

国家开发银行将依据商务部、财政部《境外经济贸易合作区确认考核和年度考核管理办法》（商合发〔2013〕210号）的要求，明确合作区优先融资的基本条件，针对合作区的特点和需求，对合作区提供融资服务，具体服务如图5-9所示。

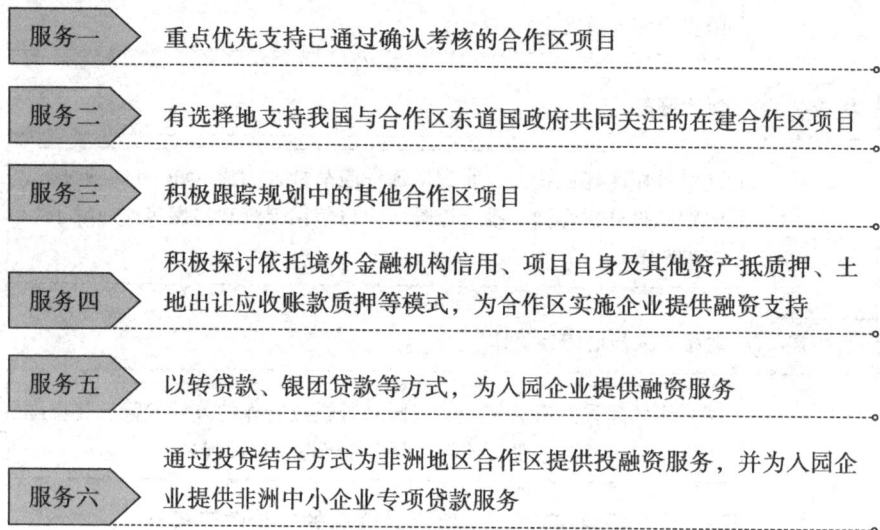

服务一	重点优先支持已通过确认考核的合作区项目
服务二	有选择地支持我国与合作区东道国政府共同关注的在建合作区项目
服务三	积极跟踪规划中的其他合作区项目
服务四	积极探讨依托境外金融机构信用、项目自身及其他资产抵质押、土地出让应收账款质押等模式，为合作区实施企业提供融资支持
服务五	以转贷款、银团贷款等方式，为入园企业提供融资服务
服务六	通过投贷结合方式为非洲地区合作区提供投融资服务，并为入园企业提供非洲中小企业专项贷款服务

图5-9 国家开发银行对合作区提供的融资服务

问题04：目前国际产业转移呈现的新趋势有哪些

国际产业转移日益向产业结构高度化发展。发达国家在继续向发展中国家转移在本国已失去竞争优势的劳动密集型产业的同时，开始向发展中国家转移资本密集型和资本技术双密集型产业。进入20世纪90年代以后，金融保险业、贸易服务业、电信业、信息业、房地产业等新技术产业日益成为当前国际产业转移的重点领域。21世纪，知识经济进入快速发展阶段，国际产业转移结构高度化、知识化有进一步加强的态势。

1．基于产业价值链的国际分工，跨国公司实行技术外包

为了实现其全球战略，跨国公司对整个产业价值链进行拆分和对产业空间进行分割，分别将其布局到具有比较优势的国家和地区实行专业化生产，然后在全球范围内实行产业整合。近年来，跨国公司开始将一些战略性研发投资到拥有必要创新环境和创新基础的发展中国家，实行技术外包与合作。

2．跨国并购成为国际产业转移的主要投资方式

跨国并购是企业并购现象与跨国投资现象在更高层次上的结合，是跨国公司在世界范围内实现生产要素优化配置的重要方式。

3．国际产业转移出现产业链整体转移趋势

随着竞争的加剧，跨国公司不再遵循传统的产业转移阶段进行投资，而是主动带动和引导相关投资，鼓励其海外供货商到产业移入国投资，加大零部件供给当地化战略的实施力度，发展配套产业并建立产业群，将整条产业链搬迁、转移到发展中国家。这种新的产业转移趋势是伴随着企业规模的不断扩大以及区位条件的变化而出现的，它将有利于提高企业的资源配置效率，提升企业的整体竞争力。

产业转移和承接的难度伴随国际产业转移的高度化而加大。国际产业转移的速度和内容，对承接国而言，很大程度上取决于其技术消化能力、比较优势、政策环境和经济发展水平。在产业转移的低层次阶段，接纳国占支配地位的是"自然"的比较优势，而在产业转移的高级阶段，接纳国占支配地位的是"创造"的比较优势，需要实行实物投资、人力资本投资才能形成。

要点回顾

通过对本章的学习，想必你已经掌握了不少对外贸易政策的知识，请将你已经掌握的知识点罗列一下。另外，将你认为应该更深入地了解的或者本章没有涉及但也必须了解的列举出来。

我已经掌握的知识点

1. _____
2. _____
3. _____
4. _____
5. _____

应更深入了解的知识点

1. _____
2. _____
3. _____
4. _____
5. _____

我认为还有一些必须了解的知识点

1. _____
2. _____
3. _____
4. _____
5. _____

第六章

产业安全基础知识

国际市场越来越复杂多变，为了保护本国产业，各国贸易保护主义盛行，除了关税壁垒外，还有层出不穷的非关税壁垒，而这些对我国的贸易发展和产业安全产生了很大的影响，我们必须积极地面对。

阅读提示

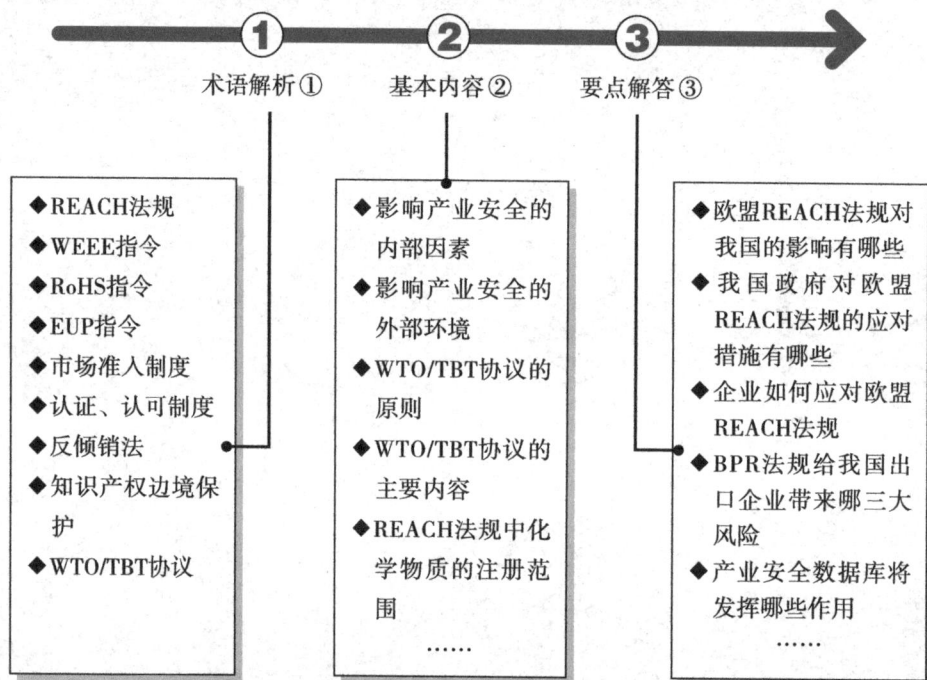

① 术语解析①　　　② 基本内容②　　　③ 要点解答③

◆REACH法规
◆WEEE指令
◆RoHS指令
◆EUP指令
◆市场准入制度
◆认证、认可制度
◆反倾销法
◆知识产权边境保护
◆WTO/TBT协议

◆影响产业安全的内部因素
◆影响产业安全的外部环境
◆WTO/TBT协议的原则
◆WTO/TBT协议的主要内容
◆REACH法规中化学物质的注册范围
……

◆欧盟REACH法规对我国的影响有哪些
◆我国政府对欧盟REACH法规的应对措施有哪些
◆企业如何应对欧盟REACH法规
◆BPR法规给我国出口企业带来哪三大风险
◆产业安全数据库将发挥哪些作用
……

图示说明

①将产业安全所涉及的术语（共10个）做简明扼要的解释。

②将产业安全的基本内容（共13项）一一阐述清楚。

③列明产业安全管理中的常见问题（共12个）并提出解决的办法。

第一节 术语解析

术语01：REACH法规

REACH法规是欧盟法规《化学品的注册、评估、授权和限制》（REGULATION concerning the Registration， Evaluation，Authorization and Restriction of Chemicals）的简称，由欧盟建立，并于2007年6月1日起实施的化学品监管体系。

该法规主要有注册、评估、授权、限制等几大项内容，如图6-1所示。

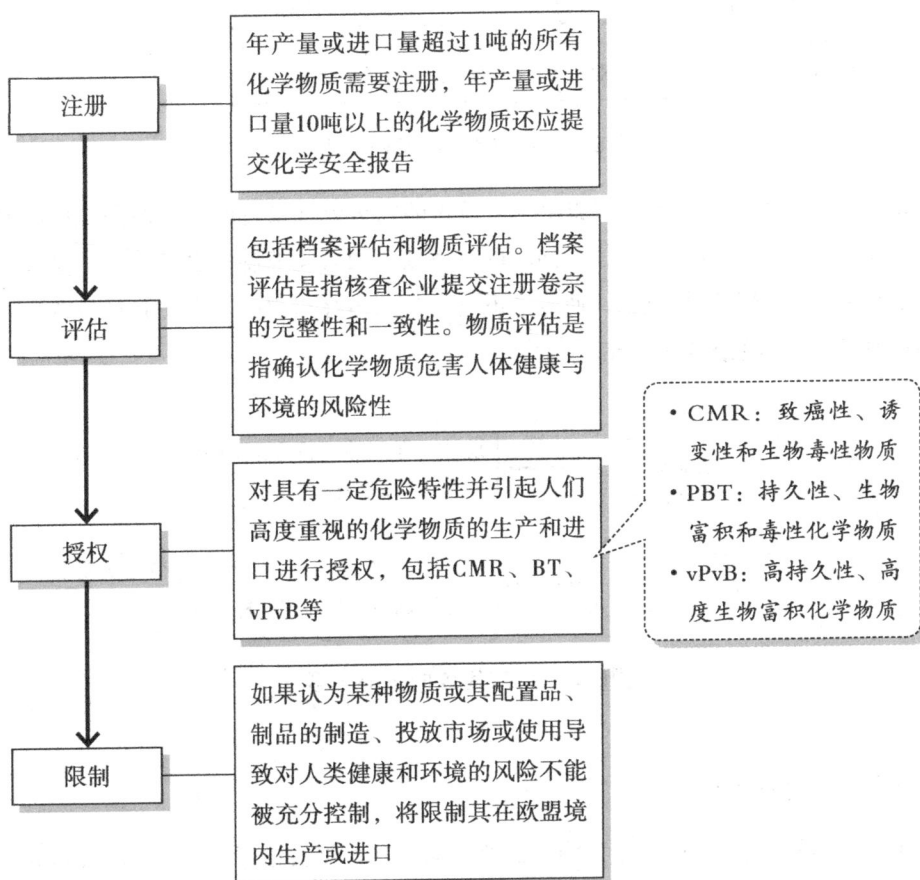

注册 —— 年产量或进口量超过1吨的所有化学物质需要注册，年产量或进口量10吨以上的化学物质还应提交化学安全报告

评估 —— 包括档案评估和物质评估。档案评估是指核查企业提交注册卷宗的完整性和一致性。物质评估是指确认化学物质危害人体健康与环境的风险性

授权 —— 对具有一定危险特性并引起人们高度重视的化学物质的生产和进口进行授权，包括CMR、BT、vPvB等

- CMR：致癌性、诱变性和生物毒性物质
- PBT：持久性、生物富积和毒性化学物质
- vPvB：高持久性、高度生物富积化学物质

限制 —— 如果认为某种物质或其配置品、制品的制造、投放市场或使用导致对人类健康和环境的风险不能被充分控制，将限制其在欧盟境内生产或进口

图6-1 REACH法规的主要内容

术语02：WEEE指令

WEEE指令是《欧洲报废电子电气设备指令》（Waste Electrical and Electronic

Equipment）的简称，于2005年8月13日正式实施。WEEE指令的通行国家是欧盟成员国，具体如图6-2所示。

奥地利	比利时	塞浦路斯	捷克	丹麦
爱沙尼亚	芬兰	法国	德国	希腊
匈牙利	意大利	爱尔兰	拉脱维亚	立陶宛
卢森堡	马耳他	荷兰	波兰	葡萄牙
斯洛伐克	斯洛文尼亚	西班牙	瑞典	英国
保加利亚	罗马尼亚	克罗地亚	土耳其	

图6-2　WEEE指令的通行国家

WEEE指令的核心内容为：欧盟市场上流通的电子电气设备的生产商必须在法律上承担起支付报废产品回收费用的责任，同时欧盟各成员国有义务制定自己的电子电气产品回收计划，建立相关配套回收设施，使电子电气产品的最终用户能够方便并且免费地处理报废设备。其核心内容如图6-3所示。

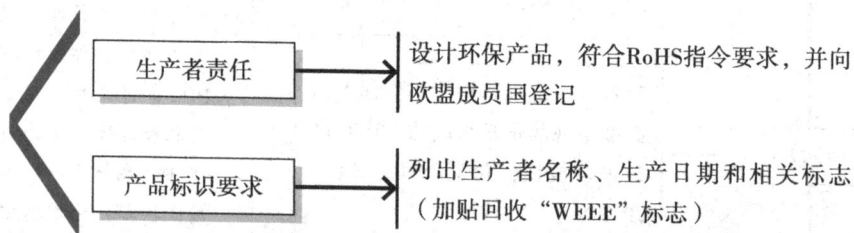

生产者责任 → 设计环保产品，符合RoHS指令要求，并向欧盟成员国登记

产品标识要求 → 列出生产者名称、生产日期和相关标志（加贴回收"WEEE"标志）

图6-3　WEEE指令的核心内容

术语03：RoHS指令

RoHS指令是《电气、电子设备中限制使用某些有害物质指令》（the Restriction of the use of certain Hazardous Substances in electrical and electronic equipment）的简称。正式实施时间是2006年7月1日。

其发布背景如下。

（1）设立技术壁垒，提高产品准入门槛。

（2）加强环境保护，确保可持续发展。

152

该指令规定从2006年7月1日起，所有进入欧盟的电气电子产品应符合有害物质禁用指令。该指令主要对八大类产品中的铅（Pb）、汞（Hg）、镉（Cd）、六价铬（Cr^{6+}）、多溴联苯（PBB）、多溴联苯醚（PBDE）含量进行限制。

在欧盟RoHS的影响下，全球越来越多的国家和地区都针对电子电气产品中的有害物质提出了类似的管控要求，RoHS要求呈现出了明显的全球化趋势。全球典型RoHS法规列举如图6-4所示。

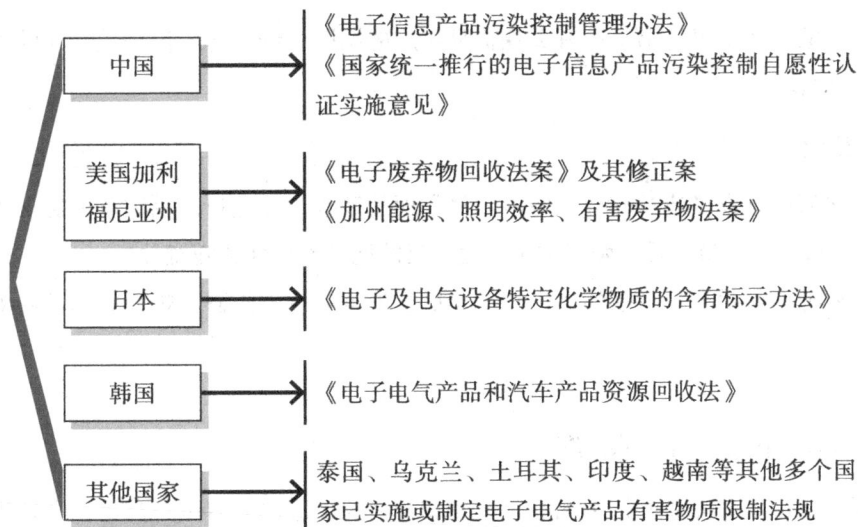

图6-4　全球典型RoHS法规列举

术语04：EUP指令

欧盟EUP环保指令是继WEEE、RoHS指令之后，欧盟另一项主要针对能耗的技术壁垒指令，全称为《用能源产品生态设计框架指令》（Energy-using Products）。

该指令首次将生命周期理念引入产品设计环节中，旨在从源头入手，在产品的设计、制造、使用、维护、回收、后期处理这一周期内，对公用能源产品提出环保要求，全方位监控产品对环境的影响，减少对环境的破坏。

术语05：市场准入制度

市场准入主要体现在制定严格的，甚至苛刻的技术规范、标准和合格评定程序，涉及产品的适用、健康、安全或卫生等方面。

1. 印染制品含偶氮染料禁止令

自1994年以来，德国及其他发达国家相继采用的印染制品含偶氮染料禁止令就对含中国在内的许多发展中国家和地区的纺织品、服装等轻工业品的出口影响甚重，致使其损失惨重。中国虽已攻克了此技术难关，但却付出了高昂的代价。

2. 食品禁止进口

已被有关国际组织和发达工业化国家广泛接受和认可的HACCP则明确规定，食品包装须标明食品的营养成分，这一规定导致食品制造商的成本上升，对缺乏技术分析手段的食品实际上构成了禁止进口令，进而影响相关产品的贸易和生产。

3. 保护臭氧层的公约

至于《蒙特利尔议定书》中有关保护臭氧层的国际公约则对中国相关产品的出口造成了严重的影响。

4. 其他

有的国家还有许多涉及安全、健康项目方面的审查，使进口产品因季节需求的变化或失去商机，或无法进口，具有强烈的主观性、目的性、差异性和随意性。

以上种种，均对有关国家的出口贸易构成了严重的技术阻碍，进而影响其收支平衡和经济发展。

术语06：认证、认可制度

认证、认可是一种依据技术规范、标准和合格评定程序对有关产品的符合性进行的认证或认可制度。

认证、认可具有广泛的适用性和机会均等性，其从更高的战略（非局部的）角度去审视经济的发展，因此在推动社会进步、增强社会（含环保）意识、规范行为和实现可持续发展等方面具有积极的作用。但是，此项政策所能带来的种种益处只能被那些处于同一经济发展水平的国家和地区所享受。未经认证、认可的产品和服务将被排斥在市场之外，形成事实上的市场壁垒，因而，保护主义色彩更浓，保护程度更深，对经济的影响也更具决定性，进而使得欠发达国家的产品更难进入发达国家市场。

表6-1是关于认证和认可的几个基本概念。

表6-1 关于认证和认可的几个基本概念

序号	概念	说明
1	合格评定	有关直接或间接地确定是否达到相应的要求的活动。合格评定活动的典型示例有：抽样、测试和检验；评价、验证和合格保证（供方声明、认证）；注册、认可和批准以及它们的组合
2	认证	由第三方对产品、过程或服务达到规定要求给出书面保证的程序
3	认可	由权力机构对机构或人员具备执行特定任务的能力进行正式承认的程序

（续表）

序号	概念	说明
4	测试	进行一个或多个试验的行动
5	试验	依据规定的程序测定产品、过程或服务的一种或多种特性的技术操作
6	检验	通过观察和判断以及适当的测量、测试所进行的合格评价
7	合格评价	对产品、过程或服务达到规定要求的程度所进行的系统的检查
8	验证	通过提供客观证据对规定要求已得到满足的认定
9	合格保证	为了提供使人们相信产品、过程或服务满足规定要求的声明所开展的活动。对产品而言，声明的形式可以是文件、标签或其他等效方式，它也可以印在有关产品的公告、产品目录、发货单或用户手册上
10	供方声明	由供方对产品、过程或服务达到规定要求给出书面保证的程序。为了避免任何混淆，不宜使用"自我认证"
11	型式试验	根据一个或多个代表生产产品的样品所进行的合格测试

术语07：反倾销法

反倾销法是由一个国家的立法机关制定，由国家行政机关保证执行，为规范进口产品价格秩序，保护国内相关产业，要求进口产品相关者必须遵守的行为规则。

反倾销法一般表现为国内规范与国际规范两种形式，如图6-5所示。

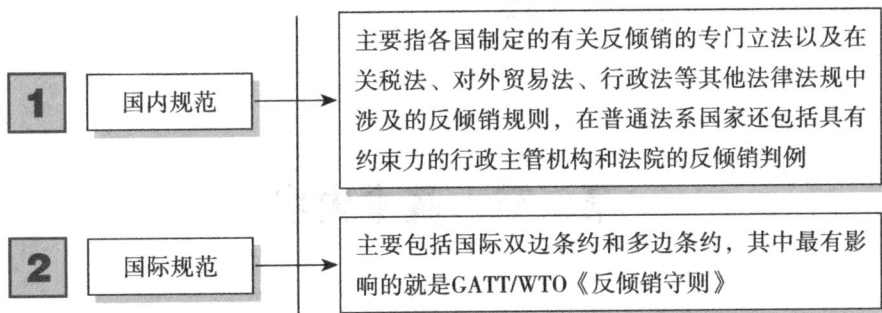

1 国内规范 → 主要指各国制定的有关反倾销的专门立法以及在关税法、对外贸易法、行政法等其他法律法规中涉及的反倾销规则，在普通法系国家还包括具有约束力的行政主管机构和法院的反倾销判例

2 国际规范 → 主要包括国际双边条约和多边条约，其中最有影响的就是GATT/WTO《反倾销守则》

图6-5　反倾销法的两种形式

术语08：知识产权边境保护

海关根据国家法律法规，在进出口环节采取的保护知识产权的执法措施，称为知识产权海关保护。由于海关保护知识产权的措施主要是在边境实施的，所以知识产权海关保护

在国外被称为知识产权边境措施。

根据《中华人民共和国知识产权海关保护条例》的规定，中国海关可以采取的知识产权保护措施包括扣留即将进出口的侵权嫌疑货物、对侵权嫌疑货物进行调查处理、对进出口侵权货物的收发货人给予行政处罚和向公安机关移送涉嫌犯罪的案件等。

术语09：WTO/TBT协议

WTO/TBT协议是《世界贸易组织贸易技术壁垒协议》（Agreement on Technical Barriers to Trade of The World Trade Organization）的简称，1994年在"乌拉圭回合"中签署。它的前身是《关税和贸易总协定贸易技术壁垒协议》（Agreement on Technical Barriers to Trade of the General Agreement on Tariffs and Trade，GATT/TBT）。在"乌拉圭回合"谈判中，WTO/TBT协议已经成为WTO的各项协议中最重要的协议之一。

术语10：BPR法规

欧盟BPR法规（Biocidal Products Regulation）即《生物杀灭剂法规》，前称叫《生物杀灭剂指令》（Biocidal Products Directive，BPD），于1998年5月14日生效，经2009年修订后升级为《生物杀灭剂法规》，该法规于2013年9月1日正式生效，对进入欧盟境内的生物杀灭剂产品按照统一的体系进行授权管理。

在家电行业里，若产品经过抗菌防腐等生物杀灭剂活性物质处理，该类产品属于生物杀灭剂处理物品。以冰箱为例，其进水管、过滤器经常会使用一些添加了抗菌剂的材料，比如添加了银离子、氧化锌、异噻唑啉酮等化学抗菌剂，这样此类冰箱就是BPR下的生物杀灭剂处理物品，需要准备相对应的标签。

第二节　基本内容

内容01：影响产业安全的内部因素

从产业内部来看，影响产业安全的主要因素包括产业集中度和产业的制度结构等。

1. 产业集中度

根据产业经济学的基本观点，产业集中度是反映产业控制力的一个重要指标。产业集中度计算公式如下所示：

$$产业集中度＝\frac{某行业规模最大的前几家企业产量之和}{产业产量（市场总销量）}\times100\%$$

产业内本国企业的集中度越高，所占总产量或总销量的比重越大，本国企业对该产业的控制力就越强，产业就越安全。

2. 产业的制度结构

产业的制度结构主要是从制度层面考察产业内部是否具备抵御外部风险与威胁的能力，涉及产业内部的制度安排以及相关的技术和管理问题。如果在一个产业内建立了健全、完善的制度，具备自主研究开发主导技术和持续创新的能力以及科学的管理手段，产业因此对自身的生存与发展具备足够的控制力，在国际竞争中具有较强的竞争力，那么，即使外国跨国公司凭借其雄厚的资本与先进的技术优势进入东道国该产业，也不足以实现对该产业的控制，产业安全不会受到威胁。反之，产业安全就很容易受到威胁。这就要求政府从制度层面健全与完善产业内部的制度结构，以最终提升其竞争力与抵御外部威胁的能力。

内容02：影响产业安全的外部环境

产业外部环境是影响产业安全的重要因素，主要是指产业的生存与发展环境、政府的产业与外资政策，以及跨国公司与外国直接投资进入国内市场的资本、技术、管理等状况。

1. 产业的生存与发展环境

产业的生存与发展环境如何决定着产业内原有企业是否愿意继续从事该产业以及新的资本是否愿意进入该产业，对于该产业的竞争优势以及生存与发展的可能性与空间有着重要的影响，具体如表6-2所示。

表6-2　产业的生存与发展环境

序号	类别	具体说明
1	要素条件	资本、技术、原材料以及劳动力等生产要素是任何产业生存与发展所必需的物质条件，这些要素的成本、质量及其可得性将直接影响产业内企业的生产和管理及其产品的质量与竞争力，进而影响产业的竞争优势以及生存与发展的可能性与空间
2	市场容量与需求状况	市场容量与需求状况在很大程度上影响着产业的生存与发展环境。如果市场规模足够大、需求旺盛，产业内企业就会在本国具有相对宽松的发展空间与较大的发展余地。反之，如果市场容量相对有限、需求明显不足，产业内企业受制于市场规模与需求无法进一步发掘自身潜力时，就有可能转而积极向国外市场拓展。例如，以对外直接投资形式进入东道国市场，在企业自身获得更大生存与发展空间的同时，可能会对东道国竞争产业的生存与发展构成威胁

（续表）

序号	类别	具体说明
3	市场竞争程度	市场竞争程度决定着产业生存与发展环境的长期变化趋势，激烈的市场竞争会教促产业内企业积极致力于技术开发和创新，而且还会迫使企业积极向海外投资，以拓展发展空间。另外，从市场竞争结构看，如果国内市场呈寡占竞争格局，企业会格外重视竞争对手的策略与行动，一旦某寡占企业开始向国外投资扩张时，其他竞争者会竞相跟进，以维持竞争均衡态势。由此可见，产业国内竞争程度高将会有利于产业拓展其生存与发展空间

2．政府的产业与外资政策

政府的产业与外资政策对国内产业安全状态的影响如表6-3所示。

表6-3　政府的产业与外资政策对国内产业安全状态的影响

序号	类别	主要影响
1	产业政策	（1）产业政策安排能否有效地管理与规范产业外部投资者的进入行为，从而使市场竞争保持在相对合理的范畴内，既保持一定的市场竞争性，又防止过度竞争而加剧产业内竞争压力 （2）产业政策安排能否使国家产业结构保持相对合理，能否避免调整刚性，根据内、外部环境的变化及时做出调整，以维持其竞争力
2	外资政策	各国政府的外资政策无非体现为以下两个方面：一是以税收工具为表现形式的对外资的各种优惠措施；二是对外资进入产业、地域、股权等做出的种种限制性规定。因此，外资政策对国内产业安全的影响主要表现在以下两个方面： （1）税收优惠政策是否适度，既能达到鼓励外资进入的目的，又能防止外资过多盲目进入，导致过度竞争 （2）限制性产业导向政策能否切实有效地规范外资进入并加强对其的监管，确实起到防止外商投资冲击国内产业、威胁国内产业安全的作用

3．跨国公司以对外直接投资进入国内市场的资本、技术、管理等状况

随着国际投资自由化的不断发展与各国市场开放力度的不断加大，跨国公司以对外直接投资形式进入东道国，不可否认，其先进的技术与管理对东道国经济产生了积极的示范效应，而且国内竞争的加剧对于提高民族产业的竞争力，进而提高本国的整体发展水平与竞争力，也起到了积极作用。

但是，必须指出，在利用外资过程中可能出现跨国公司凭借其雄厚的资本与先进的技术、信息、管理及营销方面的优势，通过各种方式形成对国内某些产业尤其是重要产业的控制，由此导致对东道国产业安全的威胁。具体表现在以下几个方面，如图6-6所示。

国家经济命脉是否被外资所控制	即外资进入东道国重要产业的深度和广度是否保持在一个合理的范围之内,将决定东道国政府对国家经济命脉与重要产业是否有足够的控制能力
国内市场结构状况	如果外资已占据某特定产业主要的市场份额,必然会对产业内东道国企业的发展空间与前景产生限制,会在一定程度上压制本国产业的成长和发展
国内产业结构是否安全	主要是指在开放经济背景下能否建立起足以抵御外部经济波动与风险的产业结构,能否主要依赖自身力量获得发展
国内产业技术是否安全	主要是指本国技术是否具有自主研发与持续创新能力,能否为本国关系国计民生的重要产业与主导产业的发展提供重要技术支撑,不断实现技术升级,如果重要产业与主导产业主要依赖进口技术,那么,产业安全程度必将受到极大威胁

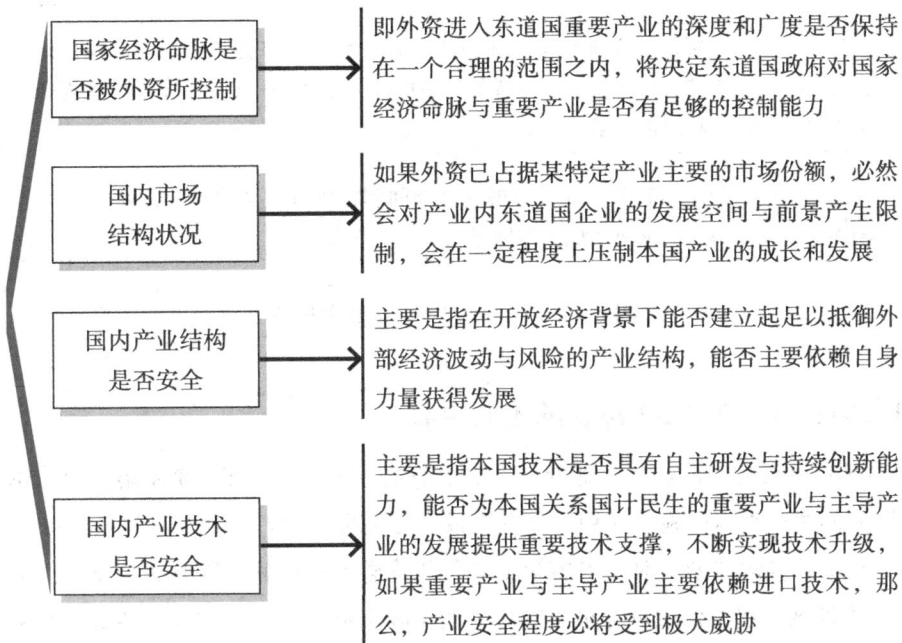

图6-6 跨国公司对东道国产业威胁的表现

内容03:WTO/TBT协议的原则

WTO/TBT协议的基本原则有6个,如图6-7所示。

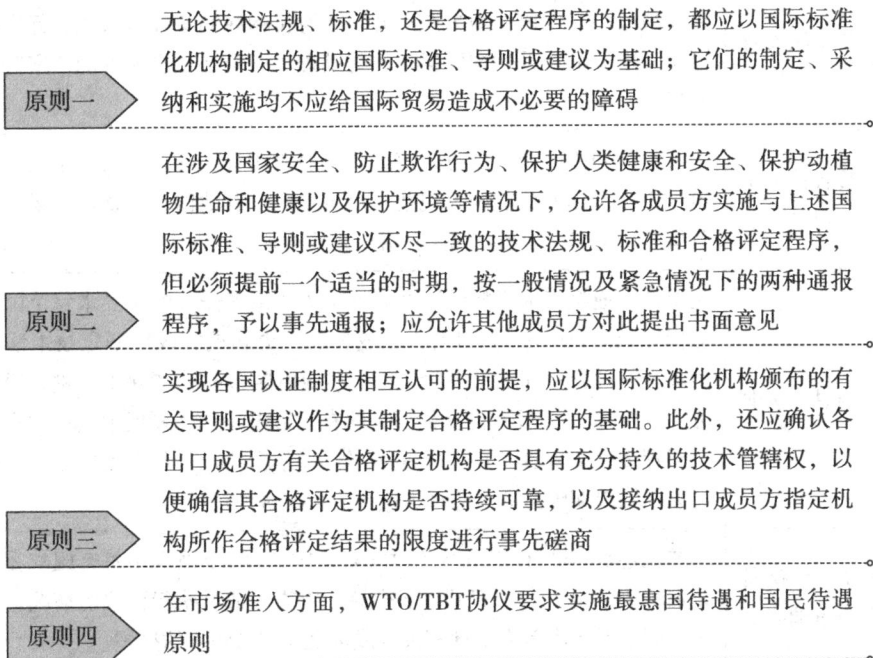

原则一	无论技术法规、标准,还是合格评定程序的制定,都应以国际标准化机构制定的相应国际标准、导则或建议为基础;它们的制定、采纳和实施均不应给国际贸易造成不必要的障碍
原则二	在涉及国家安全、防止欺诈行为、保护人类健康和安全、保护动植物生命和健康以及保护环境等情况下,允许各成员方实施与上述国际标准、导则或建议不尽一致的技术法规、标准和合格评定程序,但必须提前一个适当的时期,按一般情况及紧急情况下的两种通报程序,予以事先通报;应允许其他成员方对此提出书面意见
原则三	实现各国认证制度相互认可的前提,应以国际标准化机构颁布的有关导则或建议作为其制定合格评定程序的基础。此外,还应确认各出口成员方有关合格评定机构是否具有充分持久的技术管辖权,以便确信其合格评定机构是否持续可靠,以及接纳出口成员方指定机构所作合格评定结果的限度进行事先磋商
原则四	在市场准入方面,WTO/TBT协议要求实施最惠国待遇和国民待遇原则

（续）

原则五	在贸易争端进行磋商和仲裁方面，WTO/TBT协议要求遵照执行此次"乌拉圭回合"达成的统一规则和程序——《关于争端处理规则和程序的谅解协议》
原则六	为了回答其他成员方的合理询问和提供有关文件资料，WTO/TBT协议要求每一成员方确保设立一个查询处

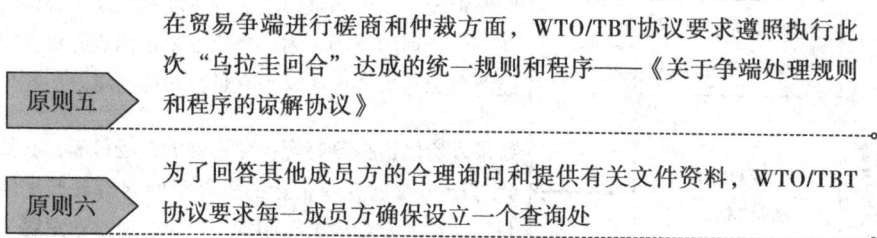

图6-7　WTO/TBT协议的基本原则

内容04：WTO/TBT协议的主要内容

WTO/TBT协议全文覆盖六大部分、十五个条款、三个附件和八个术语，突出论述了实现技术协调的两项基本措施：采用国际标准或实施通报制度。此外，在执行WTO原则、特别条款、成员间技术援助、对发展中国家的特殊待遇和争端解决等方面都作了详细规定。WTO/TBT协议既体现了各成员必须共同遵循的国际贸易准则，也体现了各成员权利与义务的平衡。WTO/TBT协议的主要内容可以概括为如表6-4所示的六大部分。

表6-4　WTO/TBT协议的六大部分

序号	部分	具体说明
1	总则	主要说明讨论贸易技术壁垒问题时，应使用本文件规定的术语。本协定覆盖所有的工业产品和农业产品（政府采购和动植物检疫除外）
2	技术法规与标准	主要规范中央政府、地方政府和非政府机构在制定技术法规、标准和合格评定程序方面须采用国际标准作为基础，否则必须在文件的草案阶段进行通报
3	符合技术规范与标准	主要论述中央政府、地方政府、非政府机构和国际及区域性组织在合格评定方面须采用通用的国际规范，尽可能承认其他国家的认证结果，并要求各国积极参与国际和区域的合格评定活动
4	信息与援助	主要论述通报咨询机构的建立和承担的法律责任，WTO要求每个国家都设立国家级WTO/TBT咨询点，在成员的中央和地方政府制定技术法规、标准和合格评定程序的草案阶段，代表政府履行向WTO秘书处进行通报的义务。WTO有责任对来自其他成员的有关请求特别是发展中国家的有关请求给予援助。对WTO/TBT协定的某些条款，经TBT委员会批准，发展中国家可以在一定期限内享受暂时不执行该条款的权利
5	机构、磋商与争端解决	主要论述WTO/TBT委员会的建立和运作。TBT委员会由每个国家委派一位政府代表组成，每年召开一次会议，审查各成员执行协议的情况。争端解决机制是WTO非常有效地解决各成员之间贸易纠纷的措施

（续表）

序号	部分	具体说明
6	最后条款	要求每个成员在加入WTO时便通知WTO/TBT委员会，对保证执行本协议各条款做出承诺，并说明已经采取的有关措施。没有WTO/TBT其他成员的同意，任何成员不得对本协议的条款提出保留意见

此外，WTO/TBT协议的三个附件中，附件1规定了本协议中所使用的名词术语及定义；附件2规定了解决争端的技术专家组；附件3规定了制定、批准和实施标准的良好行为规范。

内容05：REACH法规中化学物质的注册范围

REACH法规中，化学物质的注册范围如图6-8所示。

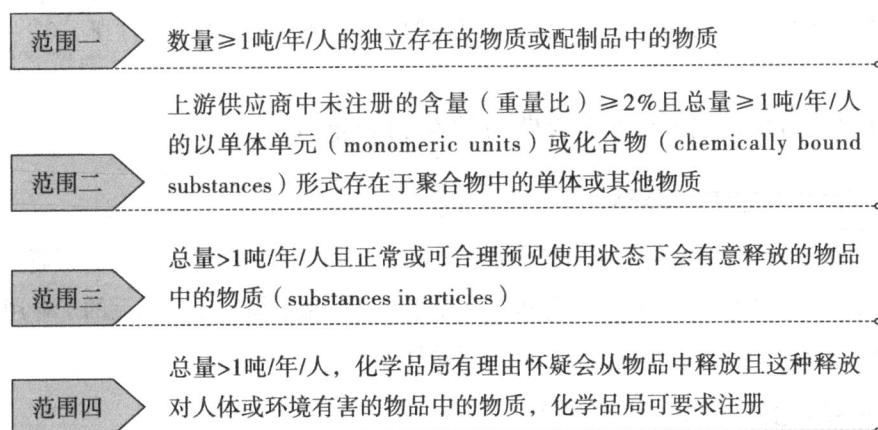

范围一	数量≥1吨/年/人的独立存在的物质或配制品中的物质
范围二	上游供应商中未注册的含量（重量比）≥2%且总量≥1吨/年/人的以单体单元（monomeric units）或化合物（chemically bound substances）形式存在于聚合物中的单体或其他物质
范围三	总量>1吨/年/人且正常或可合理预见使用状态下会有意释放的物品中的物质（substances in articles）
范围四	总量>1吨/年/人，化学品局有理由怀疑会从物品中释放且这种释放对人体或环境有害的物品中的物质，化学品局可要求注册

图6-8　化学物质的注册范围

内容06：REACH法规豁免注册的物质

REACH法规中，豁免注册的物质如下。

（1）1吨/年/人的物质。

（2）放射性物质。

（3）海关监管下的不做任何处理或加工的：为再出口而暂存；保税区或保税仓库中的；过境的。

（4）非分离中间体。

（5）运输危险物质的运输工具。

（6）废弃物。

（7）成员国因国防原因而豁免的。

（8）医药或兽药。

（9）食品或饲料中的添加剂、食品调味剂和动物营养剂。

（10）附件 IV 中的物质（已知风险很低）。

（11）附件 V 中的物质。

（12）再次进口已注册的物质本身或制品中的物质。

（13）已注册的物质本身、制品或物品中的物质再次加工时（recovery process）。

（14）聚合物（聚合物本身）［但上游供应商中未注册的含量（重量比）≥2%且总量≥1吨/年的以单体单元（monomeric units）或化合物（chemically bound substances）形式存在于聚合物中的单体或其他物质除外］。

（15）仅用于产品或研发的化学物质（PPORD）。

（16）只用于植保产品中的活性成分和辅料（co-formulants）（视为已注册）。

（17）只用于生物杀灭剂中的活性成分（视为已注册）。

（18）根据79/831/EEC指令，已做过新化学物质申报的物质（视为已注册）。

内容07：REACH法规的管理对象与物质范围

1．REACH法规的管理对象

REACH法规的管理对象为制造商、进口商、下游用户（分销商和消费者不属于下游用户）。下游用户是指在任何除生产商和进口商之外使用化学物质或配制品的工业用户或专业用户（分销商、零售商、消费者不属于下游用户）。

2．REACH法规管理的物质范围

自然状态下存在的或通过生产过程获得的化学元素及其化合物，包括加工过程中为保持稳定性而使用的添加剂和加工过程中产生的杂质，但不包括任何一种在不影响其稳定性或改变其成分的情况下就可被分离的溶剂。

试图包含欧盟制造或进口的全部化学物质、配制品和物品。

内容08：WEEE指令的适用范围

WEEE指令适用于十大类产品，具体如图6-9所示。

```
┌─────────── WEEE指令适用于十大类产品 ●───────────┐
│                                                        │
│  •大型家用电器    •照明设备（白炽灯泡和家用荧光灯除外）  │
│                                                        │
│  •小型家用电器    •电子电气工具（大型固定工业用途工具除外）│
│                                                        │
│  •IT及通信设备    •医疗器材（植入部件或污染处除外）等     │
│                                                        │
│  •消费性设备      •玩具、休闲及运动设备                  │
│                                                        │
│  •监控设备        •自动售货机（包括产品的所有元件、配件及消耗材料）│
│                                                        │
└────────────────────────────────────────────────────────┘
```

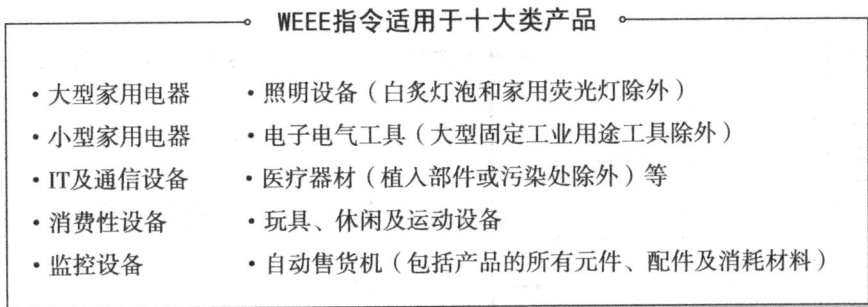

图6-9　WEEE指令的适用范围

WEEE指令不包括：与成员国重要的安全利益相关的设备、武器、军需品和战争物资。

即时答疑

小Q

是否要经过认证才能把WEEE垃圾箱标志印在包装上？

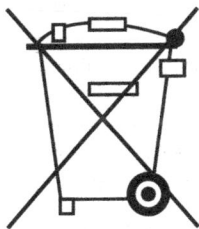

垃圾箱的标志是不需要认证的，同时这个标志也不是贴在包装上面的，它的要求是贴在产品本身上，这么做主要是为了提示消费者不要把废旧电子电气设备垃圾随意丢弃。

老A

内容09：RoHS指令限制的物质及适用范围

1．RoHS指令限制的物质

RoHS指令的目的非常明确，在欧盟市场上禁止含有某些有害物质的产品出售及使用。根据该指令，自2006年7月1日起，所有在欧盟市场上出售的电子电气设备必须禁止使用铅、汞、镉、六价铬等重金属，以及多溴联苯醚（PBDE）和多溴联苯（PBB）等阻燃剂。具体明细如图6-10所示。

1	水银（汞）	→	温控器、传感器、开关和继电器、灯泡
2	铅	→	焊料、玻璃、PVC稳定剂
3	镉	→	开关、弹簧、连接器、外壳和PCB、触头、电池
4	铬（六价）	→	金属附腐蚀涂层
5	多溴联苯（PBB）	→	阻燃剂，PCB、连接器、塑料外壳
6	多溴联苯醚（PBDE）	→	阻燃剂，PCB、连接器、塑料外壳

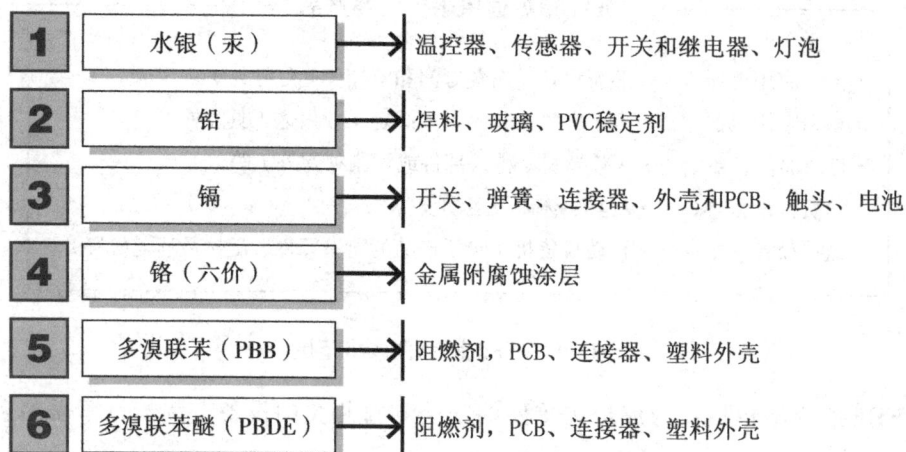

图6-10　RoHS指令限制的六种物质

2．RoHS指令中所限制的六种物质的最高限量

RoHS指令中所限制的六种物质的最高限量分别如图6-11所示。

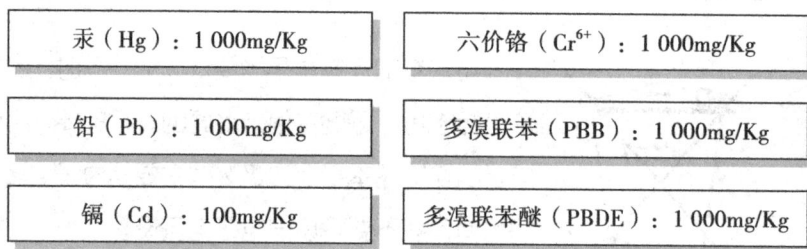

汞（Hg）：1 000mg/Kg	六价铬（Cr^{6+}）：1 000mg/Kg
铅（Pb）：1 000mg/Kg	多溴联苯（PBB）：1 000mg/Kg
镉（Cd）：100mg/Kg	多溴联苯醚（PBDE）：1 000mg/Kg

图6-11　RoHS指令中所限制的六种物质的最高限量

特别提示

RoHS指令对六种物质的最大浓度限定值作了规定，但并不意味着每个元件、配件都可以按此限量生产。因为这里的最高限量指的是整机产品均质材料中的含量。

3．RoHS的适用范围

RoHS适用于以下八大类产品，具体如图6-12所示。

RoHS适用于以下八大类产品

- 大型家用电器
- 小型家用电器
- IT及通信设备
- 消费性设备

- 照明设备（白炙灯泡和家用荧光灯除外）
- 电子电气工具（大型固定工业用途工具除外）
- 玩具、休闲及运动设备
- 自动售货机

（比WEEE指令少医疗器材和监控设备两项）

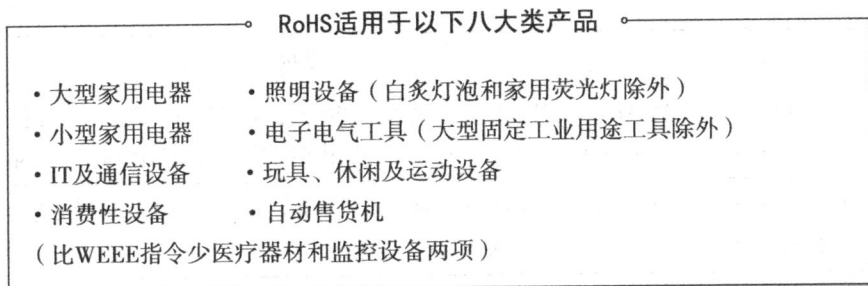

图6-12　RoHS的适用范围

但在某些情况下，某些类型中仍有豁免的情况。

内容10：BPR法规的管辖对象

1．生物杀灭剂活性物质

生物杀灭剂活性物质指的是对有害生物起作用的化学物质或微生物（包括病毒、真菌等）。

2．生物杀灭剂产品

生物杀灭剂产品指的是供给使用者，用于消灭、阻止、预防或控制任何有害生物的、含有或者可生成一种或几种活性物质的物质或配制品。

3．生物杀灭剂处理物品

任何有意添加生物杀灭剂或使用生物杀灭剂处理过的物质、混合物或者物品。例如添加了防腐剂成分的塑料制品，有抗菌功效的冰箱等。

内容11：反倾销法的主要内容

从世界贸易组织反倾销协议和各国国内立法的反倾销条例来看，反倾销法的主要内容包括六个方面，具体描述如表6-5所示。

表6-5　反倾销法的主要内容

序号	项目	主要内容
1	倾销及其确定	倾销的界定，正常价值、出口价格以及倾销幅度的计算
2	损害及其确定	主要是确定国内产业受到损害应当调查的主要事项
3	确定倾销和损害的因果关系	只有倾销和损害之间存在因果关系，才能做出实施反倾销措施的裁定

（续表）

序号	项目	主要内容
4	关于同类产品和国内产业	进口倾销产品和国内申请人生产的产品必须属于同类产品。国内产业必须达到国内同类产品总量的一定比例才有资格作为国内产业的申请人
5	有关反倾销措施的规定	包括临时反倾销措施和最终反倾销税的征收以及追溯征缴和退还反倾销税或保证金的有关规定
6	有关反倾销程序的规定	主要包括反倾销申请、调查、证据、披露、裁决、司法审议、复审、争端解决、公告等。程序性规定是反倾销法的重要内容

内容12：反倾销的实施程序

美国反倾销程序复杂且历时长久。一般由国内相关企业提出反倾销调查申请开始，一旦反倾销调查申请被受理立案，将启动以下程序，具体如图6-13所示。

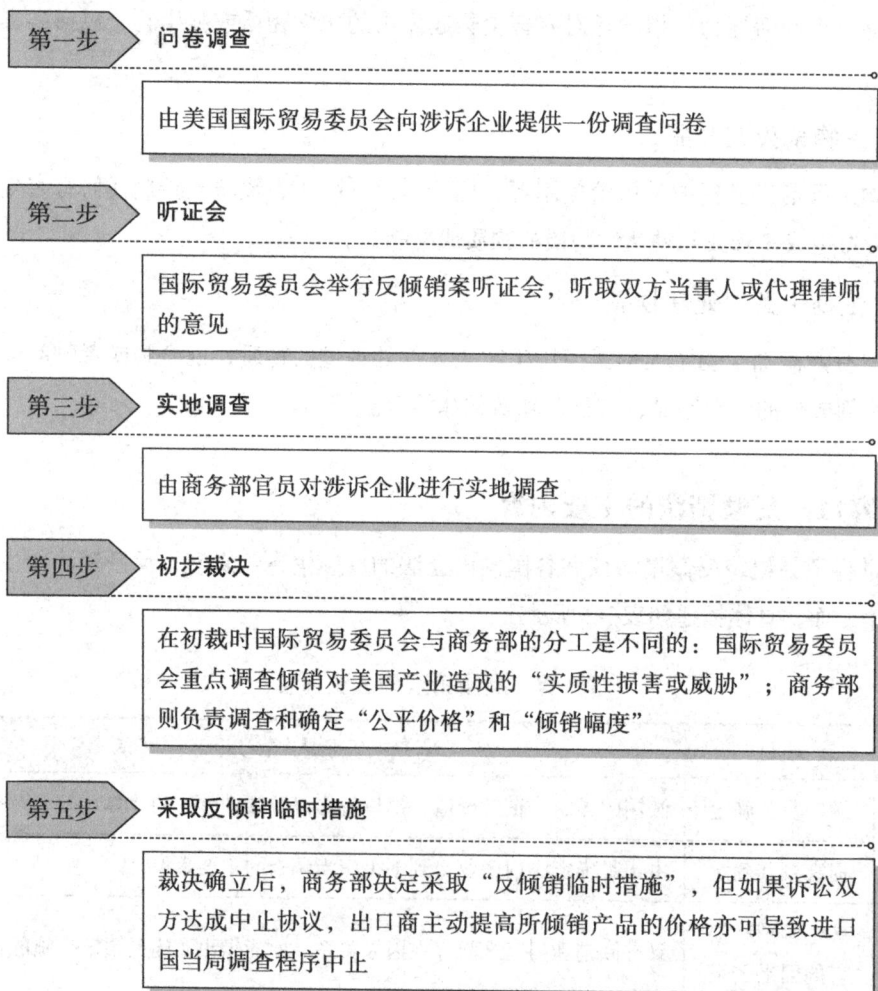

第一步　问卷调查

由美国国际贸易委员会向涉诉企业提供一份调查问卷

第二步　听证会

国际贸易委员会举行反倾销案听证会，听取双方当事人或代理律师的意见

第三步　实地调查

由商务部官员对涉诉企业进行实地调查

第四步　初步裁决

在初裁时国际贸易委员会与商务部的分工是不同的：国际贸易委员会重点调查倾销对美国产业造成的"实质性损害或威胁"；商务部则负责调查和确定"公平价格"和"倾销幅度"

第五步　采取反倾销临时措施

裁决确立后，商务部决定采取"反倾销临时措施"，但如果诉讼双方达成中止协议，出口商主动提高所倾销产品的价格亦可导致进口国当局调查程序中止

（续）

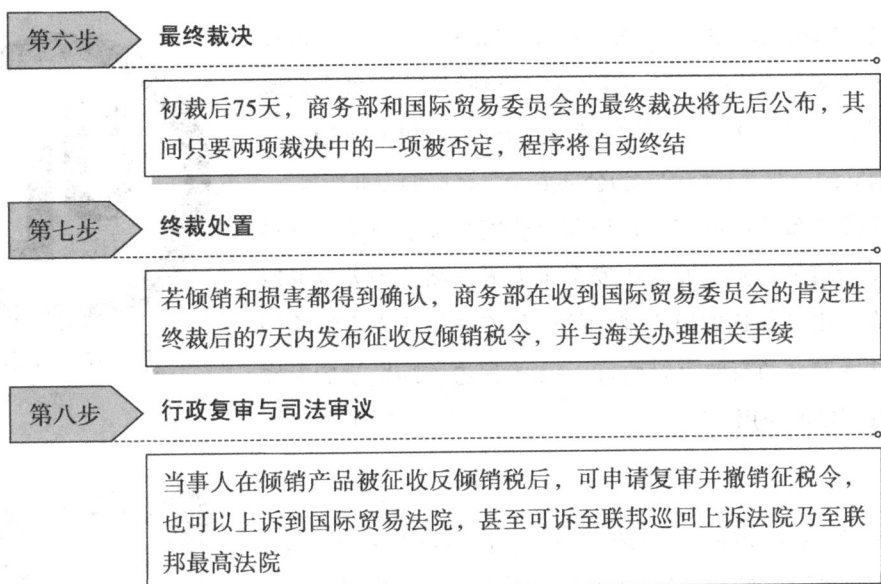

第六步　最终裁决

初裁后75天，商务部和国际贸易委员会的最终裁决将先后公布，其间只要两项裁决中的一项被否定，程序将自动终结

第七步　终裁处置

若倾销和损害都得到确认，商务部在收到国际贸易委员会的肯定性终裁后的7天内发布征收反倾销税令，并与海关办理相关手续

第八步　行政复审与司法审议

当事人在倾销产品被征收反倾销税后，可申请复审并撤销征税令，也可以上诉到国际贸易法院，甚至可诉至联邦巡回上诉法院乃至联邦最高法院

图6-13　美国反倾销程序

内容13：20种外贸认证

中国制造的产品要出口到全球其他国家，通常都要符合当地的安全认证标准才可以在所在区域销售。这就需要有公正、权威、客观的产品检测认证。

1. CE

CE标志是一种安全认证标志，被视为制造商打开并进入欧洲市场的护照，其标志如图6-14所示。CE代表欧洲联盟（Communate Europpene）。只要贴有"CE"标志的产品就可在欧盟各成员国内销售，无须符合每个成员国的要求，从而实现了商品在欧盟成员国范围内的自由流通。

图6-14　CE标志

2. RoHS

RoHS是《电气、电子设备中限制使用某些有害物质指令》的简称，其标志如图6-15所示。

RoHS针对所有生产过程中以及原材料中可能含有上述六种有害物质的电气电子产品，主要包括：白家电，如电冰箱、洗衣机、微波炉、空调、吸尘器、热水器等；黑家电，如音频、视频产品，DVD，CD，电视接收机，IT产品，数码产品，通信产品等；电动工具，电动电子玩具、医疗电气设备。

图6-15　RoHS标志

3. UL

UL是保险商试验所（Underwriter laboratories Inc.）的简写，其标志如图6-16所示。UL安全试验所是美国最有权威的，也是世界上从事安全试验和鉴定的较大的民间机构。它是一个独立的、非营利性的、为公共安全做试验的专业机构。

它主要从事产品的安全认证和经营安全证明业务，其最终目的是为市场得到具有相当安全水准的商品，为人身健康和财产安全得到保证做出贡献。就产品安全认证作为消除国际贸易技术壁垒的有效手段而言，UL为促进国际贸易的发展也发挥着积极的作用。

图6-16　UL标志

4. FDA

美国食品和药物管理局简称FDA，其标志如图6-17所示。FDA是美国政府在健康与人类服务部和公共卫生部中设立的执行机构之一。FDA的职责是确保美国本国生产或进口的食品、化妆品、药物、生物制剂、医疗设备和放射产品的安全。

图6-17　FDA标志

法规规定，FDA将给每个登记申请者分配一个专用登记号码，外国机构对美国出口的食品，在到达美国港口前24小时，必须事先向美食品和药物管理局通报，否则将被拒绝入境，并在入境港口予以扣留。

5. FCC

FCC（美国联邦通信委员会）是由美国政府的一个独立机构建立的，直接对国会负责，其标志如图6-18所示。FCC通过控制无线电广播、电视、电信、卫星和电缆来协调国内和国际的通信。

许多无线电应用产品、通信产品和数字产品要进入美国市场，都必须要有FCC的认可。

图6-18　FCC标志

FCC管理进口和使用无线电频率装置，包括电脑、传真机、电子装置、无线电接收和传输设备、无线电遥控玩具、电话、个人电脑以及其他可能伤害人身安全的产品。

这些产品如果想出口到美国，必须通过由政府授权的实验室根据FCC技术标准来进行检测和批准。进口商和海关代理人申报进口的每个无线电频率装置都要符合FCC标准，即FCC许可证。

6. CCC

根据中国加入WTO承诺和体现国民待遇的原则，国家对强制性产品认证使用统一的标志。新的国家强制性认证标志名称为"中国强制认证"，英文名称为"China Compulsory Certification"，英文缩写为"CCC"，其标志如图6-19所示。

中国强制认证标志实施以后，将逐步取代原来实行的"长城"标志和"CCIB"标志。

图6-19 CCC标志

7. CSA

CSA是加拿大标准协会（Canadian Standards Association）的简称，成立于1919年，是加拿大首家专门制定工业标准的非营利性机构。在北美市场上销售的电子、电器等产品都需要取得安全方面的认证，其标志如图6-20所示。

目前CSA是加拿大最大的安全认证机构，也是世界上最著名的安全认证机构之一。它能为机械、建材、电器、电脑设备、办公设备、环保、医疗防火安全、运动及娱乐等方面的所有类型的产品提供安全认证。

图6-20 CSA标志

CSA已为遍布全球的数千厂商提供了认证服务，每年均有上亿个附有CSA标志的产品在北美市场销售。

8. DIN

DIN是德国标准化学会（Deutsches Institut Fur Normung）的简称，其标志如图6-21所示。DIN是德国的标准化主管机关，作为全国性标准化机构参加国际和区域的非政府性标准化机构。

图6-21 DIN标志

DIN于1951年参加国际标准化组织。由DIN和德国电气工程师协会（VDE）联合组成的德国电工委员会（DKE）代表德国参加国际电工委员会。

9. BSI

BSI是英国标准学会（British Standards Institution）的简称。BSI是世界上最早的全国性标准化机构，它不但不受政府控制而且还得到了政府的大力支持。BSI制定和修订英国标准，并促进其贯彻执行，其标志如图6-22所示。

10. CB

1991年6月中国电工产品认证委员会被国际电工委员会电工产品安全认证组织（IECEE）管理委员会（MC）接受为认可和颁发CB证书的国家认证机构。

图6-22 BSI标志

其下属的9个检测站接受为CB试验室（认证机构试验室）。所有有关电气产品，只要相关企业取得了委员会出具的CB证书和测试报告，IECEECCB体系内的30个成员国将予以认可，基本不用再送样到进口国测试，这样既省费用又省时地获得该国的认证合格证书，对出口产品极为有利，其标志如图6-23所示。

图6-23 CB标志

11. EMC

电子、电气产品的电磁兼容性（EMC）是一项非常重要的质量指标，它不仅关系到产品本身的工作可靠性和使用安全性，还可能影响到其他设备和系统的正常工作，关系到电磁环境的保护问题。

欧共体政府规定，从1996年1月1日起，所有电子、电气产品必须通过EMC认证，加贴CE标志后才能在欧共体市场上销售。

此举在世界上引起了广泛影响，各国政府纷纷采取措施，对电子、电气产品的EMC性能实行强制性管理。国际上比较有影响的有欧盟89／336／EEC等。EMC标志如图6-24所示。

图6-24 EMC标志

12. PSE

PSE是日本针对符合日本安全规定的电子、电气产品所给予的认证标章，其标志如图6-25所示。根据日本的《电气产品控制法》规定，498种产品进入日本市场必须通过安全认证。

图6-25 PSE标志

13. GS

GS标志是德国劳工部授权TUV、VDE等机构颁发的安全认证标志，其标志如图6-26所示。GS标志是被欧洲广大顾客接受的安全标志。通常GS认证产品销售单价更高而且更加畅销。

图6-26 MGS标志

14. ISO

国际标准化组织（International Organization for Standardization）是世界上最大的非政府性标准化专门机构，它在国际标准化中占据主导地位。ISO标志如图6-27所示。

ISO制定国际标准，协调世界范围内的标准化工作，组织各成员国和技术委员会进行情报交流，以及与其他国际性组

图6-27 ISO标志

织进行合作，共同研究有关标准化问题。

15. HACCP

HACCP是"Hazard Analysis Critical Control Point"的英文缩写，即危害分析和关键控制点，其标志如图6-28所示。HACCP体系被认为是控制食品安全和风味品质的最好、最有效的管理体系。

国际标准《食品卫生通则》对HACCP的定义为：鉴别、评价和控制对食品安全至关重要的危害的一种体系。

图6-28　HACCP标志

16. GMP

GMP是英文"Good Manufacturing Practice"的缩写，是一种特别注重在生产过程实施对食品卫生安全的管理。GMP标志如图6-29所示。

简要的说，GMP要求食品生产企业应具备良好的生产设备，合理的生产过程，完善的质量管理和严格的检测系统，确保最终产品的质量（包括食品安全卫生）符合法规要求。GMP所规定的内容，是食品加工企业必须达到的最基本的条件。

图6-29　GMP标志

17. REACH

REACH是欧盟法规《化学品的注册、评估、许可和限制》的简称，是由欧盟建立的，并于2007年6月1日起实施的化学品监管体系。REACH标志如图6-30所示。

任何商品都必须有一个列明化学成分的登记档案，并说明制造商如何使用这些化学成分以及毒性评估报告。所有信息将会输入到一个正在建设的数据库中，数据库由位于芬兰赫尔辛基的一个欧盟新机构——欧洲化学品局来管理。

图6-30　REACH标志

18. C/A-tick认证

C/A-tick是澳大利亚通信局（简称ACA）专为通信设备颁发的认证标志，C/A-tick认证周期为1～2周。C/A-tick认证标志如图6-31所示。

制造商和进口商必须依照以下的步骤使用C/A-tick：

（1）产品执行ACAQ技术标准测试；

（2）向ACA登记，这时使用的是C/A-tick；

（3）填写"符合声明表"，并和产品符合记录保存

图6-31　C/A-tick认证标志

在一起；

（4）在通信产品或设备上贴上C/A-tick的标志；

（5）销售给消费者的通信产品仅适用于A-tick认证，电子产品多半是申请C-tick，不过电子产品如果申请A-tick，则不需另外申请C-tick。

澳大利亚的EMC体系把产品划分为三个级别，供应商在销售级别二、级别三产品前，必须在ACA注册，申请使用C-tick标志。

19．SAA认证

澳大利亚的标准机构为"Standards Association of Australian"，很多人将其称为SAA认证。其认证标志如图6-32所示。

SAA认证要求进入澳大利亚市场的电气产品须符合当地的安全法规，是业界经常面对的认证。

图6-32　SAA认证标志

SAA的标志主要有两种，一种是形式认可，一种是标准标志。形式认证只能对样品负责，而标准标志需要对每个工厂进行审查。

目前国内申请SAA认证有两种方式，一种是通过CB测试报告转SAA认证，若没有CB测试报告，则也可以直接申请。

一般情况下，ITAV灯具等常见小家电类产品申请澳大利亚SAA认证的周期是3～4周，如果产品质量不达标，可能日期会有所延长。提交报告到澳大利亚审核时需要提供产品插头的SAA证书（主要是针对带插头的产品），不然不给予办理，产品里面重要的元器件SAA证，比如灯具需要提供灯具内变压器的SAA证书，如果没有提供，则审核资料时不予通过。

20．台湾BSMI认证

BSMI是"台湾标准检验局"的英文"Bureau of Standards, Metrology and Inspection"的缩写，其标志如图6-33所示。

根据台湾相关主管部门规定，从2005年7月1日起，进入台湾地区的产品要实行电磁兼容性和安全法规两个方面的监管。

图6-33　台湾BSMI认证标志

中国台湾BSMI认证是强制性的，其对EMC和SAFETY都有要求，不过，BSMI目前没有工厂检查，但必须按照"标准检验局"的规定办事。所以，BSMI的认证模式是：产品检验+登记监管。

第三节 要点解答

问题01：欧盟REACH法规对我国的影响有哪些

欧盟REACH法规从表面上来看是一部规范欧盟成员国内部化学品管理的法规，以实现可持续发展为目标，但是由于"新政策"中涉及的不仅是化学品的生产商，还囊括了进口商、下游产业等多个领域，因此在当今全球经济一体化的进程中，它将对贸易格局形成巨大的冲击，尤其是对中国这样的发展中国家的化工及其下游产业将产生难以预计的影响。

1．直接对化工行业形成的冲击

REACH法规的出台，使得我国出口的化工产品将面临最直接的冲击。按法规的要求，出口的化工产品必须要进行注册，并且所有物质的检测和注册的费用均要由出口企业自己承担。据测算，要获得注册，一种化学物质的基本注册、评估费用约11.6万美元，新物质更高达78.5万美元。有关数据显示，我国每年将要为出口到欧盟的产品负担5亿～10亿美元的高昂检测费用。这将直接导致我国企业化工产品成本上升，产品因缺乏价格竞争而被排斥的可能性加大。同时还有一些中小型化工企业因负担不起巨额的检测费用而不得不放弃欧盟市场，结果就有可能导致大量本来可以出口的化工产品转向内需市场。以上这些会导致我国化工产品的出口额及化工生产总值下降，并有可能使得一大批化工及相关专业人员失业。

2．对下游相关产业带来的冲击

REACH法规所监管的化学品并不只是指化工产品，而是包括了所有以自然形态存在或通过加工过程取得的化学元素及其化合物（REACH法规明确豁免监管的产品除外）。因此，REACH法规实际的影响范围包括了化工产品和含有化学物质的下游产品。一方面，受REACH法规的"多米诺骨牌效应"连锁反应影响，化工原料企业生产成本提高必然会向下游企业转移压力，而这些下游企业中一些中小企业可能会因为减少压力而提高国内市场产品的价格。另一方面，其间接导致我国从欧盟进口产品成本增加，影响下游相关产业的发展。欧盟是我国重要的石油和化工产品来源地，REACH法规实施后，欧盟的化学品生产商或出口企业必将高额的注册费用、评估费用计入产品成本，因而提高出口价格。上述原因致使我国产品的国际市场竞争力减弱，使得我国企业被洗牌出局的可能性加大。

此外，欧盟新法规的实施，由于会普遍提高产品的生产成本，而那些原来成本高、利润小、污染环境、危及人身健康的产品，会因负担不起巨额的检测费用而只能尽量不往欧盟国家出口产品，其生产地可能会从欧盟转移到第三世界国家，我国也将面临这种转移的冲击，产生不良影响。

问题02：我国政府对欧盟REACH法规的应对措施有哪些

我国政府对欧盟REACH法规的应对措施主要表现在以下三个方面。

1．法规宣传

我国相关部门加大对法规的宣传力度，针对企业进行了REACH法规的相关培训，提高企业对REACH法规的认知度。同时我国政府的相关职能部门还多次组织专家召开欧盟REACH法规的评议会，并代表企业和欧盟进行双边磋商，执行发展中国家的延缓制度，以为企业争取较为宽松的贸易条件。

2．组织人力和物力积极开展技术性的工作

这些技术性的工作主要包括以下三个方面。

（1）迅速建立起应对REACH法规的化学品安全评估技术标准体系，包括200多个与REACH法规相关的化学品安全检测评估标准，30多项化学危险品系列国家标准。

（2）建立起我国独有的化学品安全信息平台，并建成目前我国最大的化学品安全数据库。

（3）在全国包括广东、上海和山东出入境检验检疫局等部门设立一系列国家级的化学品检测鉴别评估实验室并展开针对REACH化学品检测、安全评估的能力。

3．申请在国内建立起欧盟良好实验室规范（GLP）认证的实验室

我国政府正在积极努力申请在国内建立起欧盟GLP认证的实验室，以降低我国企业的检测费用。按REACH制度要求，所有需要注册的化学物质的实验数据必须符合欧盟GLP标准。迄今为止，我国国内还没有经欧盟GLP认证的实验室。由于我国的实验室未达到GLP标准，未被认证，从而导致国内企业在国内进行实验、登记后，所出具的实验结果在欧盟不被承认，其要求重新提供通过GLP认证的实验室报告，这不但大大增加了测试的费用，而且也严重影响了我国产品在欧盟申请注册的进程。

问题03：企业如何应对欧盟REACH法规

企业应对欧盟REACH法规有如图6-34所示措施。

措施一	正确面对REACH法规，转变思想，树立正确的营销观念
措施二	进行新一轮产业重组
措施三	企业要进一步加大科技创新和研发的力度
措施四	中小企业可以联合注册

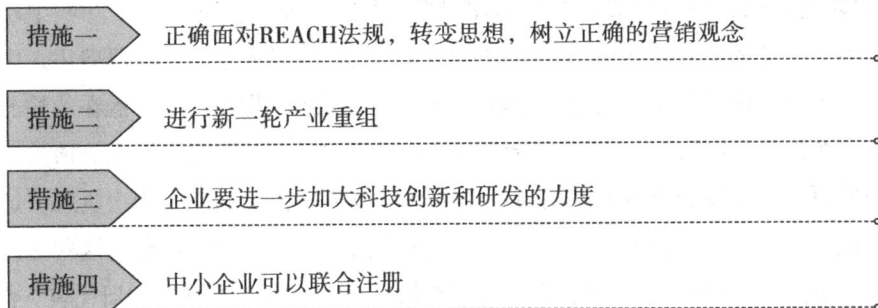

图6-34　企业应对欧盟REACH法规的措施

1．正确面对REACH法规，转变思想，树立正确的营销观念

REACH法规对我国企业来讲是非常苛刻的限制，是又一道新的贸易壁垒，它给我国化工企业以及化工产品的下游企业带来巨大的冲击，将会对我国国民经济产生一定的影响。但是REACH法规的出发点还是以维护全人类的健康和环境的安全，追求社会可持续发展为前提。纵观各国的贸易壁垒，和REACH法规一样，均是对产品高标准、低污染的要求，由此可以看出绿色产品是将来发展的必然趋势，也是通往国际市场的通行证。从长远的社会利益角度出发，我国企业应树立绿色产品概念，变被动为主动。

2．进行新一轮产业重组

中国作为发展中国家之一，化工产业与世界化工产业差距甚大。目前国内现状是化工产品结构不合理，没有形成产业链发展格局，市场竞争力差，不适应经济可持续发展要求，与国外化工产业存在较大的差距。据有关资料统计，我国化工企业95%以上是中小型企业，而且化工企业大多数都属于劳动密集型企业，企业产品的附加值和利润都相对较低。我国从事化学原料和制造业的人数和产值在近30个制造业中名列前茅，而成本费用及利润率却位于第18位，工业增加值率列第22位。由此可以看出，中国的化工产业主要以低档产品为主，生产的化工产品中危险化学品量大、面广。近年来国外一些大型化工企业相继进入我国市场，这使得我国中小型化工企业在市场竞争中处于十分不利的地位。面对欧盟的重重贸易壁垒，我国企业需进行产业重组，增强自身的实力，以适应国际市场的要求。

3．企业要进一步加大科技创新和研发的力度

我国企业要以国际标准或者国际知名企业的生产运营模式为标准，及时采用高新技术和清洁生产工艺，提高自身产品的质量，提高环保要求，增强产品的更新能力，提高产品的国际竞争力。

4．中小企业可以联合注册

欧盟REACH法规的颁布，对中国众多的中小型化工企业来说无疑是雪上加霜。按

REACH法规的要求，所有物质的检测和注册费用均要由出口企业承担，一些中小化工企业因负担不起巨额的检测费用而不得不放弃欧盟市场。为了尽量降低注册费用，中小化工企业可以选择联合注册机制。按法规要求，针对同一个注册物质，多个潜在的注册人可以协商达成一个协议，推选出一个"注册代表"来进行注册，各潜在注册人分摊注册费用。这样做一来可以降低注册企业的注册费用，二来可以节省大量的人力物力资源。这样做的不利之处在于，由于注册需要递交的资料包含很多商业信息和技术信息，这些是需要保密的，但是在联合注册机制中，这些信息都要提交给"注册代表"，而"注册代表"也要把这些信息反馈给协议中的每一位成员，这可能会导致成员间相互泄密。

问题04：BPR法规给我国出口企业带来哪三大风险

BPR法规给我国出口企业带来"三大风险"，如图6-35所示。

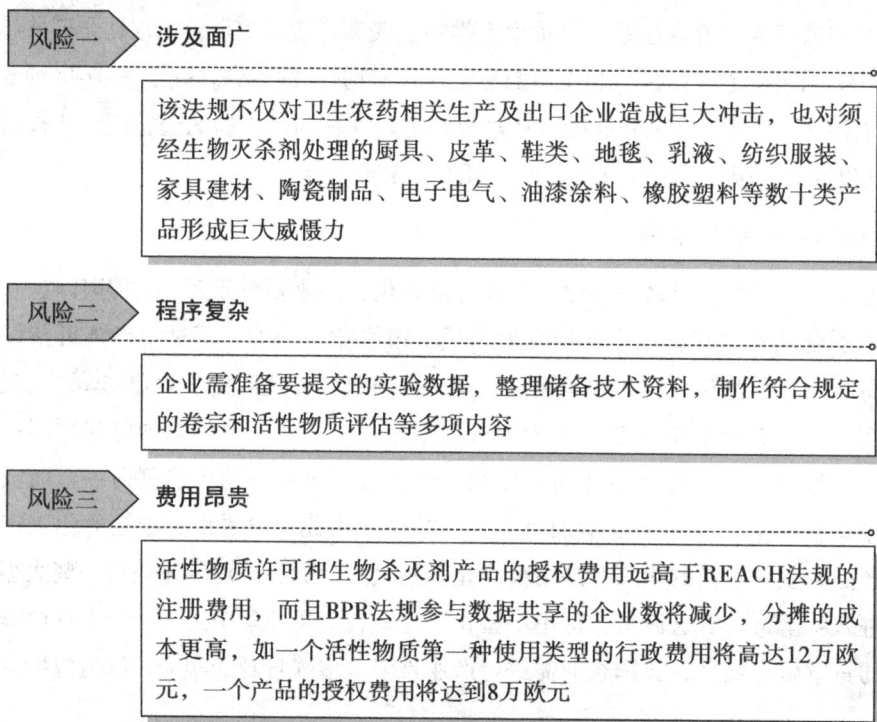

风险一 ▶ **涉及面广**

> 该法规不仅对卫生农药相关生产及出口企业造成巨大冲击，也对须经生物灭杀剂处理的厨具、皮革、鞋类、地毯、乳液、纺织服装、家具建材、陶瓷制品、电子电气、油漆涂料、橡胶塑料等数十类产品形成巨大威慑力

风险二 ▶ **程序复杂**

> 企业需准备要提交的实验数据，整理储备技术资料，制作符合规定的卷宗和活性物质评估等多项内容

风险三 ▶ **费用昂贵**

> 活性物质许可和生物杀灭剂产品的授权费用远高于REACH法规的注册费用，而且BPR法规参与数据共享的企业数将减少，分摊的成本更高，如一个活性物质第一种使用类型的行政费用将高达12万欧元，一个产品的授权费用将达到8万欧元

图6-35 BPR法规给我国出口企业带来的风险

问题05：产业安全数据库将发挥哪些作用

建立一个完备且科学的产业安全数据库，是商务部门做好各项工作的重要基础和有力支撑，对更好地维护国家利益具有非常重要的作用，如图6-36所示。

1 → 分析、判断国内外重大经贸政策变化对我国产业的影响及影响程度，研究制定相应政策措施

2 → 分析重点、敏感商品进出口数量、价格变化对我国产业的影响情况，及时采取应对措施

3 → 在世贸组织多边谈判中评估和维护我国产业利益

4 → 在区域和双边自由贸易协定谈判中评估和维护我国产业利益

5 → 在开展对外贸易、对外合作、吸引外资、"走出去"等各项商务工作中更好地体现我国产业利益，拓展我国产业发展的空间

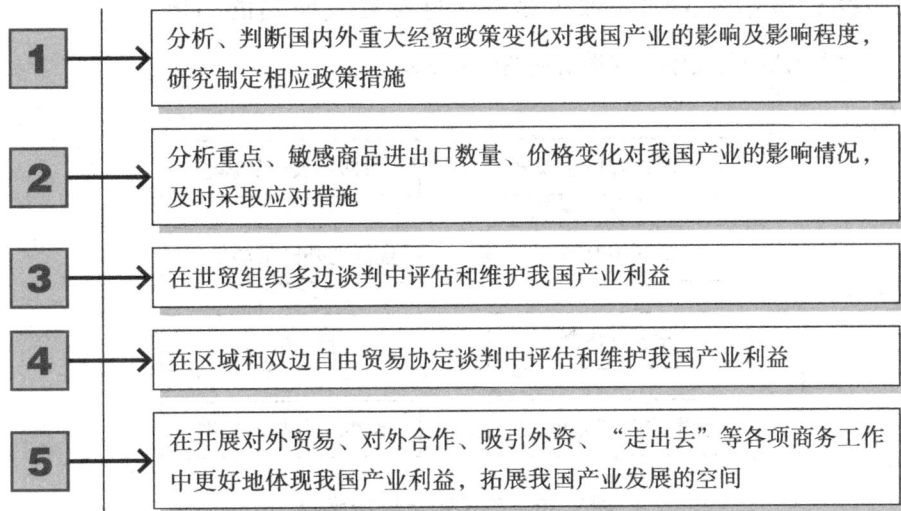

图6-36　产业安全数据库的作用

问题06：建设产业安全数据库的目标是什么

建设产业安全数据库的长期目标是：预测准确、预警及时、预案可行、预控有效，其具体要求如图6-37所示。

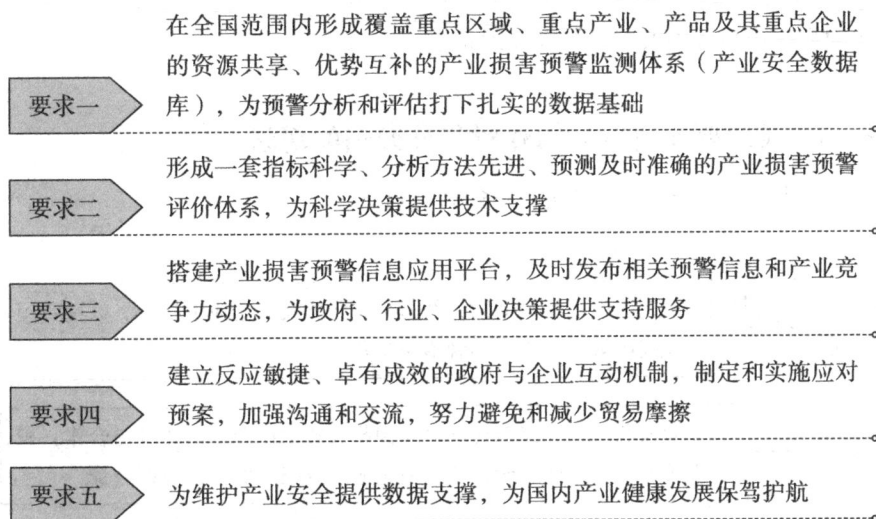

要求一 ▷ 在全国范围内形成覆盖重点区域、重点产业、产品及其重点企业的资源共享、优势互补的产业损害预警监测体系（产业安全数据库），为预警分析和评估打下扎实的数据基础

要求二 ▷ 形成一套指标科学、分析方法先进、预测及时准确的产业损害预警评价体系，为科学决策提供技术支撑

要求三 ▷ 搭建产业损害预警信息应用平台，及时发布相关预警信息和产业竞争力动态，为政府、行业、企业决策提供支持服务

要求四 ▷ 建立反应敏捷、卓有成效的政府与企业互动机制，制定和实施应对预案，加强沟通和交流，努力避免和减少贸易摩擦

要求五 ▷ 为维护产业安全提供数据支撑，为国内产业健康发展保驾护航

图6-37　建设产业安全数据库的要求

问题07：产业安全数据库近期工作重点是什么

以"数据资源建设"为突破口，围绕产业损害预警指标体系，多手段、多渠道、多方式推进，对1万家企业数据进行采集。

问题08：近年来美国采取了哪些措施强化反倾销的力度

美国反倾销法强化反倾销的举措如图6-38所示。

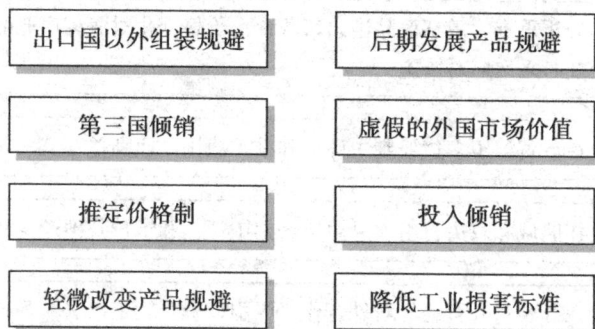

出口国以外组装规避	后期发展产品规避
第三国倾销	虚假的外国市场价值
推定价格制	投入倾销
轻微改变产品规避	降低工业损害标准

图6-38　美国的反倾销举措

问题09：近年来，国外对我国进行反倾销呈现怎样的特点

近年来，国外对我国进行反倾销呈现以下特点：

（1）对我国反倾销的国家和次数不断增多；

（2）国外对我国反倾销所涉及的商品越来越多；

（3）对我国某些出口商品进行反复和连锁反倾销；

（4）对我国出口商品实行歧视性反倾销措施。

问题10：我国要如何应对国外对华反倾销的现状

我国应对国外对华反倾销的措施如图6-39所示。

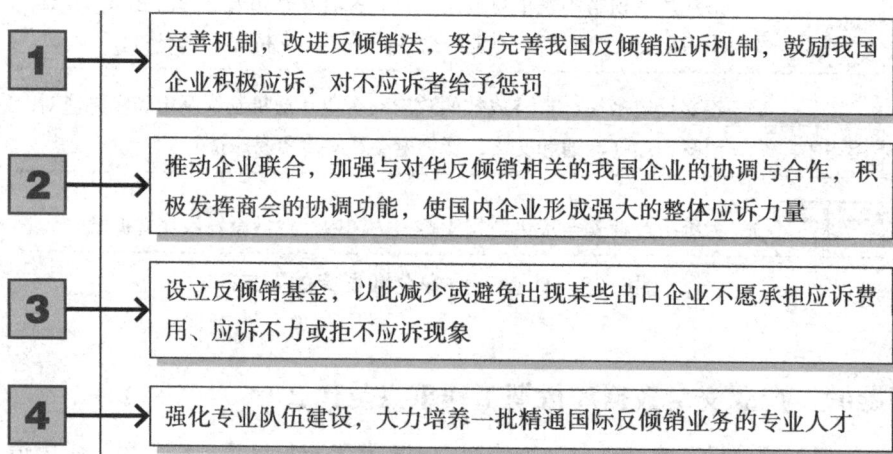

1 → 完善机制，改进反倾销法，努力完善我国反倾销应诉机制，鼓励我国企业积极应诉，对不应诉者给予惩罚

2 → 推动企业联合，加强与对华反倾销相关的我国企业的协调与合作，积极发挥商会的协调功能，使国内企业形成强大的整体应诉力量

3 → 设立反倾销基金，以此减少或避免出现某些出口企业不愿承担应诉费用、应诉不力或拒不应诉现象

4 → 强化专业队伍建设，大力培养一批精通国际反倾销业务的专业人才

图6-39　我国应对国外对华反倾销的措施

问题11：电路板行业如何应对RoHS指令

电路板行业可以按图6-40所示的措施来应对RoHS指令。

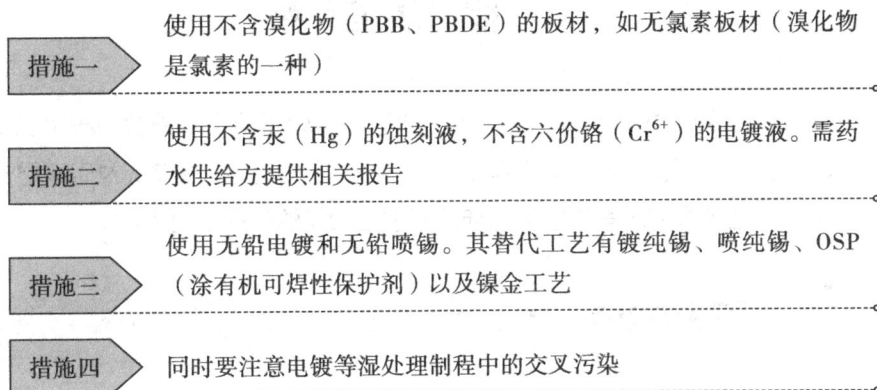

措施一	使用不含溴化物（PBB、PBDE）的板材，如无氯素板材（溴化物是氯素的一种）
措施二	使用不含汞（Hg）的蚀刻液，不含六价铬（Cr^{6+}）的电镀液。需药水供给方提供相关报告
措施三	使用无铅电镀和无铅喷锡。其替代工艺有镀纯锡、喷纯锡、OSP（涂有机可焊性保护剂）以及镍金工艺
措施四	同时要注意电镀等湿处理制程中的交叉污染

图6-40　电路板行业应对RoHS指令的措施

问题12：整机制造商如何应对RoHS指令

虽然，RoHS指令把责任归在整机制造商，并未对元器件和材料制造商提出要求。但对于整机制造来说，对原材料和元器件的确认和追溯是控制产品中有害物质的一个关键问题，因此，整机制造商会要求原材料和元器件制造商提供检测报告或证书，调查出具检测数据的实验室声誉，随机抽样自行送检。

要点回顾

通过对本章的学习，想必你已经掌握了不少对外贸易政策的知识，请将你已经掌握的知识点罗列一下。另外，将你认为应该更深入地了解的或者本章没有涉及但也必须了解的列举出来。

我已经掌握的知识点

1. _____
2. _____
3. _____
4. _____
5. _____

应更深入了解的知识点

1. _____
2. _____
3. _____
4. _____
5. _____

我认为还有一些必须了解的知识点

1. _____
2. _____
3. _____
4. _____
5. _____

第七章

跨境贸易电子商务基础知识

跨境贸易电子商务是电子商务应用过程中一种较为高级的形式，是指不同国家或地区的交易双方通过互联网以邮件或者快递等形式通关，将传统贸易中的展示、洽谈和成交环节数字化，实现产品进出口的新型贸易方式。跨境贸易电子商务作为一种具有前瞻性的新型跨境贸易模式，在我国刚刚兴起，并将成为我国对外贸易的发展趋势。

阅读提示

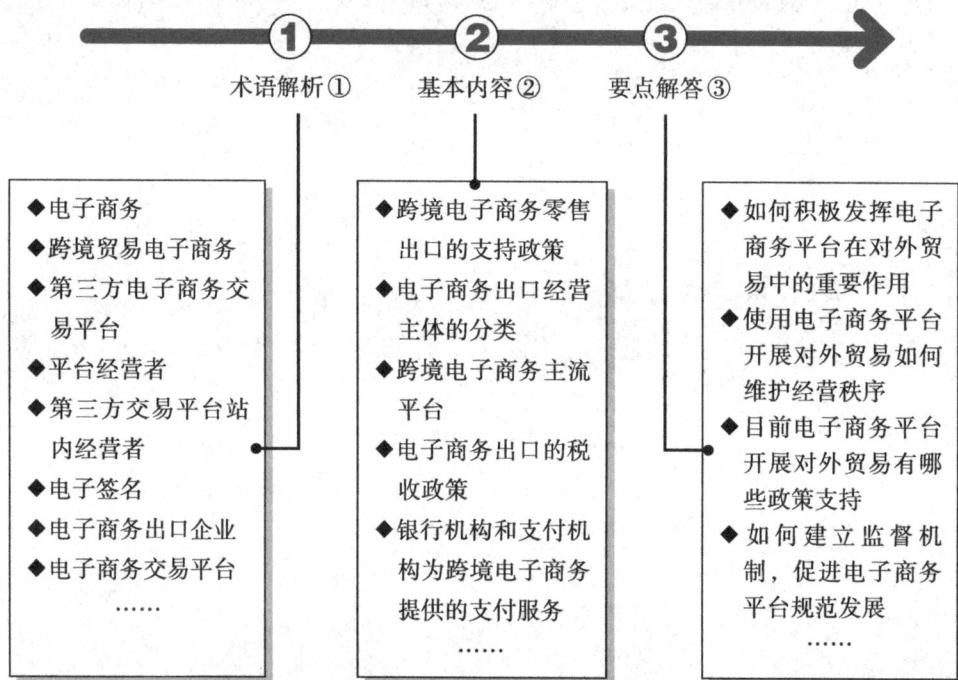

① 术语解析①

- ◆ 电子商务
- ◆ 跨境贸易电子商务
- ◆ 第三方电子商务交易平台
- ◆ 平台经营者
- ◆ 第三方交易平台站内经营者
- ◆ 电子签名
- ◆ 电子商务出口企业
- ◆ 电子商务交易平台

……

② 基本内容②

- ◆ 跨境电子商务零售出口的支持政策
- ◆ 电子商务出口经营主体的分类
- ◆ 跨境电子商务主流平台
- ◆ 电子商务出口的税收政策
- ◆ 银行机构和支付机构为跨境电子商务提供的支付服务

……

③ 要点解答③

- ◆ 如何积极发挥电子商务平台在对外贸易中的重要作用
- ◆ 使用电子商务平台开展对外贸易如何维护经营秩序
- ◆ 目前电子商务平台开展对外贸易有哪些政策支持
- ◆ 如何建立监督机制，促进电子商务平台规范发展

……

图示说明

①将跨境电子商务所涉及的术语（共20个）做简明扼要的解释。

②将跨境电子商务的基本内容（共11项）一一阐述清楚。

③列明跨境电子商务管理中的常见问题（共9个）并提出解决的办法。

第一节 术语解析

术语01：电子商务

电子商务是指交易当事人或参与人利用现代信息技术和计算机网络（包括互联网、移动网络和其他信息网络）所进行的各类商业活动，包括货物交易、服务交易和知识产权交易。

术语02：跨境贸易电子商务

跨境贸易电子商务（也称跨境电子商务）是指分属不同关境的交易主体，通过电子商务平台达成交易，进行支付结算，并通过跨境物流送达商品、完成交易的一种国际商业活动。

跨境贸易电子商务是基于网络发展起来的，相对于物理空间来说是一个新空间，是一个虚拟但客观存在的世界，呈现出不同于传统交易方式的特征，具体如图7-1所示。

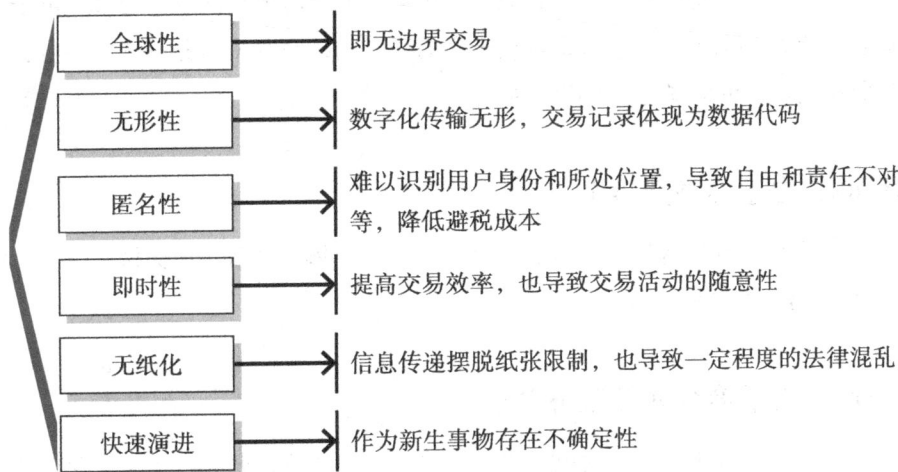

全球性	即无边界交易
无形性	数字化传输无形，交易记录体现为数据代码
匿名性	难以识别用户身份和所处位置，导致自由和责任不对等，降低避税成本
即时性	提高交易效率，也导致交易活动的随意性
无纸化	信息传递摆脱纸张限制，也导致一定程度的法律混乱
快速演进	作为新生事物存在不确定性

图7-1 跨境贸易电子商务的特征

术语03：第三方电子商务交易平台

第三方电子商务交易平台，也可以称为第三方电子商务企业。泛指独立于产品或服务的提供者和需求者，通过网络服务平台，按照特定的交易与服务规范，为买卖双方提供服务，服务内容可以包括但不限于"供求信息发布与搜索、交易的确立、支付、物流"。

术语04：平台经营者

平台经营者是指在工商行政管理部门登记注册并领取营业执照，从事第三方交易平台运营并为交易双方提供服务的自然人、法人和其他组织。

术语05：第三方交易平台站内经营者

第三方交易平台站内经营者（以下简称站内经营者）是指在电子商务交易平台从事交易及有关服务活动的自然人、法人和其他组织。

术语06：电子签名

电子签名是指数据电文中以电子形式所含、所附用于识别签名人身份并表明签名人认可其中内容的数据。通俗点说，电子签名就是通过密码技术对电子文档的电子形式的签名，并非是书面签名的数字图像化，它类似于手写签名或印章，也可以说它就是电子印章。

术语07：电子商务出口企业

根据财税〔2013〕96号文件规定，享受电子商务出口货物退免税的企业，是指自建跨境电子商务销售平台的电子商务出口企业和利用第三方跨境电子商务平台开展电子商务出口的企业。如果是为电子商务出口企业提供交易服务的跨境电子商务第三方平台，不适用规定的退免税政策，可按现行有关规定执行。

术语08：电子商务交易平台

电子商务交易平台是指跨境贸易电子商务进出境货物、物品实现交易、支付、配送并经海关认可且与海关联网的平台。

术语09：电子商务通关服务平台

电子商务通关服务平台是指由电子口岸搭建，实现企业、海关以及相关管理部门之间数据交换与信息共享的平台。

术语10：电子商务通关管理平台

电子商务通关管理平台是指由中国海关搭建，实现对跨境贸易电子商务交易、仓储、物流和通关环节电子监管执法的平台。

术语11：B2B电商模式

B2B（business to business）是指商家对商家的电子商务，即企业与企业之间通过互联网进行产品、服务及信息的交换。通俗的说法是指进行电子商务交易的供需双方都是商家（或企业、公司），它们使用Internet技术或各种商务网络平台，完成商务交易的过程。这些过程包括：发布供求信息，订货及确认订货，支付过程及票据的签发、传送和接收，确定配送方案并监控配送过程等。有时写作B to B，但为了简便干脆用其谐音B2B（2即to）。

B2B的例子如供求平台、环球市场、阿里巴巴、百纳网、中国网库、中国制造网、敦煌网、慧聪网、ECVV、太平洋门户网、河北建材网、河北商贸网、赢商网、盖世汽车网、中国供应商网等。B2B按服务对象可分为外贸B2B及内贸B2B，按行业性质可分为综合B2B和垂直B2B，垂直B2B有：中国化工网、中国医药网、中国纺织网、中国服装网等。

术语12：B2C电商模式

B2C（business to customer）是中国最早产生的电子商务模式，以8848网上商城正式运营为标志。B2C即企业通过互联网为消费者提供一个新型的购物环境——网上商店（卓越亚马逊、天天团购网、中国巨蛋、京东商城、乐购购、鹏程万里贸易商城、她秀网、红孩子商城、卓购商城、团火网、当当网、第九大道、淘宝商城、梦想理财等），消费者通过网络在网上购物并支付货款。

术语13：C2C电商模式

C2C（customer to customer）指消费者对消费者的电子商务，简单的说就是消费者本身提供服务或产品给消费者，最常见的形态就是个人工作者提供服务给消费者。目前主要的C2C电子商务企业有淘宝、易趣等。

术语14：B2M电商模式

B2M（business to manager）是相对于B2B、B2C、C2C的电子商务模式而言的，是一种全新的电子商务模式。而这种电子商务相对于以上三种有着本质的不同，其根本的区别在于目标客户群的性质不同，前三者的目标客户群都是作为一种消费者的身份出现，而B2M所针对的客户群是该企业或者该产品的销售者或者工作者，而不是最终消费者。

术语15：O2O电商模式

O2O（online to offline）是指线下商务机会和互联网结合，让互联网成为线下交易的平台。O2O模式的核心很简单，就是把线上的消费者带到现实的商店中去，通过在线支付线下商品、服务，再到线下去享受服务，把线下商店的消息推送给互联网用户，从而将他们转换为自己的线下客户。由于每笔交易都已经在网上成交，其效果也是可查的。

O2O模式在2011年6月已经达到5 000家。国内首家O2O电子商务开创者是拉手网。

术语16：BOB电商模式

BOB（business-operator-business）是指供应方与采购方之间通过运营者达成产品或服务交易的一种新型电子商务模式。BOB模式是一种全新的电商模式，它打破了过往电子商务固有模式，提倡将电子商务平台化向电子商务运营化转型，不同于以往的C2C、B2B、B2C等商业模式，其将电子商务以及实业运作中品牌运营、店铺运营、移动运营、数据运营、渠道运营五大运营功能板块升级和落地。

术语17：B2B2C电商模式

B2B2C是business to business to customer的缩写，第一个B指生产商、供应商，第二个B是电子商务网站（网络销售商），C是消费者。作为中间的B，向左，是要实现供应商的批发；向右，是要实现对于消费者的零售。目前号称B2B2C的有全买网、多彩商桥、点点红等，事实上属于B2B2C的有淘宝的品牌商城、易趣的品牌旗舰等，还有卓越、当当的柜台外包部分。

术语18：C2B+O2O电商模式

C2B模式可以用很通俗的话来解释，叫作个性化需求的满足，相对于传统产品市场而言，标准化的产品必然无法满足所有人群，因此一部分基于客观需求或者个人需求独特的消费群体油然而生。从经济承受角度而言，这样会产生两种个性化需求人群，一种是能够为此付高昂服务费的消费群体，另一种是能够比标准品付费稍高一些的消费群体。

术语19：B2B+O2O电商模式

B2B+O2O模式采取线上销售、线下服务的方式。

术语20：C2B电商模式

C2B全称consumer to business，即消费者对企业，是指消费者聚集起来进行集体议价，把价格主导权从厂商转移到自身，以便同厂商讨价还价。这种商业模式等于是由公司提供产品或服务于消费者的传统商业模式的180度大逆转。

第二节　基本内容

内容01：跨境电子商务零售出口的支持政策

2013年8月21日，国务院办公厅以国办发〔2013〕89号转发商务部等部门《关于实施支持跨境电子商务零售出口有关政策的意见》。该《意见》分支持政策、实施要求、其他事项三部分。以下是《关于实施支持跨境电子商务零售出口有关政策的意见》的内容。

关于实施支持跨境电子商务零售出口有关政策的意见

（商务部、发展改革委、财政部、人民银行、海关总署、税务总局、工商总局、质检总局、外汇局）

发展跨境电子商务对于扩大国际市场份额、拓展外贸营销网络、转变外贸发展方式具有重要而深远的意义。为加快我国跨境电子商务发展，支持跨境电子商务零售出口（以下简称电子商务出口），现提出如下意见。

一、支持政策

（一）确定电子商务出口经营主体（以下简称经营主体）。经营主体分为三类：一是自建跨境电子商务销售平台的电子商务出口企业，二是利用第三方跨境电子商务平台开展电子商务出口的企业，三是为电子商务出口企业提供交易服务的跨境电子商务第三方平台。经营主体要按照现行规定办理注册、备案登记手续。在政策未实施地区注册的电子商务企业可在政策实施地区被确认为经营主体。

（二）建立电子商务出口新型海关监管模式并进行专项统计。海关对经营主体的出口商品进行集中监管，并采取清单核放、汇总申报的方式办理通关手续，降低报关费用。经营主体可在网上提交相关电子文件，并在货物实际出境后，按照外汇和税务部门要求，向海关申请签发报关单证明联。将电子商务出口纳入海关统计。

（三）建立电子商务出口检验监管模式。对电子商务出口企业及其产品进行检验检疫备案或准入管理，利用第三方检验鉴定机构进行产品质量安全的合格评定。实行全申报制度，以检疫监管为主，一般工业制成品不再实行法检。实施集中申报、集中办理相关检验检疫手续的便利措施。

（四）支持电子商务出口企业正常收结汇。允许经营主体申请设立外汇账户，凭海关报关信息办理货物出口收结汇业务。加强对银行和经营主体通过跨境电子商务收结汇的监管。

（续）

（五）鼓励银行机构和支付机构为跨境电子商务提供支付服务。支付机构办理电子商务外汇资金或人民币资金跨境支付业务，应分别向国家外汇管理局和中国人民银行申请并按照支付机构有关管理政策执行。完善跨境电子支付、清算、结算服务体系，切实加强对银行机构和支付机构跨境支付业务的监管力度。

（六）实施适应电子商务出口的税收政策。对符合条件的电子商务出口货物实行增值税和消费税免税或退税政策，具体办法由财政部和税务总局商有关部门另行制定。

（七）建立电子商务出口信用体系。严肃查处商业欺诈，打击侵犯知识产权和销售假冒伪劣产品等行为，不断完善电子商务出口信用体系建设。

二、实施要求

（一）自本意见发布之日起，在已开展跨境贸易电子商务通关服务试点的上海、重庆、杭州、宁波、郑州5个城市试行上述政策。自2013年10月1日起，上述政策在全国有条件的地区实施。

（二）有关地方人民政府应制定发展跨境电子商务扩大出口的实施方案，并切实履行指导、督察和监管责任，对实施过程中出现的问题做到早发现、早处理、早上报。要积极引导经营主体坚持以质取胜，注重培育品牌；依托电子口岸平台，建立涵盖经营主体和电子商务出口全流程的综合管理系统，实现商务、海关、国税、工商、检验检疫、外汇等部门信息共享；加强信用评价体系、商品质量监管体系、国际贸易风险预警防控体系和知识产权保护工作体系建设，确保电子商务出口健康可持续发展。

（三）商务部、发展改革委、海关总署会同相关部门对政策实施进行指导，定期开展实施效果评估等工作，确保政策平稳实施并不断完善。海关总署会同商务部、税务总局、质检总局、外汇局、发展改革委等部门加快跨境电子商务通关试点建设，加快电子口岸结汇、退税系统与大型电子商务平台的系统对接。

三、其他事项

（一）本意见所指跨境电子商务零售出口是指我国出口企业通过互联网向境外零售商品，主要以邮寄、快递等形式送达的经营行为，即跨境电子商务的企业对消费者出口。

（二）我国出口企业与外国批发商和零售商通过互联网线上进行产品展示和交易，线下按一般贸易等方式完成的货物出口，即跨境电子商务的企业对企业出口，本质上仍属传统贸易，仍按照现行有关贸易政策执行。跨境电子商务进口有关政策另行研究。

内容02：电子商务出口经营主体的分类

电子商务出口经营主体分为三类，如图7-2所示。

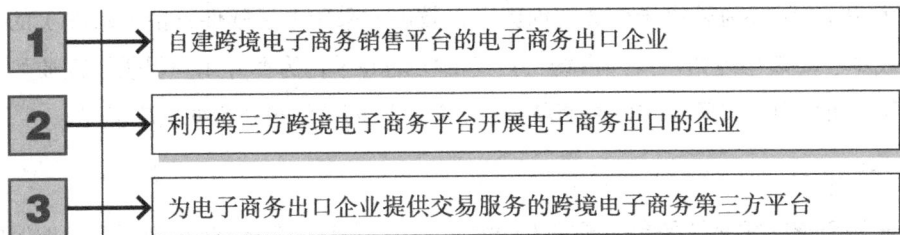

图7-2 电子商务出口经营主体的分类

经营主体要按照现行规定办理注册、备案登记手续。在政策未实施地区注册的电子商务企业可在政策实施地区被确认为经营主体。

内容03：跨境电子商务主流平台

全球速卖通、敦煌网、eBay、亚马逊、德客隆是目前跨境电商的五大主流平台（如图7-3所示），是海外买家的在线交易平台。

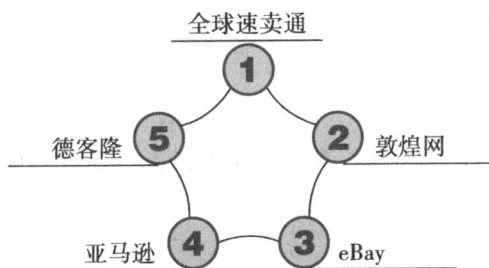

图7-3 跨境电商的五大主流平台

1．全球速卖通

全球速卖通是阿里巴巴旗下唯一面向全球市场打造的在线交易平台，被广大卖家称为国际版"淘宝"。于2010年4月上线，经过4年多的迅猛发展，目前已经覆盖220多个国家和地区的海外买家，每天海外买家的流量已经超过5 000万人次，最高峰值达到1亿人次；已经成为全球最大的跨境交易平台。

相比于eBay、亚马逊，全通速卖通的起步比较晚，但阿里巴巴凭借运营淘宝平台的经验，后来居上，已经为全球220多个国家和地区的买家所熟知。

2．敦煌网

敦煌网是全球领先的在线外贸交易平台，成立于2004年。敦煌网是国内首个为中小企业提供B2B网上交易的网站。它采取佣金制，免注册费，只在买卖双方交易成功后才收取费用。据Paypal交易平台数据显示，敦煌网是在线外贸交易额中亚太排名第一、全球排名第六的电子商务网站，其在2011年的交易规模达到了100亿人民币。

作为中小额B2B海外电子商务的创新者，敦煌网采用电子邮件营销（EDM）的营销模式，低成本、高效率地拓展海外市场，自建的DHgate平台为海外用户提供了高质量的商品信息，用户可以自由订阅英文EDM商品信息，第一时间了解市场最新供应情况。

3．eBay

eBay是全球在线交易平台，成立于1995年9月，为遍布全球150多个国家和地区的用户提供拍卖和一口价方式的商品在线交易，其经营方针是为来自各个国家的个人及小型公司提供一个买卖商品或服务的交易平台。

目前，eBay已在全球设立了40多个站点，其目前还在不断发展，希望为世界每个角落提供在线交易平台服务。eBay平台的特色是"竞拍"，许多卖家会将自己家里的二手品/古董/收藏品放在平台，设置一定的起拍价和竞拍时间，等买家来竞拍。

4．亚马逊

亚马逊是美国最大的一家网络电子商务公司，位于华盛顿的西雅图，是网络上最早开始经营电子商务的公司之一。

亚马逊成立于1995年，一开始只经营网上书籍销售业务，现在则扩及了范围相当广泛的其他产品，已成为全球商品品种最多的网上零售商和全球第二大互联网公司。"跟卖"是亚马逊平台的一大特色，卖家可以对一些中性的产品、没有标识的产品设置更低的价格，进行跟卖。

5．德客隆

德客隆国际家居电商平台是一家新兴的跨境电商平台，总部位于加拿大蒙特利尔，经营业务偏重家居家装，B2B、B2C两种经营模式共存，和其他跨境电商相比，它具有更完整的服务链条，海外展厅、海外仓、物流配送是德客隆平台的更具竞争力的保障。自开创以来，短时间内已吸引了各大媒体、网站的关注，其发展之势已初现端倪，未来或许将成为一个不可轻视的跨境电商平台。

内容04：电子商务出口的税收政策

《关于跨境电子商务零售出口税收政策的通知》（财税〔2013〕96号）对电子商务出口的税收做出了以下规定。

1．适用增值税、消费税退（免）税政策的条件

电子商务出口企业出口货物（财政部、国家税务总局明确不予出口退（免）税或免税的货物除外，下同），同时符合图7-4所示条件的，适用增值税、消费税退（免）税政策。

条件一 ▷ 电子商务出口企业属于增值税一般纳税人并已向主管税务机关办理出口退（免）税资格认定

条件二 ▷ 出口货物取得海关出口货物报关单（出口退税专用），且与海关出口货物报关单电子信息一致

条件三 ▷ 出口货物在退（免）税申报期截止之日内收汇

条件四 ▷ 电子商务出口企业属于外贸企业的，购进出口货物取得相应的增值税专用发票、消费税专用缴款书（分割单）或海关进口增值税、消费税专用缴款书，且上述凭证有关内容与出口货物报关单（出口退税专用）有关内容相匹配

图7-4 适用增值税、消费税退（免）税政策的条件

电子商务出口企业出口货物，不符合上述规定条件，但同时符合图7-5所示条件的，适用增值税、消费税免税政策。

条件一 ▷ 电子商务出口企业已办理税务登记

条件二 ▷ 出口货物取得海关签发的出口货物报关单

条件三 ▷ 购进出口货物取得合法有效的进货凭证

图7-5 适用增值税、消费税免税政策的条件

2. 适用对象

退（免）税、免税政策的电子商务出口企业，是指自建跨境电子商务销售平台的电子商务出口企业和利用第三方跨境电子商务平台开展电子商务出口的企业。

为电子商务出口企业提供交易服务的跨境电子商务第三方平台，不适用《关于跨境电子商务零售出口税收政策的通知》规定的退（免）税、免税政策。

内容05：银行机构和支付机构为跨境电子商务提供的支付服务

《支付机构跨境电子商务外汇支付业务试点指导意见》对银行机构和支付机构为跨境电子商务提供的支付服务作出了明确规定，其相关的具体条文如下所示。

第三章 试点业务管理

第七条 支付机构对参与跨境电子商务外汇支付业务的客户采取实名认证制，严格审核客户身份信息的真实性。

（续）

支付机构自主发展的境外特约商户须按照"了解你的客户"原则保证境外特约商户的真实性、合法性。

支付机构应通过有效方式核验银行支付账户开户人信息与客户身份信息的一致性，两者一致方可完成支付。

第八条　支付机构仅对具有真实交易背景的跨境电子商务交易提供跨境外汇支付服务，范围包括货物贸易交易和经国家外汇管理局审核同意的服务贸易交易，不得开展无交易背景的跨境外汇支付业务。

第九条　客户外汇备付金账户资金与支付机构自有外汇资金应严格区分管理，不得混用。自有外汇收支运用应遵循现行机构外汇管理规定。

第十条　支付机构可集中为客户办理收付汇和结售汇业务，但应实现交易信息的逐笔还原，不得轧差收付汇和结售汇。支付机构应在T+1日内办理结售汇业务，并根据约定或实际交易情况，及时向客户支付，不得故意延迟支付。

第十一条　支付机构在提供跨境电子商务外汇支付服务时，可接受客户人民币或自有外汇支付。客户向支付机构划转外汇时，银行应要求其提供包含有交易金额、支付机构名称等信息的网上交易真实性证明材料，经核对金额和支付机构账户名称后办理，并在交易附言中标注"跨境外汇互联网支付划转"字样。

第十二条　支付机构为客户集中办理结售汇业务时，应按照银行提供的汇率标价，不得自行变动汇率价格。支付机构应就手续费、交易退款涉及汇兑损益分担等，与客户事先达成协议。

第十三条　交易发生退款的支付机构，应按原路、原币种退回的原则在银行办理，并进行跨境收支申报。

内容06：电子商务出口海关监管

为做好跨境贸易电子商务（以下简称电子商务）进出境货物、物品监管工作，促进电子商务健康发展，海关总署发布了2014年第56号《关于跨境贸易电子商务进出境货物、物品有关监管事宜的公告》，对监管要求，企业注册登记及备案管理，电子商务进出境货物、物品通关管理，电子商务进出境货物、物品物流监控作出了规定。

1. 监管要求

电子商务出口海关监管要求如图7-6所示。

| | 电子商务企业应提交《中华人民共和国海关跨境贸易电子商务进出境货物申报清单》（以下简称《货物清单》），采取"清单核放、汇总申报"方式办理电子商务进出境货物报关手续；个人应提交《中华人民共和国海关跨境贸易电子商务进出境物品申报清单》（以下简称《物品清单》），采取"清单核放"方式办理电子商务进出境物品报关手续 |

| **2** | 存放电子商务进出境货物、物品的海关监管场所的经营人，应向海关办理开展电子商务业务的备案手续，并接受海关监管。未办理备案手续的，不得开展电子商务业务 |

| **3** | 电子商务企业或个人、支付企业、海关监管场所经营人、物流企业等，应按照规定通过电子商务通关服务平台适时向电子商务通关管理平台传送交易、支付、仓储和物流等数据 |

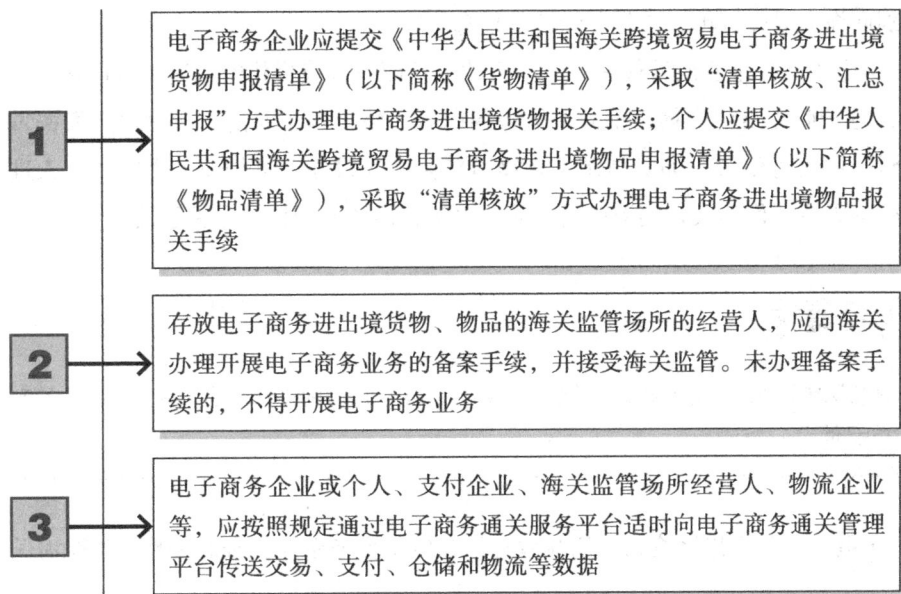

图7-6 电子商务出口海关监管要求

2．企业注册登记及备案管理

企业注册登记及备案管理要求如图7-7所示。

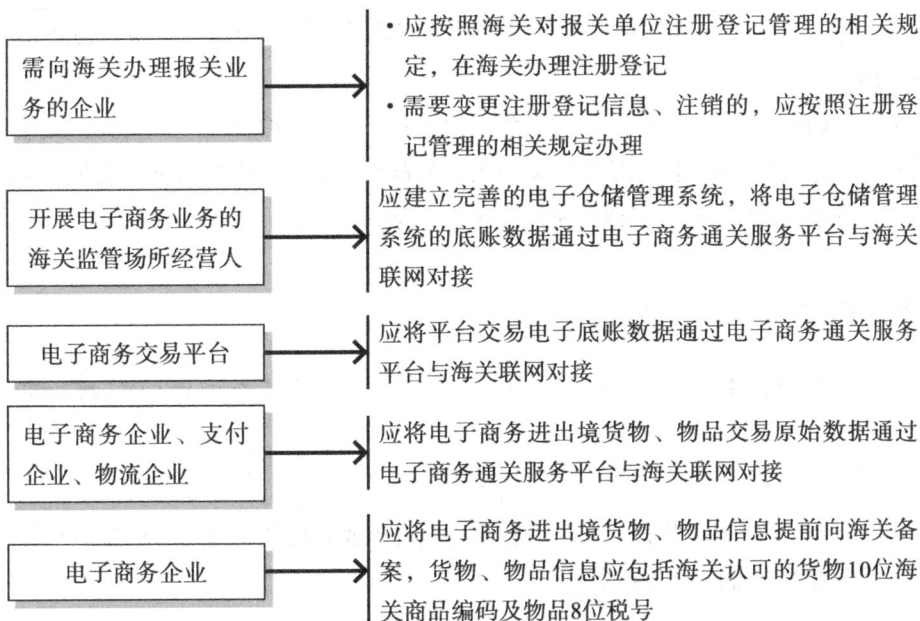

需向海关办理报关业务的企业	·应按照海关对报关单位注册登记管理的相关规定，在海关办理注册登记 ·需要变更注册登记信息、注销的，应按照注册登记管理的相关规定办理
开展电子商务业务的海关监管场所经营人	应建立完善的电子仓储管理系统，将电子仓储管理系统的底账数据通过电子商务通关服务平台与海关联网对接
电子商务交易平台	应将平台交易电子底账数据通过电子商务通关服务平台与海关联网对接
电子商务企业、支付企业、物流企业	应将电子商务进出境货物、物品交易原始数据通过电子商务通关服务平台与海关联网对接
电子商务企业	应将电子商务进出境货物、物品信息提前向海关备案，货物、物品信息应包括海关认可的货物10位海关商品编码及物品8位税号

图7-7 企业注册登记及备案管理要求

3．电子商务进出境货物、物品通关管理

（1）电子商务企业或个人、支付企业、物流企业应在电子商务进出境货物、物品申报

前，分别向海关提交订单、支付、物流等信息。

（2）电子商务企业或其代理人应在运载电子商务进境货物的运输工具申报进境之日起14日内，电子商务出境货物运抵海关监管场所后、装货24小时前，按照已向海关发送的订单、支付、物流等信息，如实填制《货物清单》，逐票办理货物通关手续。个人进出境物品，应由本人或其代理人如实填制《物品清单》，逐票办理物品通关手续。

⋯⋯⋯ 特 别 提 示 ⋯⋯⋯➔

除特殊情况外，《货物清单》《物品清单》《进出口货物报关单》应采取通关无纸化作业方式进行申报。

（3）电子商务进出境货物、物品放行后，电子商务企业应按有关规定接受海关开展后续监管。

4．电子商务进出境货物、物品物流监控

（1）电子商务进出境货物、物品的查验、放行均应在海关监管场所内完成。

（2）海关监管场所经营人应通过已建立的电子仓储管理系统，对电子商务进出境货物、物品进行管理，并于每月10日前（当月10日是法定节假日或者法定休息日的，顺延至其后的第一个工作日）向海关传送上月进出海关监管场所的电子商务货物、物品总单和明细单等数据。

（3）海关按规定对电子商务进出境货物、物品进行风险布控和查验。海关实施查验时，电子商务企业、个人、海关监管场所经营人应按照现行海关进出口货物查验等有关规定提供便利，电子商务企业或个人应到场或委托他人到场配合海关查验。

⋯⋯⋯ 特 别 提 示 ⋯⋯⋯➔

电子商务企业、物流企业、海关监管场所经营人发现涉嫌违规或走私行为的，应主动报告海关。

（4）电子商务进出境货物、物品需转至其他海关监管场所验放的，应按照现行海关关于转关货物有关管理规定办理手续。

内容07：第三方电子商务交易平台的设立条件

第三方电子商务交易平台的设立应当符合如图7-8所示的条件。

条件一 → 有与从事的业务和规模相适应的硬件设施

条件二 → 有保障交易正常运营的计算机信息系统和安全环境

条件三 → 有与交易平台经营规模相适应的管理人员、技术人员和客户服务人员

条件四 → 符合《中华人民共和国电信条例》《互联网信息服务管理办法》《网络商品交易及有关服务行为管理暂行办法》《电子认证服务管理办法》等法律、法规和规章规定的其他条件

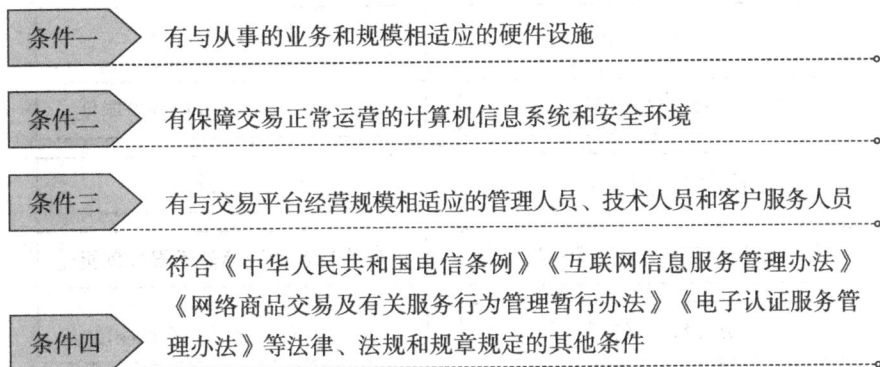

图7-8 第三方电子商务交易平台的设立条件

内容08：第三方电子商务交易平台经营者应公示的信息

平台经营者应当在其网站主页面或者从事经营活动的网页的显著位置公示如图7-9所示的信息。

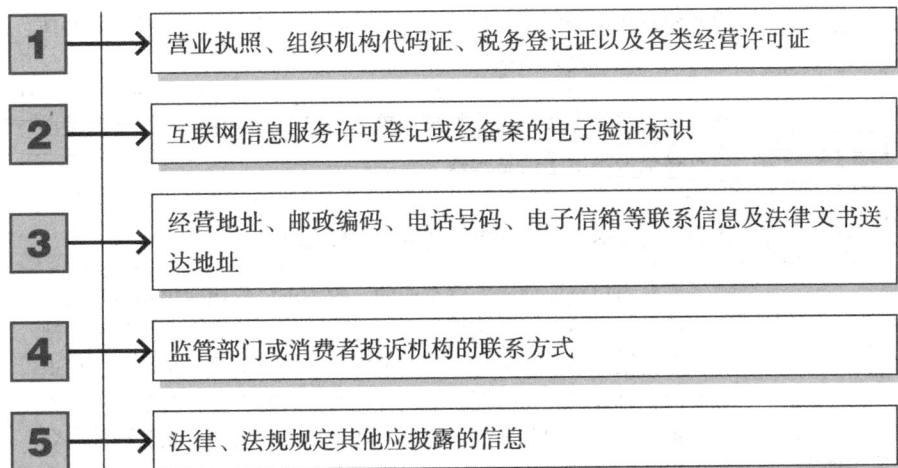

1 → 营业执照、组织机构代码证、税务登记证以及各类经营许可证

2 → 互联网信息服务许可登记或经备案的电子验证标识

3 → 经营地址、邮政编码、电话号码、电子信箱等联系信息及法律文书送达地址

4 → 监管部门或消费者投诉机构的联系方式

5 → 法律、法规规定其他应披露的信息

图7-9 第三方电子商务交易平台经营者应公示的信息

内容09：平台经营者应制定和实施的制度

平台经营者应提供规范化的网上交易服务，建立和完善各项规章制度，包括但不限于下列制度，如图7-10所示。

用户注册制度	广告发布审核制度
平台交易规则	交易安全保障与数据备份制度
信息披露与审核制度	争议解决机制
隐私权与商业秘密保护制度	不良信息及垃圾邮件举报处理机制
消费者权益保护制度	法律、法规规定的其他制度

图7-10　平台经营者应制定和实施的制度

内容10：电子商务出口享受退税的条件

电子商务出口企业出口货物必须同时符合以下四个条件（如图7-11所示），才能享受增值税、消费税退（免）税政策（财政部、国家税务总局明确不予出口退免税或免税的货物除外）。

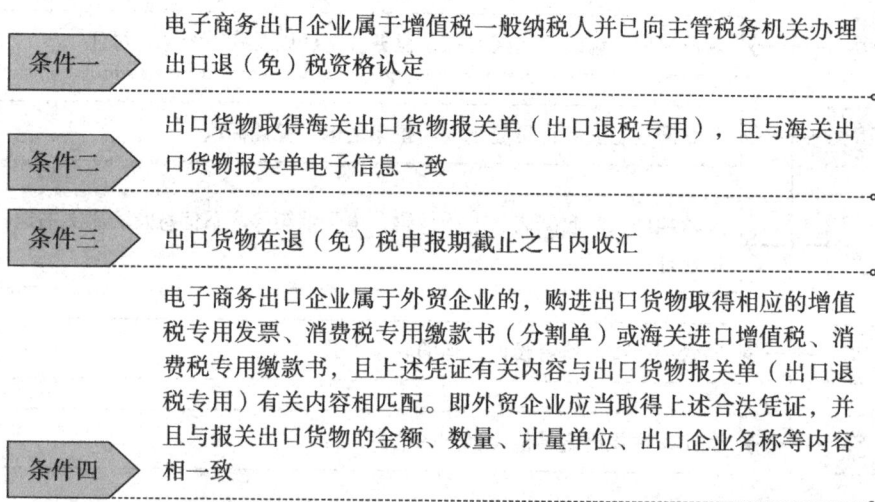

条件一 电子商务出口企业属于增值税一般纳税人并已向主管税务机关办理出口退（免）税资格认定

条件二 出口货物取得海关出口货物报关单（出口退税专用），且与海关出口货物报关单电子信息一致

条件三 出口货物在退（免）税申报期截止之日内收汇

条件四 电子商务出口企业属于外贸企业的，购进出口货物取得相应的增值税专用发票、消费税专用缴款书（分割单）或海关进口增值税、消费税专用缴款书，且上述凭证有关内容与出口货物报关单（出口退税专用）有关内容相匹配。即外贸企业应当取得上述合法凭证，并且与报关出口货物的金额、数量、计量单位、出口企业名称等内容相一致

图7-11　电子商务出口享受退税的条件

对上述规定的归纳如图7-12所示。

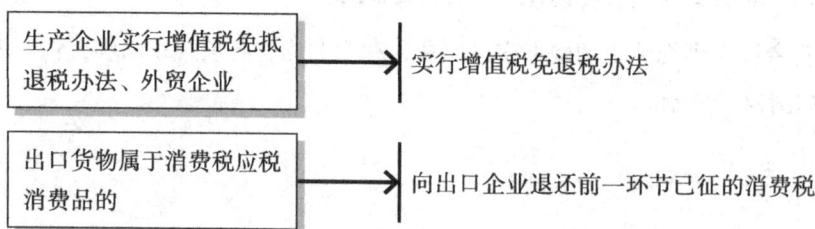

| 生产企业实行增值税免抵退税办法、外贸企业 | → | 实行增值税免退税办法 |
| 出口货物属于消费税应税消费品的 | → | 向出口企业退还前一环节已征的消费税 |

图7-12　电子商务出口享受退税说明

内容11：电子商务出口享受免税的条件

如果电子商务出口企业出口货物，不符合上述退（免）税条件的，但同时符合下列三种条件（如图7-13所示），可享受增值税、消费税免税政策。

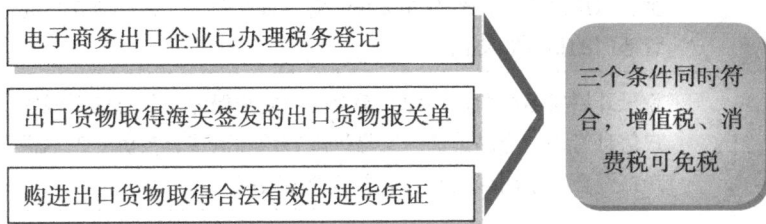

电子商务出口企业已办理税务登记

出口货物取得海关签发的出口货物报关单

购进出口货物取得合法有效的进货凭证

三个条件同时符合，增值税、消费税可免税

图7-13 电子商务出口享受免税的条件

第三节 要点解答

问题01：如何积极发挥电子商务平台在对外贸易中的重要作用

各级商务主管部门要从以下几个方面积极发挥电子商务平台在对外贸易中的重要作用，如图7-14所示。

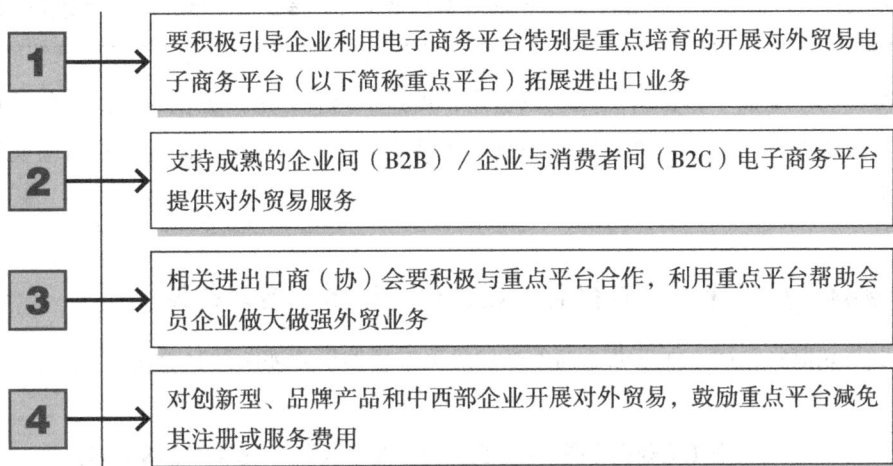

1 要积极引导企业利用电子商务平台特别是重点培育的开展对外贸易电子商务平台（以下简称重点平台）拓展进出口业务

2 支持成熟的企业间（B2B）/企业与消费者间（B2C）电子商务平台提供对外贸易服务

3 相关进出口商（协）会要积极与重点平台合作，利用重点平台帮助会员企业做大做强外贸业务

4 对创新型、品牌产品和中西部企业开展对外贸易，鼓励重点平台减免其注册或服务费用

图7-14 积极发挥电子商务平台在对外贸易中作用的措施

问题02：使用电子商务平台开展对外贸易如何维护经营秩序

电子商务平台应主动地维护经营秩序，其具体要求如图7-15所示。

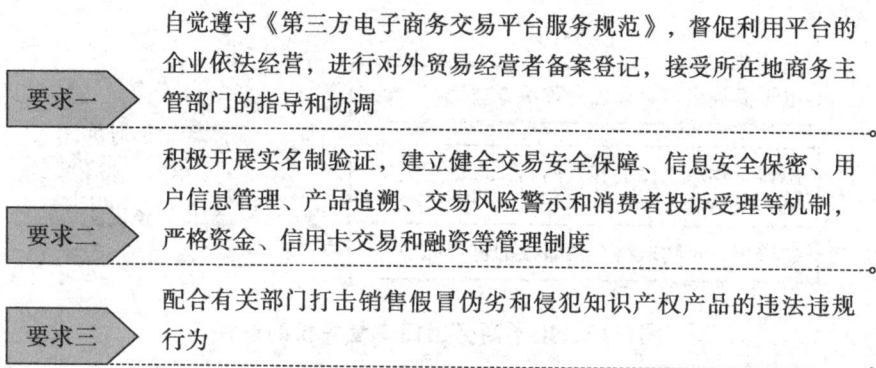

要求一 ▷ 自觉遵守《第三方电子商务交易平台服务规范》，督促利用平台的企业依法经营，进行对外贸易经营者备案登记，接受所在地商务主管部门的指导和协调

要求二 ▷ 积极开展实名制验证，建立健全交易安全保障、信息安全保密、用户信息管理、产品追溯、交易风险警示和消费者投诉受理等机制，严格资金、信用卡交易和融资等管理制度

要求三 ▷ 配合有关部门打击销售假冒伪劣和侵犯知识产权产品的违法违规行为

图7-15　电子商务平台维护经营秩序的要求

问题03：目前电子商务平台开展对外贸易有哪些政策支持

目前电子商务平台开展对外贸易有如下政策支持：

- 解决利用电子商务平台开展对外贸易过程中的通关、退税、融资、信保等政策性问题；
- 充分利用中小企业国际市场开拓资金等，支持重点平台对企业开展人员培训、品牌培育、宣传推介等服务；
- 鼓励企业成为重点平台会员，各地商务主管部门要结合实际情况，给予资金支持。

商务部将把重点平台作为重点联系企业，重点平台所在地商务主管部门要将重点平台作为重点服务企业，协调解决其在开展对外贸易业务中遇到的重大问题，认真落实培育目标和要求。

问题04：如何建立监督机制，促进电子商务平台规范发展

政府建立监督机制，促进电子商务平台规范发展的措施如图7-16所示。

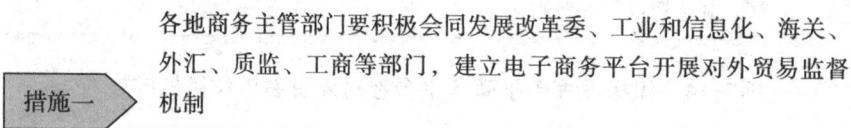

措施一 ▷ 各地商务主管部门要积极会同发展改革委、工业和信息化、海关、外汇、质监、工商等部门，建立电子商务平台开展对外贸易监督机制

（续）

| 措施二 | 定期对电子商务平台特别是重点平台开展对外贸易的情况进行跟踪检查，及时规范利用重点平台开展对外贸易的行为和做法 |
| 措施三 | 对违法违规的电子商务平台依法上报有关部门处理 |

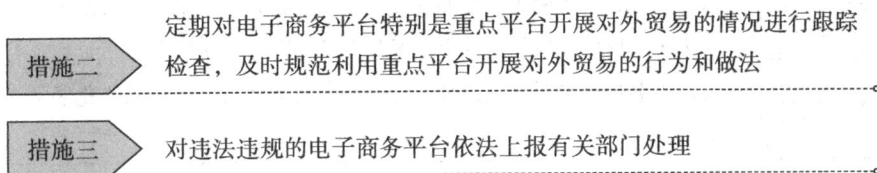

图7-16　促进电子商务平台规范发展的措施

问题05：如何加强电子商务平台的自我监督，防范贸易风险

电子商务平台应从以下几个方面加强自我监督，防范贸易风险，如图7-17所示。

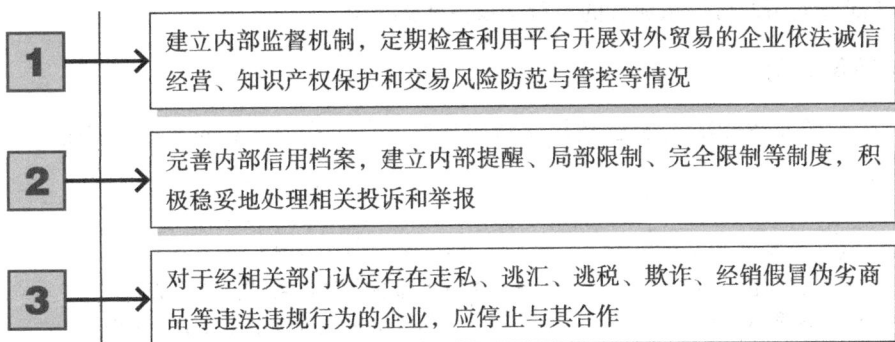

1	建立内部监督机制，定期检查利用平台开展对外贸易的企业依法诚信经营、知识产权保护和交易风险防范与管控等情况
2	完善内部信用档案，建立内部提醒、局部限制、完全限制等制度，积极稳妥地处理相关投诉和举报
3	对于经相关部门认定存在走私、逃汇、逃税、欺诈、经销假冒伪劣商品等违法违规行为的企业，应停止与其合作

图7-17　电子商务平台自我监督的措施

问题06：健全对外贸易配套增值服务主要体现在哪些方面

健全对外贸易配套增值服务主要体现在如图7-18所示的几个方面。

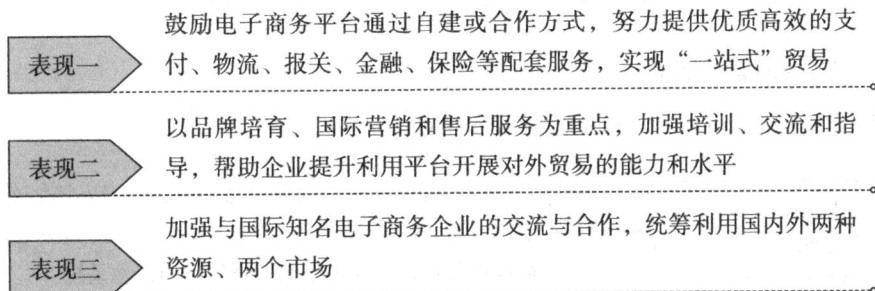

表现一	鼓励电子商务平台通过自建或合作方式，努力提供优质高效的支付、物流、报关、金融、保险等配套服务，实现"一站式"贸易
表现二	以品牌培育、国际营销和售后服务为重点，加强培训、交流和指导，帮助企业提升利用平台开展对外贸易的能力和水平
表现三	加强与国际知名电子商务企业的交流与合作，统筹利用国内外两种资源、两个市场

图7-18　健全对外贸易配套增值服务的主要表现

问题07：如何支持电子商务平台提高便利化水平

商务部支持电子商务平台提高便利化水平的措施主要有以下三个方面，如图7-19所示。

措施一 ▷ 推动主要贸易单证的标准化和电子化进程，支持建设"单一电子窗口"平台，促进海关、检验检疫、港口、银行、保险、物流服务的电子单证协调，提高对外贸易监管效率，降低企业成本

措施二 ▷ 推动知名展会平台创新服务，开展网上招商招展，搭建网络化展示平台

措施三 ▷ 大力发展贸易撮合、认证征信、网商供需见面会等电子商务增值服务

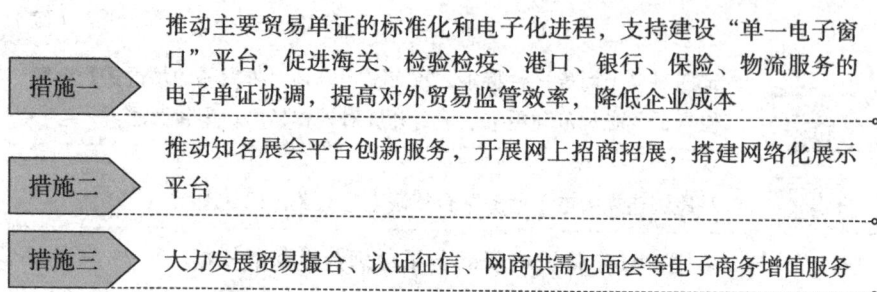

图7-19　商务部支持电子商务平台提高便利化水平的措施

问题08：如何开展电子商务信用评价体系建设

电子商务信用评价体系建设的对策建议具体如下。

1. 政策方面

电子商务的信用建设是社会信用体系的重要内容，政府应从以下两个方面给予支持，如图7-20所示。

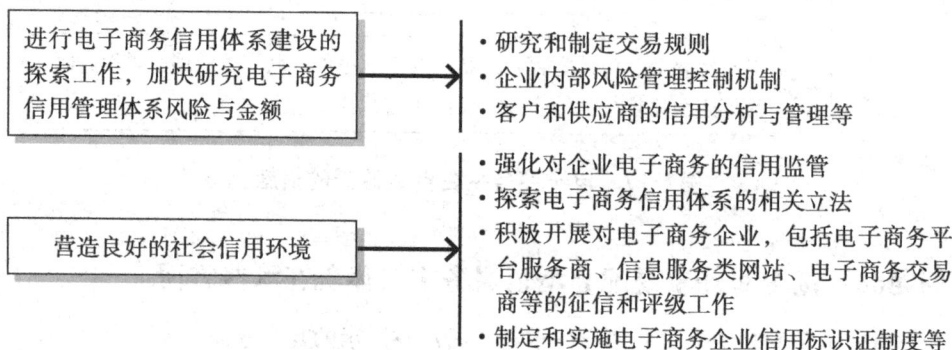

进行电子商务信用体系建设的探索工作，加快研究电子商务信用管理体系风险与金额 →
- 研究和制定交易规则
- 企业内部风险管理控制机制
- 客户和供应商的信用分析与管理等

营造良好的社会信用环境 →
- 强化对企业电子商务的信用监管
- 探索电子商务信用体系的相关立法
- 积极开展对电子商务企业，包括电子商务平台服务商、信息服务类网站、电子商务交易商等的征信和评级工作
- 制定和实施电子商务企业信用标识证制度等

图7-20　政府对电子商务信用建设的支持措施

2. 企业信用管理方面

企业在信用管理方面的具体措施如图7-21所示。

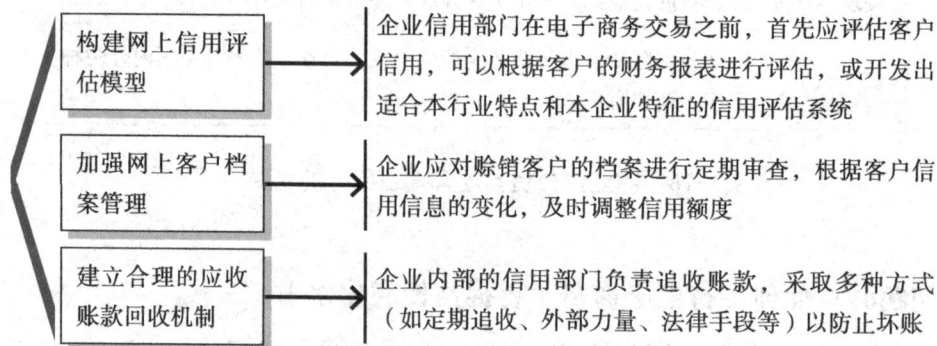

构建网上信用评估模型 → 企业信用部门在电子商务交易之前，首先应评估客户信用，可以根据客户的财务报表进行评估，或开发出适合本行业特点和本企业特征的信用评估系统

加强网上客户档案管理 → 企业应对赊销客户的档案进行定期审查，根据客户信用信息的变化，及时调整信用额度

建立合理的应收账款回收机制 → 企业内部的信用部门负责追收账款，采取多种方式（如定期追收、外部力量、法律手段等）以防止坏账

图7-21　企业在信用管理方面的措施

问题09：如何操作电子商务出口退（免）税申报

根据财税〔2013〕96号文件第三条规定，电子商务出口货物适用退（免）税、免税政策的，由电子商务出口企业按现行规定办理退（免）税、免税申报。

根据税法规定，出口企业出口并按会计规定作销售的货物，须在作销售的次月进行增值税纳税申报。企业应在货物报关出口之日（以出口货物报关单〈出口退税专用〉上的出口日期为准）次月起至次年4月30日前的各增值税纳税申报期内，收齐单证（凭证）与信息，向主管税务机关进行正式申报增值税退（免）税及消费税退税。逾期的，企业不得申报退（免）税。其操作主要分为两个步骤，如图7-22所示。

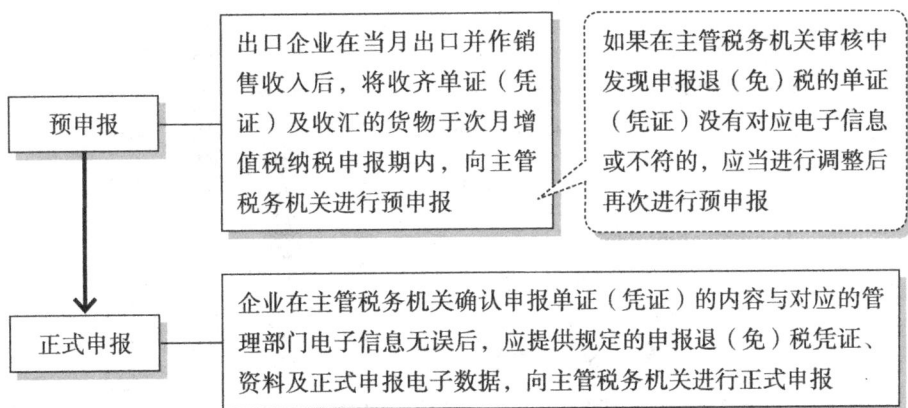

预申报	出口企业在当月出口并作销售收入后，将收齐单证（凭证）及收汇的货物于次月增值税纳税申报期内，向主管税务机关进行预申报	如果在主管税务机关审核中发现申报退（免）税的单证（凭证）没有对应电子信息或不符的，应当进行调整后再次进行预申报
正式申报	企业在主管税务机关确认申报单证（凭证）的内容与对应的管理部门电子信息无误后，应提供规定的申报退（免）税凭证、资料及正式申报电子数据，向主管税务机关进行正式申报	

图7-22 退（免）税的申报步骤

附：

2016年中国跨境电商市场发展现状及行业发展趋势

一、中国跨境电商市场概况

2015年中国网购市场交易规模达3.8万亿元，较去年增长37.2%，仍将保持稳定的增长水平。网络购物行业发展日益成熟，各家电商企业除了继续不断扩充品类、优化物流及售后服务外，也在积极下沉渠道发展农村电商及跨境网购，打造新增长点。

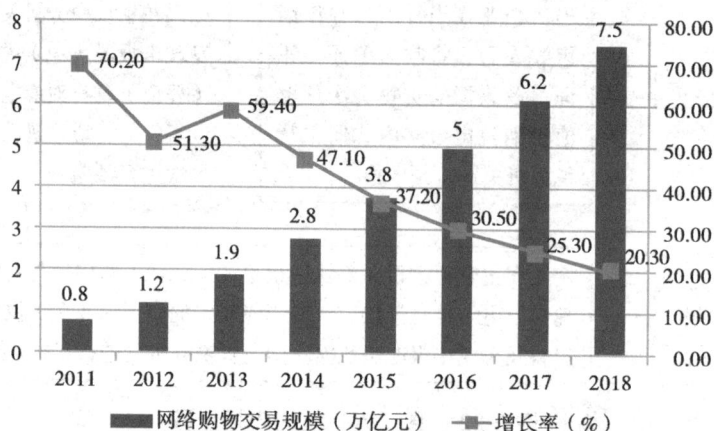

2011—2018年中国网络购物市场交易规模

2015年，中国进出口贸易总额下行。其中出口贸易下降1.7%，进口贸易下降13.2%。未来，随着国际经济形势的变化，以及国内经济结构性调整的进一步加深，我国进出口贸易将有所回暖。

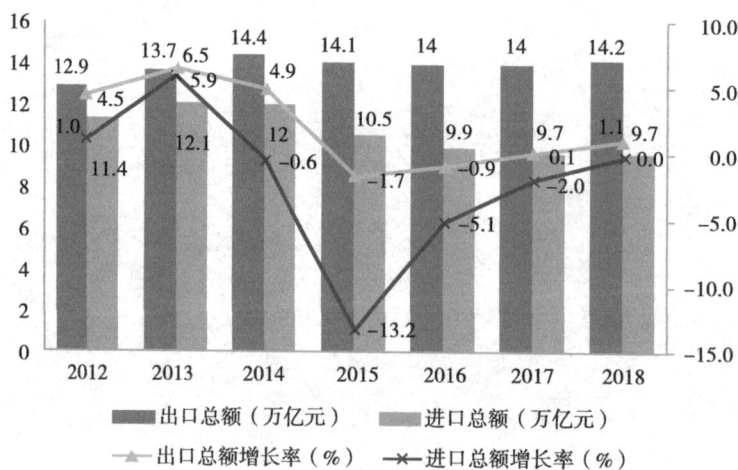

2012—2018年中国进出口贸易总额

随着互联网的发展，中国进口贸易中的电商渗透率持续增长。2015年，进口电商市场交易规模达9 000亿元，增长率为38.5%，渗透率达8.6%。

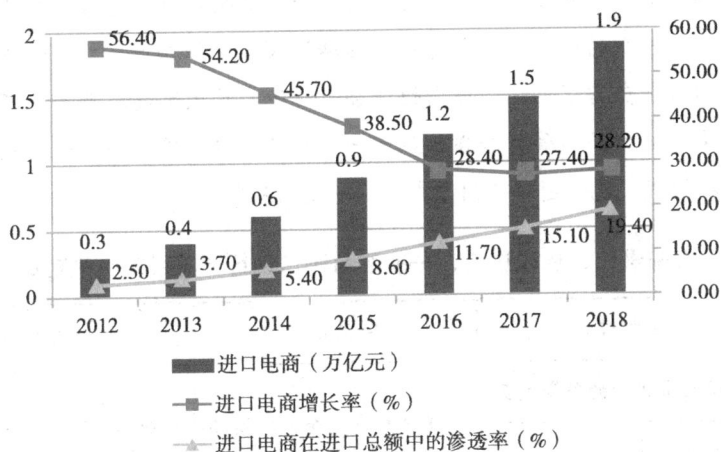

2012—2018年中国进口电商市场交易规模

在中国经济发展，人民生活水平提升，跨境消费主力人群——中产阶级崛起，新一代人消费观念改变，出境人数攀升的大背景下，跨境消费需求持续增加。2015年，我国人均国内生产总值已接近7 600美元，达到中等偏上发达国家水平，国内消费者的消费需求更加旺盛。海淘人群以中产阶级为主。中产阶级和有中产阶级消费能力的人在2015年已达到1.2亿，预计2016年将达到3.6亿。"80后""90后"人群购买商品的关注点倾向于食品安全、品质优良、品类多样、个性化等方面，对价格的敏感度有所下降。

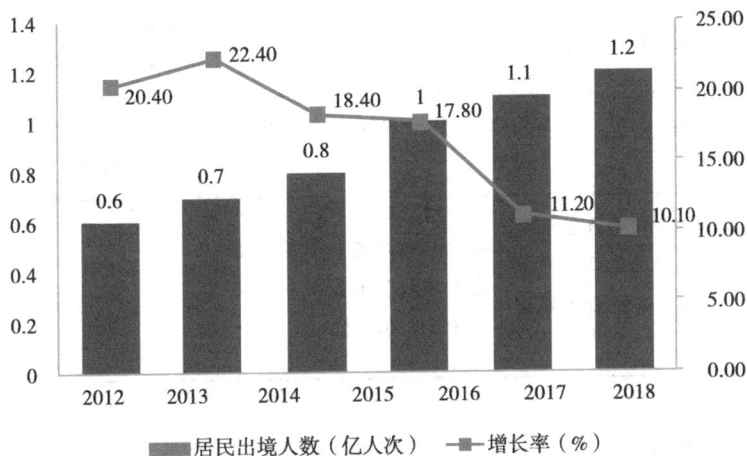

2010—2015年中国居民出境游人数

相关报告：中国产业信息网发布的《2016—2022年中国跨境电商市场运行态势及投资战略研究报告》

二、中国跨境电商市场发展现状

（1）清关方面，目前两种模式均按行邮税缴纳，在流程上，保税模式先入境，下单后才清关，必须报关。直邮模式在入境时即需清关，非全部报关，海关对其进行抽查。集货模式相当于直邮模式的升级版，与海淘中的转运模式流程相似。随着跨境进口电商行业的发展，跨境运输业务需求剧增，国内快递公司纷纷布局国际转运业务。邮政相对于快递被税率低，但未来这方面监管将加强。相比一般贸易进口，保税与直邮模式均按行邮税计算，直邮与保税模式，能够通过不同方式规避一定的税费。

直邮进口、保税进口、一般贸易进口现行清关税收政策对比

类别	直邮进口	保税进口	一般贸易进口
征税对象	入境人员携带的行李物品 邮递物品	跨境进口零售企业的商品	企业间线下贸易的货物
报关概率	有的报关，有的不报关，抽查	全部报关	全部报关
应缴税费	不缴税，或仅缴纳行邮税		需缴纳增值税和关税，奢侈品、化妆品需缴纳消费税
计算公式	税额少于50元：免征税费 税额大于50元 应征税额＝完税价格×商品税率		进口关税＝到岸价×关税税率 消费税＝[（到岸价+关税额）÷（1−消费税率）]×消费税率 增值税＝（到岸价+进口关税额+消费税额）×增值税率
税率	享用行邮税税率，按品类分为10%、20%、30%和50%四档		关税根据不同品类不同税率，增值税率为17%，消费税率为30%
避税方式	以个人快件和邮政包裹从海外发货，利用目前政策（仅实行抽查交税）规避部分税费	对大额订单进行拆单，主营价格较低的商品，多在几十到500元之间	

（2）跨境进口零售电商主要分为垂直自营类、综合平台类和综合自营类、垂直平台类。平台类企业运作模式较轻，重点在于售前的引流、招商、平台管理，售后方面在一定程度上介入物流和服务，补充商家的不足。自营类企业更类似于传统零售商，需要全面介入整个流程的运作，包括售前的选品、供应商谈判、运营，并深入管理物流与服务。

（3）在进口电商市场中，线上零售占比逐渐增加，2015年达到28.8%。未来，线上零

售市场仍将以高于电商B2B市场的增长率持续增长，预计到2018年，占比将达到39.9%。

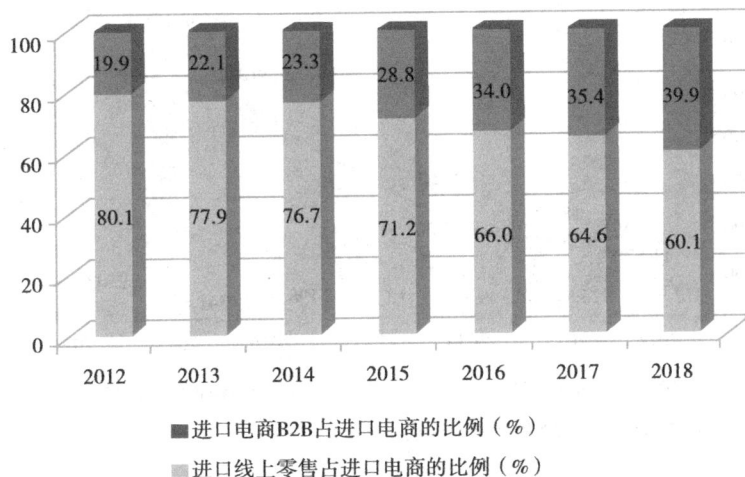

	2012	2013	2014	2015	2016	2017	2018
进口电商B2B占进口电商的比例（%）	19.9	22.1	23.3	28.8	34.0	35.4	39.9
进口线上零售占进口电商的比例（%）	80.1	77.9	76.7	71.2	66.0	64.6	60.1

2012—2018年中国进口电商市场结构

随着2014年下半年进口电商零售政策的放开，大量内贸电商和创业企业涌入进口电商零售市场。2015年，该市场的市场规模达到1 184.3亿元，增长率为111.9%，在进口电商中的渗透率达13.2%。未来几年，在政策基本面保持利好的情况下，进口电商零售市场仍将保持平稳增长。

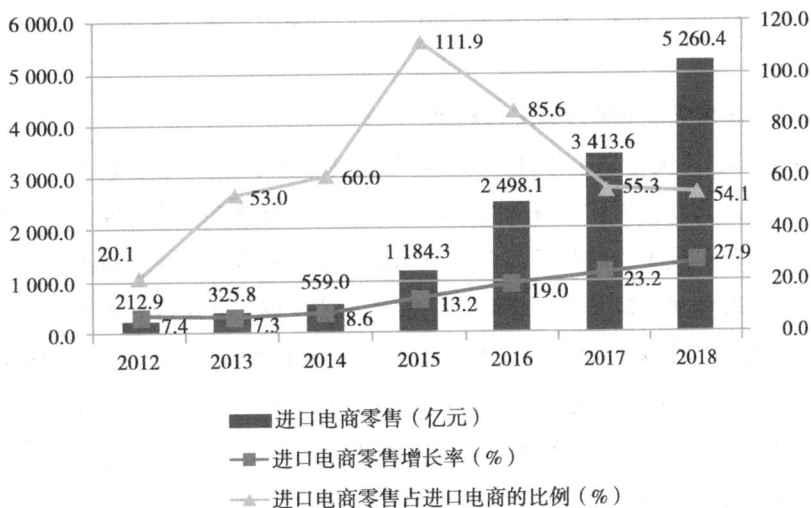

2012—2018年中国进口电商零售市场交易规模及增长率

中国进口电商零售市场的交易规模不断增长，其在中国网购市场中的渗透率也逐步增加。2018年，其渗透率将达到7.0%。

2012—2018年中国进口零售电商在网络购物市场中的渗透情况

中国进口零售电商行业，在2012—2015年，以淘宝全球购等C2C网站为主。随着政策的放开，大量B2C网站在2014年下半年开始出现，在2015年达到46%。进口电商零售中的B2C模式目前仍处于发展早期，未来仍有较大的发展空间。中国进口零售电商B2C市场从2014年开始起步，2015年逐渐发展，在2015年达544.2亿元。随着一批进口B2C电商的发展，进口零售电商B2C市场未来仍将有较高的增长空间。目前，进口零售电商市场仍以内贸电商的规模较大，2015年占85.7%。独立跨境电商方面，相比于2014年8.2%的份额，增长了6.1%，达到了14.3%。未来，独立跨境电商企业的数量将进一步增加，所面临的竞争也将更加激烈。

三、2016年中国跨境电商行业发展趋势

（1）商务部、海关总署等部门的税收政策调整方案于4月出台，提高了进口保税模式部分品类的税率。此外，国家也将针对海外代购发布更为严厉的监管政策。母婴、食品、低价化妆品税收优势减少，以母婴、食品和低价化妆品类为主的保税模式企业的成本将上升，未来可能面临转型。阳光直邮模式、一般贸易进口模式将获得更多优势。严查逃税代购，引导其在监管下发展。对于以直邮方式逃避缴税的代购来说，将受到较大的负面影响；保税进口模式及一般贸易进口，将受到正面影响。

（2）跨境物流的效率和成本将改善，配套设施逐步健全。物流全面对接三单，监管日趋完善；物流信息将全面对接，使物流、电商、商家、海关多方订单交易信息、物流信息、支付信息共享。根据信息，海关将提高配送效率，减少在包裹数量剧增时清关延迟、扣留现象，提高消费者购物体验。保税物流配套设施逐渐健全，提供更多增值服务，为企业提供便利。保税物流中心在仓储配送外，还将提供商品分拣、贴标、融资、质押监管、退换货等多项增值服务。提供线下商品展示服务，O2O促进用户下单；商家可以联合物流公司在保税仓开展保税商品展示业务，O2O促进用户下单。海外建仓有利于以大宗运输替代零散小包的运输，降低物流成本，缩短配送时间。国内物流开展跨境业务，引入现代物流技术。

（3）跨境用户需求逐步升级。未来，电商必须从模式、选品、转化率等各方面深入培养用户黏性和忠诚度。尽管较轻的平台模式在规模扩张上具一定优势，较重的平台则以产品保真为主打。但目前很多跨境电商网站间仍存在同质化较严重的问题。未来，轻或重不是最关键的，而是应该打造无法被取代的独特产品体验。目前，由于资金、平台影响力、政策等方面的限制，很多跨境电商网站还停留在"能卖什么"的层面。但基于这一层面的选品很难产生用户黏性。未来，各平台须围绕其核心用户的需求进行选品。在跨境进口电商发展的早期，多数专注于"海"，砸钱进行跨境布局。未来，各电商须综合考虑获得客户渠道和成本，准确把握用户需求，提高转化率，以减少不必要的成本，使企业得到持续发展。

要点回顾

　　通过对本章的学习，想必你已经掌握了不少对外贸易政策的知识，请将你已经掌握的知识点罗列一下。另外，将你认为应该更深入地了解的或者本章没有涉及但也必须了解的列举出来。

我已经掌握的知识点

1. ＿＿＿＿＿＿＿＿＿＿＿＿＿＿＿＿＿＿
2. ＿＿＿＿＿＿＿＿＿＿＿＿＿＿＿＿＿＿
3. ＿＿＿＿＿＿＿＿＿＿＿＿＿＿＿＿＿＿
4. ＿＿＿＿＿＿＿＿＿＿＿＿＿＿＿＿＿＿
5. ＿＿＿＿＿＿＿＿＿＿＿＿＿＿＿＿＿＿

应更深入了解的知识点

1. ＿＿＿＿＿＿＿＿＿＿＿＿＿＿＿＿＿＿
2. ＿＿＿＿＿＿＿＿＿＿＿＿＿＿＿＿＿＿
3. ＿＿＿＿＿＿＿＿＿＿＿＿＿＿＿＿＿＿
4. ＿＿＿＿＿＿＿＿＿＿＿＿＿＿＿＿＿＿
5. ＿＿＿＿＿＿＿＿＿＿＿＿＿＿＿＿＿＿

我认为还有一些必须了解的知识点

1. ＿＿＿＿＿＿＿＿＿＿＿＿＿＿＿＿＿＿
2. ＿＿＿＿＿＿＿＿＿＿＿＿＿＿＿＿＿＿
3. ＿＿＿＿＿＿＿＿＿＿＿＿＿＿＿＿＿＿
4. ＿＿＿＿＿＿＿＿＿＿＿＿＿＿＿＿＿＿
5. ＿＿＿＿＿＿＿＿＿＿＿＿＿＿＿＿＿＿

第八章

海关特殊监管区域和自贸区基础知识

改革开放以来，我国先后设立了保税区、出口加工区、保税物流中心、保税物流园区和保税港区以及保税仓库等若干海关特殊监管区域及场所。近年来，又设立了上海自贸区。这些区域被赋予了承接国际产业转移、连接国内国际两个市场的特殊功能和政策。

阅读提示

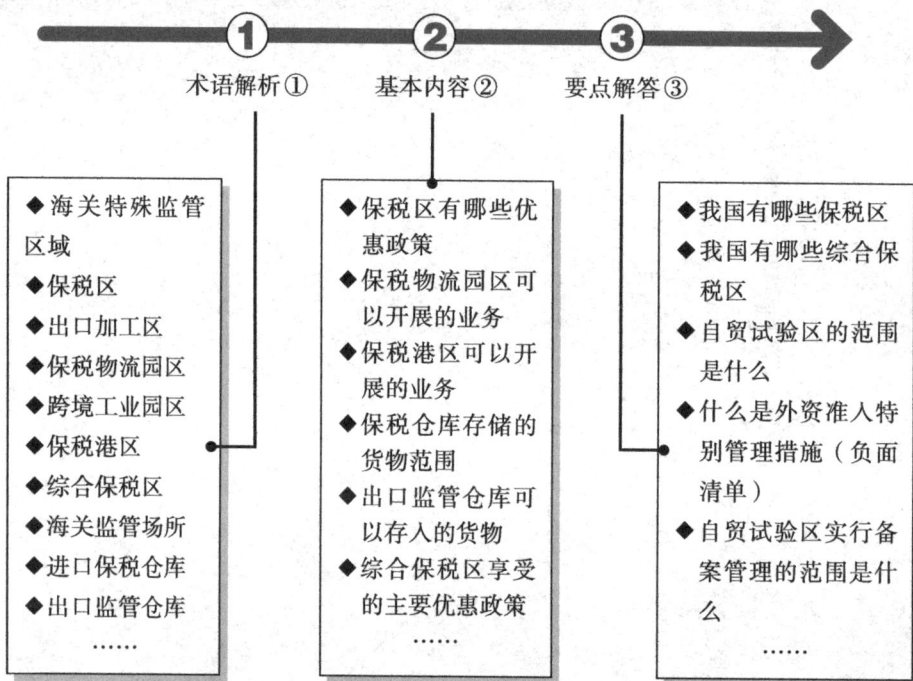

①　　　　　②　　　　　③
术语解析①　　　基本内容②　　　要点解答③

◆海关特殊监管区域
◆保税区
◆出口加工区
◆保税物流园区
◆跨境工业园区
◆保税港区
◆综合保税区
◆海关监管场所
◆进口保税仓库
◆出口监管仓库
　……

◆保税区有哪些优惠政策
◆保税物流园区可以开展的业务
◆保税港区可以开展的业务
◆保税仓库存储的货物范围
◆出口监管仓库可以存入的货物
◆综合保税区享受的主要优惠政策
　……

◆我国有哪些保税区
◆我国有哪些综合保税区
◆自贸试验区的范围是什么
◆什么是外资准入特别管理措施（负面清单）
◆自贸试验区实行备案管理的范围是什么
　……

图示说明

①将海关特殊监管区域和自贸区所涉及的术语（共16个）做简明扼要的解释。

②将海关特殊监管区域和自贸区的基本内容（共10项）一一阐述清楚。

③列明海关特殊监管区域和自贸区管理中的常见问题（共20个）并提出解决的办法。

第一节　术语解析

术语01：海关特殊监管区域

海关特殊监管区域是经国务院批准，设立在中华人民共和国境内，赋予承接国际产业转移、连接国内国际两个市场的特殊功能和政策，以海关为主实施封闭监管的特定经济功能区域。海关特殊监管区域现有六种模式，如图8-1所示。

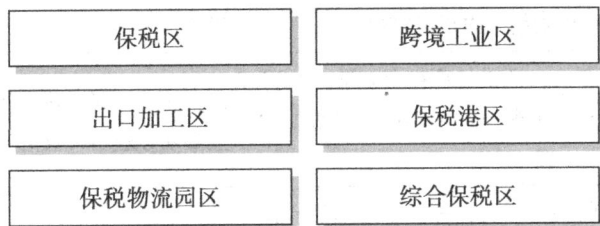

保税区	跨境工业区
出口加工区	保税港区
保税物流园区	综合保税区

图8-1　海关特殊监管区域的六种模式

术语02：保税区

保税区（bonded area；the low-tax；tariff-free zone；tax-protected zone），也称保税仓库区，级别低于综合保税区。这是一国海关设置的或经海关批准注册、受海关监督和管理的可以较长时间存储商品的区域。

保税区能便利转口贸易，增加有关费用的收入。运入保税区的货物可以进行储存、改装、分类、混合、展览以及加工制造，但必须处于海关监管范围内。外国商品存入保税区，不必缴纳进口关税，尚可自由进出，只需交纳存储费和少量费用，但如果要进入关境则需交纳关税。

特别提示

各国的保税区都有不同的时间规定，逾期货物未办理有关手续，海关有权对其进行拍卖，拍卖后扣除有关费用后，余款退回货主。

保税区与非保税区的政策是有区别的，具体如表8-1所示。

表8-1　保税区与非保税区的政策比较

项目		保税区	非保税区
海关管理		实行保税制度，货物从境外运入或运出保税区，免进口税，免许可证	只是对保税仓库或保税工厂实行保税制度
		货物从保税区运往国内非保税区，视同进口货物从国内非保税区运入保税区，视同出口	国外货物到达口岸后必须办理进口手续国内货物离开口岸必须办理出口手续
		区内企业与海关实行电脑联网，货物进出采取EDI电子报关	只有少数大企业实行EDI电子报关
		以《保税区海关监管办法》为法规保障	
外汇管理		外汇收入实行现汇管理，既可以存入区内金融机构，也可以卖给区内指定银行	经常性外汇收入实行强制结汇，外汇必须卖给指定银行
		无论是内资企业，还是外商投资企业，均可以按规定开立外汇账户；不办理出口收汇和进口付汇核销手续	内资企业未经批准不得保留外汇账户；企业必须办理出口收汇和进口付汇核销手续
		经常项目下的外汇开支，中资企业和外商投资企业实行统一的管理政策，由开户银行按规定办理	内资企业在结、售汇等方面都与外商投资企业有区别
		以《保税监管区域外汇管理办法》为法规保障	

术语03：出口加工区

出口加工区是指经国务院批准设立的，由海关实行封闭监管的，专门发展出口加工业的海关特殊监管区域。

出口加工区的特殊性在于，它是海关特别监管区域，是中华人民共和国境内、中华人民共和国海关之外的一个特殊区域。俗称"境内关外"。

理解出口加工区的特殊性，关键在于理解"境内关外"。

所谓"境内"，指公司所在之出口加工区在中华人民共和国境内，因此适用中国的所有法律法规。公司的注册、运营和税收适用中国法律和法规的相关规定。

所谓"关外"，是指公司所在之出口加工区在中华人民共和国海关监管之外，即对海关而言，出口加工区视作境外。"关外"构成出口加工区的主要特征。所有在出口加工区内的物品视作在国外。

（1）所有从中国进入出口加工区的物品都是出口。供应商能够获得出口退税。包括：原料、设备、厂房建设材料、水电煤的消费等。

（2）所有从国外进入出口加工区的物品都是一般贸易，没有关税和增值税。国外进入出口加工区的原料、设备均免关税和增值税。

（3）所有从出口加工区进入中国境内的物品都是进口。从出口加工区进入中国境内的物品要征收关税和进口环节增值税。

（4）所有从出口加工区进入国外的物品都是一般贸易。出口加工区内企业没有增值税，也没有出口退税。

最适合在出口加工区开展设立企业的，是那些原料都来自国外，产品都出口的企业，这相当于生产还是在国外，但享受了中国的便宜劳动力。当然相应地增加了运输成本。这类企业，是出口加工区成立的初衷，也是出口加工区的目标客户。

对那些原料部分进口，产品部分出口的企业，就需要进行经济性分析，看出口加工区和一般开发区哪个成本更低。

术语04：保税物流园区

保税物流园区是指经国务院批准，在保税区规划面积或者毗邻保税区的特定港区内设立的、专门发展现代国际物流业的海关特殊监管区域。

术语05：跨境工业园区

跨境工业园区是指经国务院批准，在实行享受保税区政策同时，与境内区外（内地）之间进出货物、在税收方面又享受出口加工区政策的海关特殊监管区域。

珠澳跨境工业区（简称珠澳跨境区）于2003年12月5日经国务院批复成立，位于珠海拱北茂盛围与澳门西北区的青州之间，总面积40万平方米，其中珠海园区面积约29万平方米，澳门园区面积约11万平方米。两园区之间由专门口岸通道连接。珠海园区由海关监管，重点发展仓储物流、产品展销等产业，实行保税区政策和出口加工区出口退税政策，并设有24小时通关专用口岸。

术语06：保税港区

保税港区是指经国务院批准，设立在国家对外开放的口岸港区和与之相连的特定区域内，具有口岸、物流、加工等功能的海关特殊监管区域。

保税港区的功能具体包括仓储物流，对外贸易，国际采购，分销和配送，国际中转，检测和售后服务维修，商品展示，研发、加工、制造，港口作业9项功能。

保税港区适用保税区、出口加工区、保税物流园区相关的税收和外汇管理政策。主要包含以下两个方面。

（1）国外货物入港区保税。

（2）货物出港区进入国内销售按货物进口的有关规定办理报关。

保税港区叠加了保税区和出口加工区税收和外汇政策，在区位、功能和政策上优势更明显。

术语07：综合保税区

综合保税区是经国务院批准设立在内陆地区的具有保税港区功能的海关特殊监管区域，由海关参照有关规定对综合保税区进行管理，执行保税港区的税收和外汇政策，是国家开放金融、贸易、投资、服务、运输等领域的试验区和先行区。

综合保税区集保税区、出口加工区、保税物流园区、港口功能于一身，可以发展国际中转、配送、采购、转口贸易和出口加工等业务。它整合了海关特殊监管区域的所有功能政策，主要表现如下。

- 国外货物入区实行保税，国内货物入区视同出口、实行退税。
- 企业在区内不仅可以进行货物的保税仓储和加工、制造业务，还可以开展对外贸易等业务，国外货物入区保税；货物出区进入国内销售按货物进口的有关规定办理报关手续，并按货物实际状态征税。
- 国内货物入区视同出口，实行退税。
- 区内可设厂进行出口加工，区内企业之间的货物可自由流动，交易不征增值税和消费税等。

术语08：海关监管场所

海关监管场所是指进出境运输工具或者境内承运海关监管货物的运输工具进出、停靠，以及从事进出境货物装卸、储存、交付、发运等活动，办理海关监管业务，符合海关设置标准的特定区域。进口保税仓库、出口监管仓库、保税物流中心（分为A型和B型）这三种模式属于保税监管场所。

术语09：进口保税仓库

进口保税仓库是保税制度中应用最广泛的一种形式，是指经海关批准设立的专门存放保税货物及其他未办结海关手续货物的仓库。例如，龙口港公用型保税油库和保税堆场、江门市日新日盈公用型保税仓库。

术语10：出口监管仓库

出口监管仓库是指经海关批准设立，对已办结海关出口手续的货物进行存储、保税物流配送、提供流通性增值服务的海关专用监管仓库。

出口监管仓库分为出口配送型仓库和国内结转型仓库，如图8-2所示。

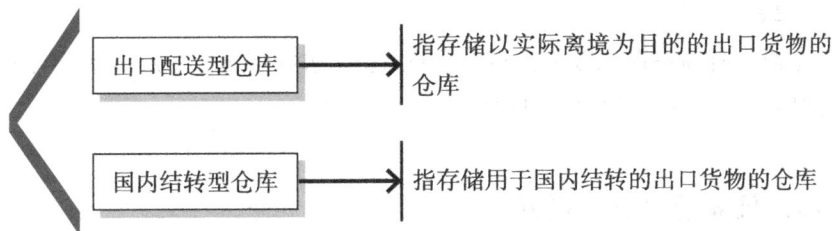

图8-2　出口监管仓库的分类

术语11：保税物流中心

保税物流中心是指封闭的海关监管区域并且具备口岸功能，分A型和B型两种，如图8-3所示。

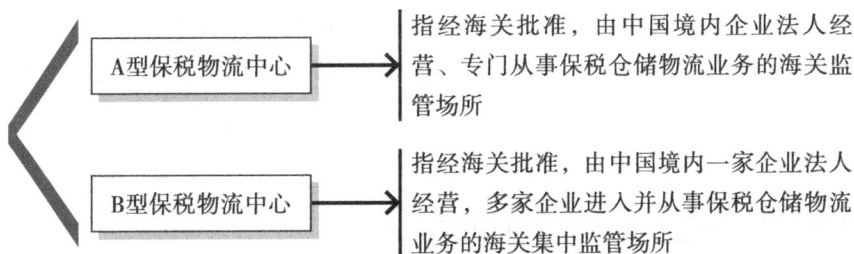

图8-3　保税物流中心的分类

术语12：自由贸易园区

自由贸易园区（free trade zone，FTZ）是根据本国（地区）法律法规在本国（地区）境内设立的区域性经济特区。这种方式属一国（或地区）境内关外的贸易行为。中国（上海）自由贸易试验区，就是典型的自由贸易园区。

自由贸易区是根据多个国家之间协议设立的包括协议国（地区）在内的区域经济贸易团体。指多个国家或地区（经济体）之间的贸易行为。

自由贸易园区和自由贸易区两者的相同之处在于都是为降低贸易成本促进商务发展而设立。

术语13：上海自贸区

中国（上海）自由贸易试验区，简称上海自由贸易区或上海自贸区，是设于上海市的一个自由贸易区，也是中国大陆境内第一个自由贸易区，并将为上海带来十年发展红利。

该试验区于2013年8月22日经国务院正式批准设立，于9月29日上午10时正式挂牌开张。

总面积：2 878万平方米

范围：上海市外高桥保税区（核心）、外高桥保税物流园区、洋山保税港区和上海浦东机场综合保税区4个海关特殊监管区域。

术语14：负面清单管理模式

负面清单管理模式，相当于投资领域的"黑名单"，列明了企业不能投资的领域和产业。学术上的说法是，凡是针对外资的与国民待遇、最惠国待遇不符的管理措施，或业绩要求、高管要求等方面的管理限制措施，均以清单方式列明。

与负面清单相对应的是正面清单（positive list），即列明了企业可以做什么领域的投资。

在《服务贸易总协定》（GATS）中，利用正面清单来确定覆盖的领域，而负面清单则用来圈定在这些开放领域清单上，有关市场准入和国民待遇问题的限制，这种做法也被当下不少国家采用，从而有效利用正面和负面清单的手段，在开放市场的同时，保护部分敏感产业。

术语15：自贸区企业年度报告公示

企业年度报告公示是指试验区内企业应当在每年3月1日至6月30日，通过电子身份认证登录上海市工商行政管理局门户网站（www.sgs.gov.cn）的企业信用信息公示系统向工商行政管理机关报送上一年度年度报告后，向社会公示。

当年设立登记的企业，自下一年起报送并公示年度报告。

术语16：自贸区企业经营异常名录

自贸区企业经营异常名录是指工商行政管理机关将企业未在规定期限内公示年度报告或通过住所（经营场所）无法与企业取得联系的情形汇集成名录，通过上海市工商行政管理局门户网站的企业信用信息公示系统向社会予以公示。

第二节 基本内容

内容01：保税区有哪些优惠政策

保税区的优惠政策，具体包括以下内容。

1. 关税优惠政策

从境外进入保税区的货物，其进口关税和进口环节税收，除法律、行政法规另有规定外，按照下列规定办理，如图8-4所示。

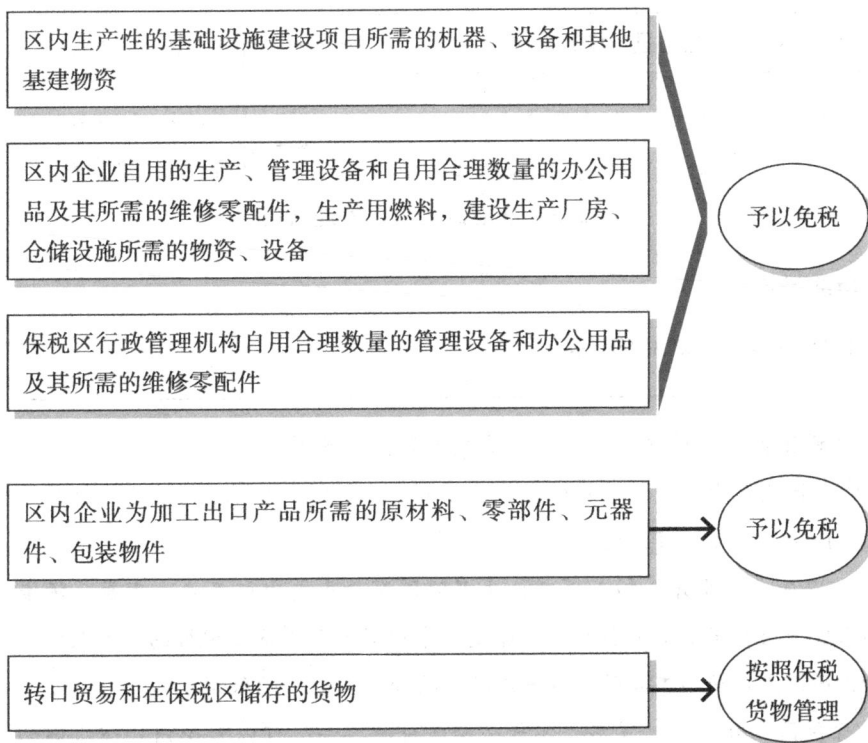

图8-4 关税优惠政策

2. 进出口（境）管理政策

进出口境管理政策如图8-5所示。

经批准设立的保税区内企业具有在保税区内开展进出口贸易经营权	可以开展国际贸易和转口贸易
对保税区与境外之间进出的货物，除实行出口被动配额管理之外	不实行进出口配额、许可证管理
从保税区进入非保税区的货物，按照进口货物办理手续，从非保税区进入保税区的货物	按照出口货物办理手续
进出保税区实行报关制的货物在办结海关手续后	企业可办理结付汇、外汇核销手续
海关对保税区与非保税区之间进出的货物	按照国家有关进出口的管理规定实施监管
对保税区与境外之间进出境的货物	实行备案制管理
区内企业与海关	实行电子计算机联网，进行电子数据交换

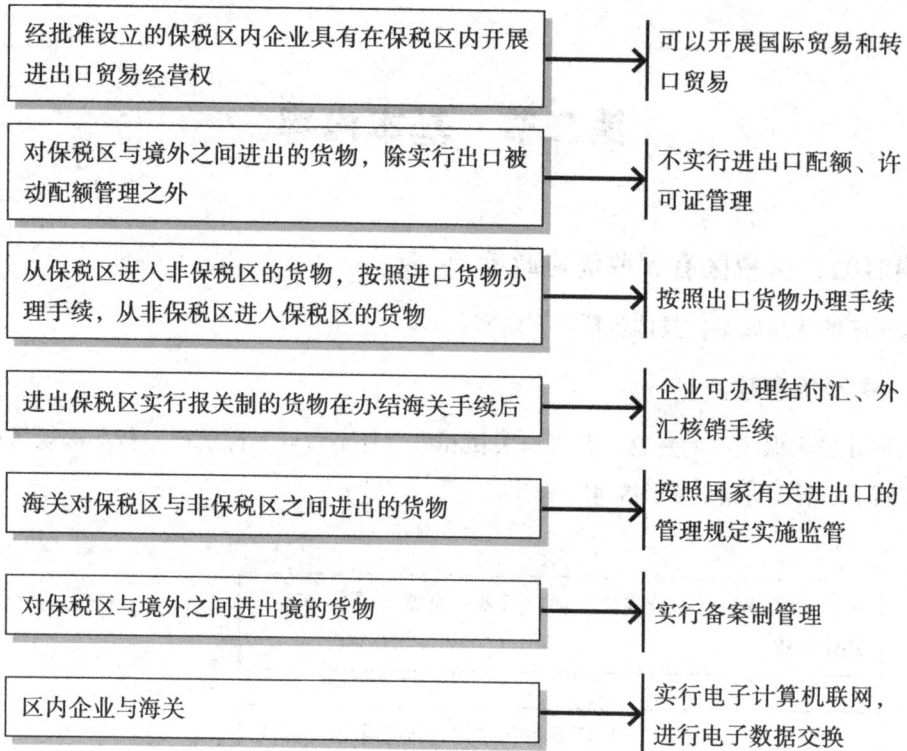

图8-5　进出口（境）管理政策

3．功能性政策

保税区的功能性政策如下所示。

- 保税区内可以设立"三资"企业或内资企业的贸易公司，可与境外直接开展国际贸易和与国内有进出口经营权的企业开展贸易，也可以与保税区内企业开展仓储、展示商品及简单加工等经营活动。
- 区内加工企业开展加工贸易，生产除国家禁止进出口产品、有毒、污染环境、危害国家安全或损害社会公共利益，违反一个中国原则以及歧视性的产品及需被动配额产品外，原则上不受加工品种和范围以及产品和产业导向的限制。
- 保税区内开展加工贸易，实行全额保税的办法，可以不受内外销比例的限制，不实行银行保证金台账制度，不收保证金、不核发登记手册，加工时间及加工方式不受限制。
- 鼓励区内企业开展以出口为导向的加工贸易，同时也允许区内企业加工成品销往国内市场。
- 允许加工企业开展工序中的委托加工。
- 区内仓储可以储存除国家禁止进出口和明文规定不能在保税区存储之外的所有

（续）

商品。

● 转口、仓储货物可以在区内仓库进行分级、挑选、刷贴标志、改换包装等简单加工。

内容02：保税物流园区可以开展的业务

保税物流园区可开展和不可开展的业务如图8-6所示。

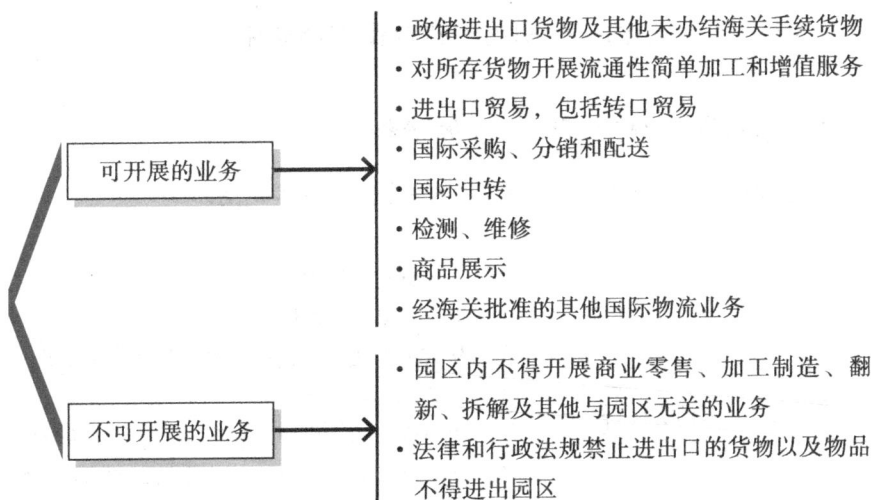

可开展的业务
● 政储进出口货物及其他未办结海关手续货物
● 对所存货物开展流通性简单加工和增值服务
● 进出口贸易，包括转口贸易
● 国际采购、分销和配送
● 国际中转
● 检测、维修
● 商品展示
● 经海关批准的其他国际物流业务

不可开展的业务
● 园区内不得开展商业零售、加工制造、翻新、拆解及其他与园区无关的业务
● 法律和行政法规禁止进出口的货物以及物品不得进出园区

图8-6 保税物流园区可开展和不可开展的业务

内容03：保税港区可以开展的业务

保税港区内可以开展下列业务，如图8-7所示。

存储进出口货物和其他未办结海关手续的货物

对外贸易，包括国际转口贸易

国际采购、分销和配送

国际中转

检测和售后服务维修

商品展示

研发、加工、制造

港口作业

经海关批准的其他业务

图8-7 保税港区内可开展的业务

内容04：保税仓库存储的货物范围

保税仓库存储的货物范围如图8-8所示。

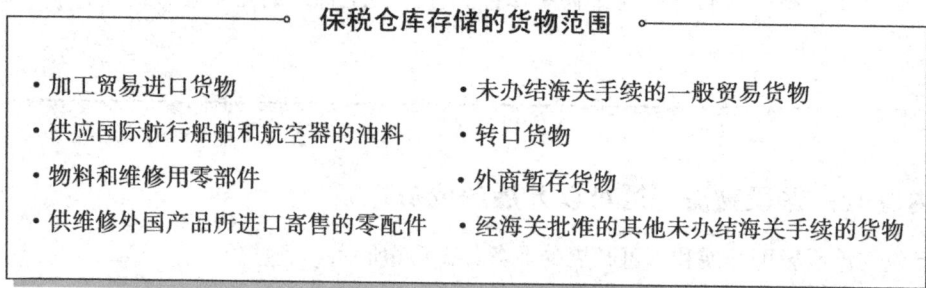

保税仓库存储的货物范围

- 加工贸易进口货物
- 供应国际航行船舶和航空器的油料
- 物料和维修用零部件
- 供维修外国产品所进口寄售的零配件
- 未办结海关手续的一般贸易货物
- 转口货物
- 外商暂存货物
- 经海关批准的其他未办结海关手续的货物

图8-8　保税仓库存储的货物范围

内容05：出口监管仓库可以存入的货物

出口监管仓库可以存入的货物和不得存放的货物如图8-9所示。

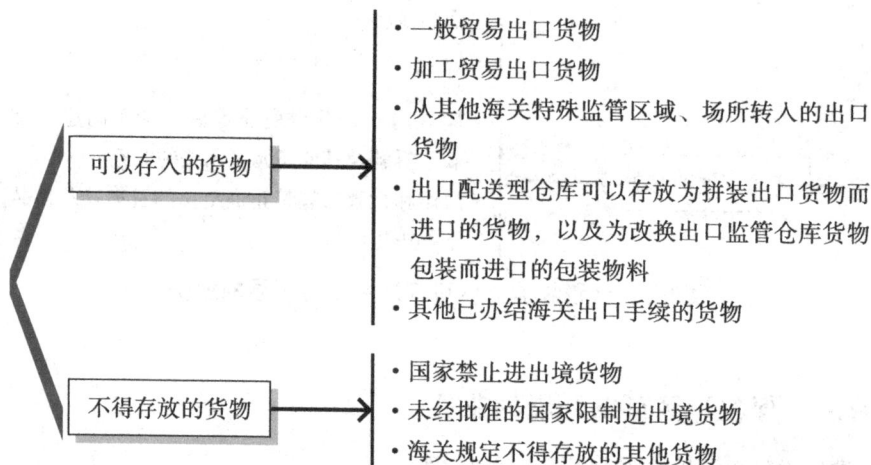

可以存入的货物
- 一般贸易出口货物
- 加工贸易出口货物
- 从其他海关特殊监管区域、场所转入的出口货物
- 出口配送型仓库可以存放为拼装出口货物而进口的货物，以及为改换出口监管仓库货物包装而进口的包装物料
- 其他已办结海关出口手续的货物

不得存放的货物
- 国家禁止进出境货物
- 未经批准的国家限制进出境货物
- 海关规定不得存放的其他货物

图8-9　出口监管仓库可以存入的货物和不得存放的货物

内容06：综合保税区享受的主要优惠政策

综合保税区享受的主要优惠政策表现在五个方面，具体如表8-2所示。

表8-2　综合保税区享受的主要优惠政策

序号	类别	优惠政策
1	税收政策	（1）从境外进入综合保税区的货物予以保税 （2）从保税港区运往境外的货物免征出口关税

（续表）

序号	类别	优惠政策
1	税收政策	（3）对国内运入综合保税区的货物视同出口，由海关办理出口报关手续，并依照国家有关出口退税规定实行退税 （4）保税港区与其他海关特殊监管区域或者保税监管场所之间的流转货物，不征收进出口环节的有关税收 （5）综合保税区内企业之间的货物交易不征收增值税和消费税
2	海关监管政策	（1）海关对综合保税区与境外之间进出口货物实行备案制管理，货物的备案、报关、查验、放行、核销手续一律在区内办理 （2）综合保税区内企业可向海关集中申报手续 （3）保税港区内货物可以自由流转 （4）海关对于保税港区与其他海关特殊监管区或者保税区监管场所之间往来的货物，实行保税监管 （5）保税港区货物不设存储限期。但存储期限超过2年的，区内企业应当每年向海关备案
3	加工贸易政策	（1）综合保税区内企业不实行加工贸易银行保证金台账和合同核销制度，不实行单耗标准管理 （2）综合保税区与境外进出口的货物，不实行进出口配额、许可证管理 （3）综合保税区内企业在加工生产过程中产生的边角料、废品，以及加工生产、储存、运输等过程中产生的包装材料，经海关批准，可以运往区外 （4）综合保税区内企业在加工生产过程中产生的残次品、副产品出区内销售的，海关按内销时的实际状态征税 （5）经海关批准，综合保税区内企业可以将其进口料件和生产的半成品委托区外企业加工，经加工后返回综合保税区
4	检验检疫政策	（1）税区内企业从境外进入保税区的仓储物流货物以及自用的办公用品、出口加工所需原材料、零部件免予强制性产品认证 （2）从非保税区进入保税区的货物，又输往非保税区的，不实施检验 （3）经保税区转口的应检物，在保税区短暂仓储，原包装转口出境并且包装密封状况良好，无破损、撒漏的，入境时仅实施外包装检疫 （4）对入区后又复出区进入国内市场的货物，在检验检疫有效期内免予实施检疫 （5）转口应检物出境时，除法律法规另有规定和输入国家或地区政府要求入境时出具我国检验检疫机构签发的检疫证书或检疫处理证书的以外，一般不再实施检疫和检疫处理 （6）保税区内企业之间销售、转移进出口应检物，免予实施检验检疫

（续表）

序号	类别	优惠政策
5	外汇管理政策	（1）区内与境外之间的经济往来，除另有规定外，应当以外币计价结算；区内与境内保税监管区域外（以下简称境内区外）之间货物贸易项下交易，可以以人民币计价结算，也可以以外币计价结算 （2）区内机构之间的交易，可以以人民币计价结算，也可以以外币计价结算；区内企业对境外支付货款，除本法另有规定外，无须办理进口付汇核销 （3）区内企业向境外出口货物，在海关办理保税货物出境备案的，收汇后无须办理出口收汇核销 （4）在海关办理非保税货物出口报关的，区内企业应当按照境内区外相关规定到外汇局办理出口收汇核销 （5）境内区外企业购买区内货物，凭有效凭证和商业单据可以向区内企业支付，可以直接向境外支付，也可以向其他境内区外货权企业支付。境内区外货权企业收到前述境内区外企业的外汇后，按规定凭入账通知及结汇水单等凭证办理核销手续

内容07：自由贸易区协定

我国已签署14个自贸协定，其中已实施12个自贸协定，涉及22个国家和地区，自贸伙伴遍及亚洲、拉美、大洋洲、欧洲等地区。这些自贸协定分别是我国与东盟、新加坡、巴基斯坦、新西兰、智利、秘鲁、哥斯达黎加、冰岛、瑞士、韩国和澳大利亚的自贸协定，内地与香港、澳门的《更紧密经贸关系安排》（CEPA），以及大陆与台湾的《海峡两岸经济合作框架协议》（ECFA）。

此外，我国也正在推进多个自贸区谈判，包括《区域全面经济伙伴关系协定》（RCEP）、中国–海湾合作委员会自贸区、中国–挪威自贸区、中日韩自贸区、中国–斯里兰卡自贸区和中国–马尔代夫自贸区等。此外，中国–新加坡自贸区升级谈判、中国–巴基斯坦自贸区第二阶段谈判和《海峡两岸经济合作框架协议》也在进行后续谈判。

具体情况如图8-10所示。

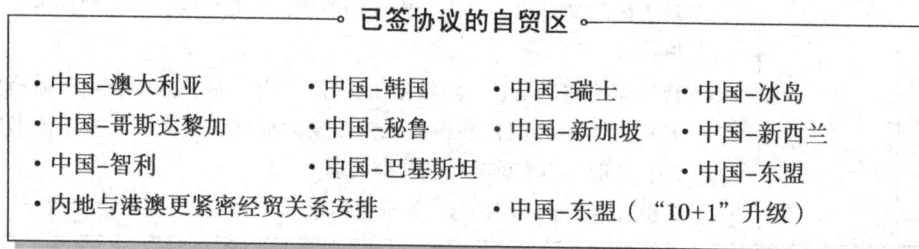

```
┌─────────────────────── 已签协议的自贸区 ───────────────────────┐
│                                                                  │
│  • 中国–澳大利亚      • 中国–韩国      • 中国–瑞士      • 中国–冰岛   │
│  • 中国–哥斯达黎加    • 中国–秘鲁      • 中国–新加坡    • 中国–新西兰 │
│  • 中国–智利          • 中国–巴基斯坦                   • 中国–东盟   │
│  • 内地与港澳更紧密经贸关系安排    • 中国–东盟（"10+1"升级）          │
│                                                                  │
└──────────────────────────────────────────────────────────────┘
```

（续）

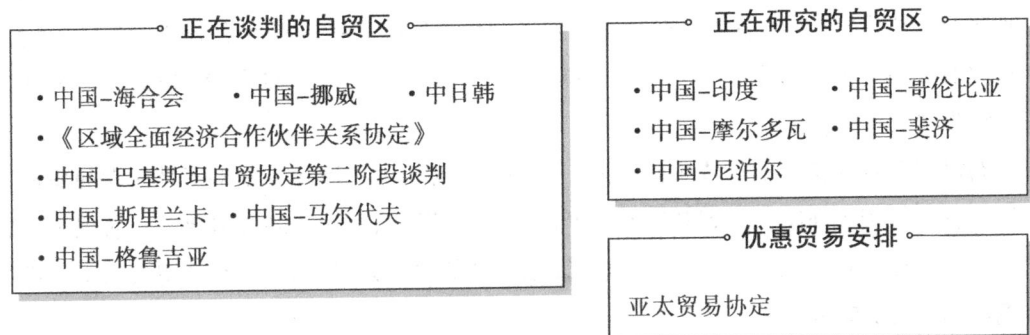

图8-10　自贸区状况

目前已经实施的自由贸易区协定简述如下。

1.《中国-东盟全面经济合作框架协议货物贸易协议》

2004年11月29日，我国与东盟签署了《中国-东盟全面经济合作框架协议货物贸易协议》。2005年7月20日中国-东盟自贸区降税进程全面启动。2010年1月1日，双方约7 000种产品开始享受零关税待遇，约占双方贸易产品的90%。东盟是东南亚国家联盟（Association of Southeast Asian Nations，ASEAN）的简称，有十个成员国：文莱、印度尼西亚、马来西亚、菲律宾、新加坡、泰国、柬埔寨、老挝、缅甸和越南。其中，前六个国家加入东盟的时间较早，经济相对发达；后四个国家是东盟新成员。20世纪90年代以来，我国与东盟的经济联系日益紧密，双边贸易持续攀升。目前，东盟是我国最大的发展中国家贸易伙伴，我国是东盟的第三大贸易伙伴。

2.《中华人民共和国政府与巴基斯坦伊斯兰共和国政府自由贸易协定》

《中华人民共和国政府与巴基斯坦伊斯兰共和国政府自由贸易协定》（简称《中巴协定》），自2007年7月1日起开始正式实施，双方承诺分两个阶段对90%的货物进行关税减让。第一阶段在协定生效后5年内，双方对占各自税目总数85%的产品按照不同的降税幅度实施降税，其中，35%的产品关税将在3年内降至零。第二阶段从协定生效第6年开始，双方将在对以往情况进行审评的基础上，对各自产品进一步实施降税。目标是在不太长的时间内，在照顾双方各自关注的基础上，使各自零关税产品占税号和贸易量的比例均达到90%。

3.《中国-智利自贸区协定》

中国-智利自由贸易区谈判于2004年11月启动，2005年11月18日，双方签署了《中华人民共和国政府和智利共和国政府自由贸易协定》（以下简称《协定》）。根据《协定》，两国从2006年7月1日开始，全面启动货物贸易的关税减让进程。其中，占两国税目总数97%的产品将于10年内分阶段降为零关税。智方74%的税目进口关税将于《协定》生效后立即降为零，中方63%的税目进口关税将在两年内降为零。双方其他产品税目进口关税分别将于《协定》生效后5年和10年内降为零。双方只保留3%以下的税目作为例外产品，保持原有关税不变。这意味着在启动关税减让进程10年后，双方将有97%以上税目的进口关税降为零。

智利各产业对协议的达成感到满意，其中农、林、牧、渔业，水果商是最大的赢家。中国承认了智利皮斯特酒是智利特有的产品，且葡萄酒属于10年降税清单。从协议生效后的第一年之后每年递减，5年后，智利瓶装葡萄酒的关税只有7%。智利希望成为中国进口葡萄酒的最大供应国。

4.《中华人民共和国政府与新西兰政府自由贸易协定》

中新自贸区谈判于2004年11月启动，这是中国与发达国家的第一个自贸区谈判。经过3年15轮磋商，双方于2007年12月结束谈判。2008年4月7日，中新两国签署了《中华人民共和国政府与新西兰政府自由贸易协定》（以下简称《协定》）。这是我国与发达国家签署的第一个自由贸易协定。该《协定》于2008年10月1日起生效。《协定》规定，新方将在2016年1月1日前取消全部自华进口产品关税，其中63.6%的产品从《协定》生效时起即实现"零关税"；中方将在2019年1月1日前取消97.2%自新西兰进口的产品关税，其中24.3%的产品从《协定》生效时起即实现"零关税"。对于没有立即实现"零关税"的产品，将在承诺的时间内逐步降低关税，直至降为"零关税"。

5.《中国-新加坡自贸区协定》

2008年10月23日，在温家宝总理和新加坡李显龙总理见证下，商务部长陈德铭与新加坡贸工部长林勋强代表各自政府在北京人民大会堂签署了《中华人民共和国政府和新加坡共和国政府自由贸易协定》（以下简称《协定》）。同时，双方还签署了《中华人民共和国政府和新加坡共和国政府关于双边劳务合作的谅解备忘录》，主要内容如下。

（1）货物贸易

两国将在中国-东盟自贸区《货物贸易协议》的基础上，加快货物贸易自由化进程。根据《协定》规定，新加坡将从2009年1月1日起，取消所有自中国进口产品的关税；我国将在2010年1月1日前取消97.1%自新进口产品的关税，其中87.5%的产品从《协定》生效时起即实现零关税。

（2）服务贸易

在服务贸易方面，双方在WTO服务贸易承诺表和中国-东盟自贸区《服务贸易协议》市场准入承诺清单的基础上，进一步相互扩大市场准入范围。

新方的承诺包括：

①承认我方两所中医大学学历；

②允许我方在新方设立中医大学和中医培训机构；

③允许我方在新方开展中文高等教育、中文成人教育和中文培训；

④允许我方在新方开办独资医院；

⑤同意与我方尽快启动会计审计准则的认可谈判。

我方承诺包括：

①承诺新方在华设立股比不超过70%的外资医院；

②认可新方两所大学的医学学历。

（3）人员流动

在商务人员入境方面，双方在《协定》中设立了自然人移动章节，明确了商务人员临时入境的纪律和准则，并就居留时间和条件做出了具体承诺，将进一步便利两国人员往来，为自然人临时入境建立透明的标准和简化的程序。与《协定》同时签署的《劳务合作谅解备忘录》，也将对我方赴新方劳务人员的管理和维护我方在新方劳务人员的权益，产生积极效果。

（4）原产地规则和海关程序

《协定》规定了以区域价值含量增值40%为基本标准的优惠原产地规则。双方还将在自由贸易区合作框架下，加强双方海关在风险管理等方面的合作，简化海关程序，提高货物和运输工具的通关便利。

（5）卫生检验检疫及技术性贸易壁垒

《协定》规定，双方将在卫生检验检疫的标准化及区域化认证、合格评定程序等方面加强合作，建立合作机制，使双方迅速高效地解决双边贸易中产生的问题。

此外，《协议》还强调，双方将在贸易投资促进、旅游合作、促进中国区域经济协调发展、人力资源开发和中国企业"走出去"等方面加强合作。

6.《中国-秘鲁自贸区协定》

《中国-秘鲁自贸区协定》（以下简称《协定》）于2010年3月1日起实施。《协定》实施后，中秘双方将对各自90%以上的产品分阶段实施零关税，中秘两国携手迈入"零关税时代"。中秘双方将对各自90%以上的产品分阶段实施零关税，自贸协定实施后，中秘两国携手迈入了"零关税时代"。我方轻工、电子、家电、机械、汽车、化工、蔬菜、水果等众多产品和秘方的鱼粉、矿产品、水果、鱼类等产品都将从降税安排中获益。

中秘两国的全部货物产品将分为五类实施关税减让。第一类产品（包括商品协调编码第一至三类动植物产品，第七类塑料、橡胶及其制品，第十六类电气设备及机械设备，第十八类光学、照相或外科用仪器设备、钟表、乐器等）在《协定》实施后当年实施零关税，分别约占中、秘税目总数的61.19%和62.71%。第二类产品（主要包括了商品协调编码第五类的矿产品，第十类的纸及纸板，第十六类的录音机及放声器，第二十类的家具、灯具、玩具、运动用品等）在《协定》生效5年内逐步降为零，分别约占中、秘税目总数的

11.70%和12.94%。第三类产品在《协定》生效10年内关税逐步降为零，分别约占中、秘税目总数的20.68%和14.35%。第四类产品为例外产品，不作关税减让，分别约占中、秘税目总数的5.44%和8.05%。第五类产品将分别通过8年、12年、15年、16年、17年关税逐步降为零，分别约占中、秘税目总数的0.99%和1.95%。

7. 中国-哥斯达黎加自贸区

2010年4月8日，商务部部长陈德铭与哥斯达黎加外贸部长鲁伊斯在北京分别代表两国政府签署了《中国-哥斯达黎加自由贸易协定》。中哥自贸协定是中国与中美洲国家签署的第一个一揽子自贸协定，是两国关系发展史上新的里程碑。

在货物贸易方面，中哥双方将对各自90%以上的产品分阶段实施零关税，中国的纺织原料及制品、轻工、机械、电气设备、蔬菜、水果、汽车、化工、生毛皮及皮革等产品和哥方的咖啡、牛肉、猪肉、菠萝汁、冷冻橙汁、果酱、鱼粉、矿产品、生皮等产品将从降税安排中获益。在服务贸易方面，在各自对世贸组织承诺的基础上，哥方有45个服务部门进一步对中国开放，中国则在7个部门对哥方进一步开放。与此同时，双方还在原产地规则、海关程序、技术性贸易壁垒、卫生和植物卫生措施、贸易救济、知识产权、合作等众多领域达成广泛共识。

8. 中国-冰岛自贸区

《中国-冰岛自由贸易协定》（以下简称《协定》）于2006年12月启动，并于2013年1月实质性结束。同年4月，双方正式签署协定。2014年5月20日，中国商务部与冰岛外交外贸部官员在京互换了《中国-冰岛自由贸易协定》的生效照会。按照《协定》生效条款有关规定，《协定》将于2014年7月1日正式生效。

协定涵盖领域较广，其中，货物贸易方面，双方最终实现零关税的产品，按税目数衡量均接近96%，按贸易量衡量均接近100%。特别值得注意的是，双方还就服务贸易作出了高于WTO的承诺，并对投资、自然人移动、卫生与植物卫生措施、技术性贸易壁垒、原产地规则、海关程序、竞争政策、知识产权等问题作出了具体规定。

9. 中国-瑞士自贸区

《中华人民共和国和瑞士联邦自由贸易协定》2014年7月1日正式实施，根据协定，瑞士对99.7%的中国出口商品实施零关税，包括所有工业品和部分农产品，涵盖了中国主要出口产品。如有产品出口瑞士，办理中国-瑞士自贸区产地证可获关税减免。

《中国-瑞士自由贸易协定》涉及制药、机械、化学品和手表等瑞士核心产业，是中国与欧洲大陆国家签署的第一个"一揽子"自贸协定。根据协定，瑞士将对99.7%的中国出口商品实施零关税，包括所有工业品和部分农产品，涵盖了中国主要出口产品；中国对84.2%的瑞士出口商品实施零关税。加上部分降税的产品，瑞士参与降税的产品比例为

99.99%，中方则为96.5%，远超一般自贸协定90%的降税水平。

10．中韩自贸区

2015年12月20日，《中韩自由贸易协定》（Free Trade Agreement，FTA）正式生效。FTA关税减让模式主要有以下三种类型。

> 零关税产品：在FTA生效当年或生效若干年后，产品的进口关税降到零。
> 部分减税产品：在FTA生效后，产品的进口关税立即或分阶段降到一定水平。
> 例外产品：极少数产品不进行关税减让，进口关税仍然适用最惠国关税。

从总体开放水平看，中韩双方绝大多数产品和贸易将实现零关税。经过最长20年过渡期后，中国对91%的韩国原产货物实现零关税，并且双方大多数零关税产品将在10年内取消关税。

11．中澳自贸区

《中澳自由贸易协定》（Free Trade Agreement，FTA）是中国与澳大利亚之间正在进行谈判的一个自由贸易协定。简称《中澳自贸协定》。于2005年4月启动谈判，2015年6月17日正式签署，2015年12月20日正式生效并第一次降税，2016年1月1日第二次降税。2016年1月1日，中方实施零关税的税目数即达29.2%，主要有药品、医疗器械、板材、化工品、农业机械、船舶等；澳方将有45%的税目在协定生效时立即实现零关税，加上原已实施零税率的商品，零税率税目数超过90%。

《中澳自贸协定》在内容上涵盖货物、服务、投资等十几个领域，实现了"全面、高质量和利益平衡"的目标，是我国与其他国家迄今已商签的贸易投资自由化整体水平最高的自贸协定之一。

在货物领域，双方各有占出口贸易额85.4%的产品将在协定生效时立即实现零关税。减税过渡期后，澳大利亚最终实现零关税的税目占比和贸易额占比将达到100%；中国实现零关税的税目占比和贸易额占比将分别达到96.8%和97%。这大大超过一般自贸协定中90%的降税水平。

在服务领域，澳方承诺自协定生效时对中方以负面清单方式开放服务部门，成为世界上首个对我国以负面清单方式作出服务贸易承诺的国家。中方则以正面清单方式向澳方开放服务部门。此外，澳方还在假日工作机制等方面对中方作出专门安排。

在投资领域，双方自协定生效时起将相互给予最惠国待遇；澳方同时将对中国企业赴澳投资降低审查门槛，并作出便利化安排。

澳方最终实现零关税比例是税目100%，贸易额100%。

除此之外，协定还在包括电子商务、政府采购、知识产权、竞争等"21世纪经贸议题"在内的十几个领域，就推进双方交流合作作了规定。

12. 内地与港澳更紧密经贸关系安排

2003年，内地与香港、澳门特区政府分别签署了内地与香港、澳门《关于建立更紧密经贸关系的安排》（以下简称"CEPA"），2004年、2005年、2006年又分别签署了《补充协议》《补充协议二》和《补充协议三》。CEPA是"一国两制"原则的成功实践，是内地与港澳制度性合作的新路径，是内地与港澳经贸交流与合作的重要里程碑，是我国国家主体与香港、澳门单独关税区之间签署的自由贸易协议，也是内地第一个全面实施的自由贸易协议。

CEPA是一份在WTO下签署的自由贸易协议，涉及货物贸易、服务贸易和贸易投资便利化等多方面。CEPA实施后，2006年1月1日，内地对原产港澳的273个税目的产品实行零关税，标志内地与港澳在货物贸易领域全面实现自由化。CEPA《补充协议九》将于2013年1月1日起生效。届时，按照世贸组织服务贸易分类标准，内地对港澳服务贸易开放的部门将达149个，涉及161类的93.1%。

13. 中国-东盟（"10+1"升级）

经过10年努力，2010年1月1日，中国-东盟自贸区全面建成，这是继欧盟、北美自由贸易区之后建成的世界第三大自由贸易区，也是中国与其他国家达成的第一个、也是最大的一个自贸区。2013年10月9日，李克强总理在文莱出席中国-东盟领导人会议期间，倡议启动中国-东盟自贸区升级版谈判。2014年5月，中方已向东盟方提交了升级版倡议草案，获得东盟方的积极评价。

2016年8月4日，第15次中国-东盟（"10+1"）经贸部长会议在老挝首都万象举行，中国商务部部长高虎城率团出席会议，就中国与东盟国家经贸合作提出五点建议。会议讨论通过了《中国-东盟产能合作联合声明》，同意提交9月中国-东盟领导人会议暨中国-东盟建立对话关系25周年纪念峰会并作为会议重要成果对外发表。

中国商务部部长高虎城提出五点建议。

（1）深入对接发展战略，携手共建"一带一路"。中方将按照中国领导人所强调的"一带一路"建设秉持共商、共建、共享原则，不是中国一家的独奏，而是沿线国家的合唱"，将"一带一路"倡议与东盟国家各自发展战略充分对接，积极推进相关领域务实项目的开展，深入推进全方位互利共赢合作。

（2）大力推进产能合作，构建跨境产业链条。中国与东盟具有加强产能合作的良好基础，发展潜力巨大。中方愿与东盟一起，开展电力、铁路、公路、汽车、化工、冶金建材、轻工编织、信息通信、工程机械、装备制造以及农业等领域集群合作，鼓励双方企业开展投资、工程、技术、服务、贸易等全方位合作，以中国与东盟经贸合作点亮亚洲经济发展，为全球经济振兴提供经验。

（3）支持东盟共同体建设，参与东盟一体化进程。中方将继续在力所能及的范围内为东盟欠发达成员提供发展援助，消除成员国间的发展差距。继续支持《东盟共同愿景2025》，参与东盟互联互通《总体规划》以及《后2015互联互通发展规划》的制订实施，大力推进中国–东盟东部增长区和澜沧江–湄公河合作，积极考虑通过中国东盟投资合作基金、亚洲基础设施投资银行和丝路基金等平台提供融资支持。

（4）支持东盟发挥核心作用，推动《区域全面经济伙伴关系协定》在年内完成谈判。东盟是《区域全面经济伙伴关系协定》的发起者和引领者。中方坚定支持东盟在谈判中发挥主导作用，愿与各方通力合作，坚持包容、合作、务实的原则，兼顾各国不同发展水平，在坚定雄心水平的同时展示灵活性，抓紧解决分歧，力争在年底前完成谈判。

（5）拓宽中国–东盟合作领域，打造互利共赢新亮点。支持地方省区与东盟国家建立务实高效的经贸合作机制，深化双方在园区建设、产业对接、人力资源开发等领域的合作，促进地方合作从沿边、沿海毗邻省区向纵深发展。搭建中小企业交流合作平台，提供资金和政策支持，促进跨境电子商务创新发展，培育上下游产业链条。

内容08：自贸试验区市场经营者开展经营活动的规则

自贸试验区市场经营者开展经营活动应当遵照《商品现货市场交易特别规定（试行）》（商务部、中国人民银行、证券监督管理委员会令2013第3号），并遵守下列规则。

- 市场经营者应当建立健全交易、资金托管、清算、仓储、信息发布、风险控制、市场管理等业务规则与各项规章制度，做到"交易、托管、清算、仓储"分开，严格防范和妥善处置各类风险。
- 市场经营者应当确保交易各方的交易资金存储在第三方的资金存管机构开设的专用资金账户，不得侵占、挪用账户资金，由主办银行或独立第三方清算机构对交易资金进行清算，确保交易资金安全。
- 市场经营者应当建立完善的仓单管理及交收机制，由独立第三方仓单公示系统对仓单进行登记公示，确保仓单真实性和交收安全。指定交收仓库应为自贸试验区内的保税仓库或其他符合海关监管要求的保税仓库。
- 市场经营者及其工作人员不得以任何方式参与市场交易。

内容09：自贸区外商投资电信业务需具备的条件

工业和信息化部出台了《中国（上海）自由贸易试验区外商投资经营增值电信业务试点管理办法》，试验区外商投资企业申请经营增值电信业务的，应当符合下列条件，如图8-11所示。

1	经营者为在试验区依法设立的公司
2	有与开展经营活动相适应的资金和专业人员
3	有为用户提供长期服务的信誉或者能力
4	注册资本最低限额为100万元人民币
5	有必要的场地、设施、技术方案以及网络与信息安全保障制度和措施，其中服务设施须设在试验区内
6	公司及其主要投资者和主要经营管理人员3年内无违反电信监督管理制度的违法记录
7	国家规定的其他条件

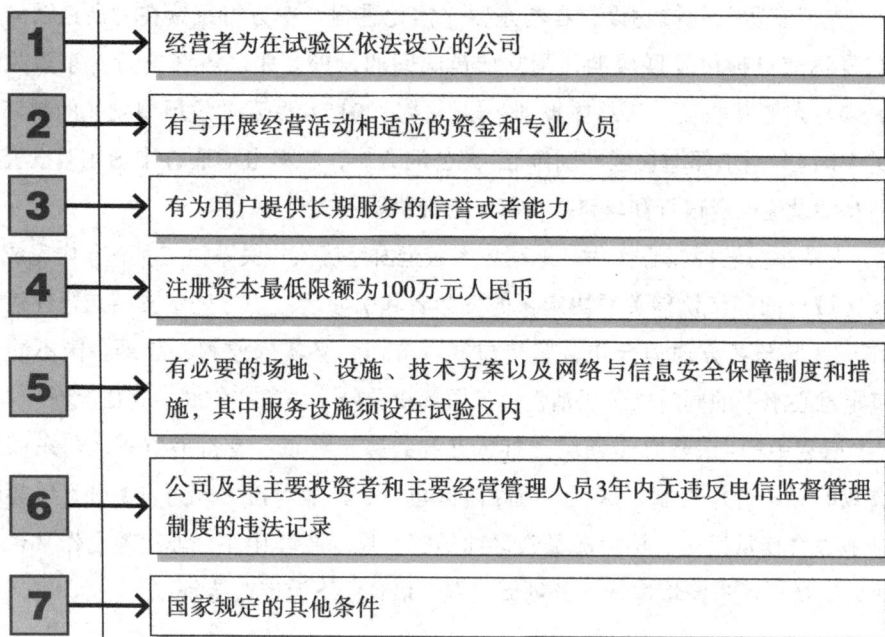

图8-11　申请经营增值电信业务的条件

内容10：自贸区外商投资电信企业法人签署经营增值电信业务书面申请的内容

试验区内申请经营增值电信业务的外商投资企业，应向上海市通信管理局提出申请并报送下列文件。

- 公司法定代表人签署的经营增值电信业务的书面申请。内容包括：申请经营电信业务的种类、业务覆盖范围、公司名称、公司通信地址、邮政编码、联系人、联系电话、电子信箱地址等。
- 公司外方主要投资者的有关材料，包括公司登记证、基本情况介绍、经会计师事务所审计的最近财务会计报告、资信证明；公司其他投资者的有关材料，包括公司登记证或者营业执照、基本情况介绍。
- 公司的《外商投资企业批准证书》或《中国（上海）自由贸易试验区外商/港澳台侨投资企业备案证明》《企业法人营业执照》副本及复印件。
- 公司概况。包括：公司基本情况，拟从事增值电信业务的人员、场地和设施等情况。
- 公司章程、公司股权结构的有关情况。
- 申请经营电信业务的业务发展、实施计划和技术方案。

（续）

- 为用户提供长期服务、质量保障及用户个人信息保护的措施。
- 网络与信息安全保障制度和措施。
- 证明公司信誉的有关材料。
- 公司法定代表人签署的公司依法经营电信业务的承诺书。

第三节　要点解答

问题01：我国有哪些保税区

全国共批准设立十六个保税区，即：

- 上海浦东新区的外高桥保税区
- 天津港保税区
- 深圳沙头角保税区
- 深圳福田保税区
- 大连保税区
- 广州保税区
- 张家港保税区
- 海口保税区

- 厦门象屿保税区
- 福州保税区
- 宁波保税区
- 青岛保税区
- 汕头保税区
- 深圳盐田港保税区
- 珠海保税区
- 重庆寸滩保税区

问题02：我国有哪些综合保税区

目前，我国的综合保税区主要有：

- 山西太原武宿综合保税区
- 北京天竺保税区
- 重庆两路、寸滩保税港区
- 重庆西永保税区

- 天津保税区
- 上海外高桥保税区
- 江苏苏州工业园综合保税港区
- 海南海口保税区

（续）

● 黑龙江绥芬河保税区	● 湖北武汉保税区
● 广西保税港区	● 浙江舟山港保税区
● 广东深圳福田保税区	● 江苏南通保税区
● 广东深圳沙头角保税区	● 辽宁大连保税区
● 山东青岛保税区	● 贵州贵阳综合保税区
● 山东烟台保税区	● 广西凭祥保税区
● 四川成都保税区	● 河南郑州保税区
● 浙江宁波保税区	● 江西赣州综合保税区
● 陕西西安保税区	● 潍坊综合保税区
● 新疆保税区	

问题03：自贸试验区的范围是什么

自贸试验区范围涵盖上海市外高桥保税区、外高桥保税物流园区、洋山保税港区和上海浦东机场综合保税区4个海关特殊监管区域。

问题04：什么是外资准入特别管理措施（负面清单）

外资准入特别管理措施（负面清单）是指对外国投资者在自贸试验区内投资项目和设立外商投资企业采取的与国民待遇等不符的措施。

问题05：自贸试验区实行备案管理的范围是什么

借鉴国际通行规则，对外商投资试行准入前国民待遇，对负面清单以外的领域，按照内外资一致的原则，将外商投资项目由核准制改为备案制（国务院规定对国内投资项目保留核准的除外）；将外商投资企业合同章程审批改为备案管理。同时在自贸试验区改革境外投资管理方式，对境外投资开办企业实行以备案制为主的管理方式，对境外投资一般项目实行备案制，提高境外投资便利化程度。

问题06：自贸试验区备案制的依据是什么

自贸试验区备案制的依据主要有：

- 《全国人大常委会关于授权国务院在中国（上海）自由贸易试验区暂时调整有关法律规定的行政审批的决定》
- 《中国（上海）自由贸易试验区总体方案》
- 《中国（上海）自由贸易试验区管理办法》
- 《中国（上海）自由贸易试验区外商投资企业备案管理办法》
- 《中国（上海）自由贸易试验区外商投资项目备案管理办法》
- 《中国（上海）自由贸易试验区境外投资项目备案管理办法》
- 《中国（上海）自由贸易试验区境外投资开办企业备案管理办法》

问题07：自贸试验区企业是否可以到区外再投资或开展业务

除总体方案中规定必须在自贸试验区内经营、提供服务的领域外，自贸试验区内的企业可以根据相关法律法规到区外再投资或开展业务。

问题08：自贸试验区管委会受理哪些外商投资项目备案

按照《中国（上海）自由贸易试验区外商投资项目备案管理办法》要求，试验区内负面清单之外的领域实行外商投资项目备案制，如图8-12所示。

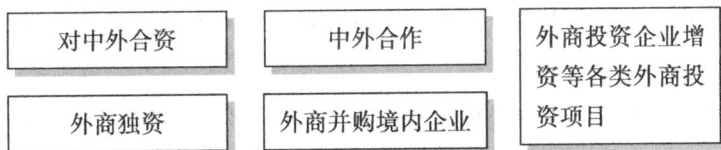

对中外合资	中外合作	外商投资企业增资等各类外商投资项目
外商独资	外商并购境内企业	

图8-12　试验区内负面清单之外的领域

试验区管委会负责本市权限内的试验区外商投资项目备案管理，并加强事中、事后监管。

问题09：外商投资企业有哪些类型

外商投资企业有如图8-13所示的类型。

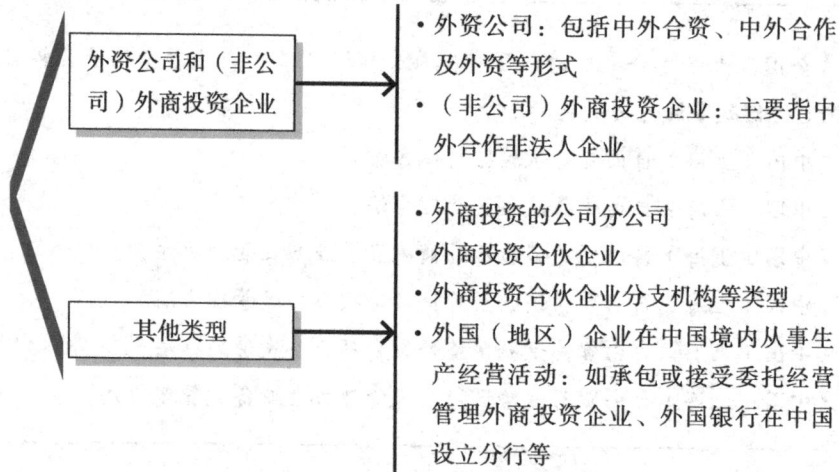

| 外资公司和（非公司）外商投资企业 | · 外资公司：包括中外合资、中外合作及外资等形式
· （非公司）外商投资企业：主要指中外合作非法人企业 |
| 其他类型 | · 外商投资的公司分公司
· 外商投资合伙企业
· 外商投资合伙企业分支机构等类型
· 外国（地区）企业在中国境内从事生产经营活动：如承包或接受委托经营管理外商投资企业、外国银行在中国设立分行等 |

图8-13　外商投资企业的类型

问题10：自贸试验区公司的注册资本登记制度与区外有什么不同

除法律、行政法规对公司注册资本实缴另有规定的外，其他公司试行注册资本认缴登记制，具体如下。

● 试行认缴登记制后，工商部门登记公司全体股东、发起人认缴的注册资本或认购的股本总额（即公司注册资本），不登记公司实收资本。

● 公司股东（发起人）应当对其认缴出资额、出资方式、出资期限等自主约定，并记载于公司章程。

● 有限责任公司的股东以其认缴的出资额为限对公司承担责任；股份有限公司的股东以其认购的股份为限对公司承担责任。

● 公司应当将股东认缴出资或者发起人认购股份、出资方式、出资期限、缴纳情况通过市场主体信用信息公示系统向社会公示。公司股东（发起人）对缴纳出资情况的真实性、合法性负责。

问题11：自贸试验区公司注册资本的登记条件与区外是否相同

自贸试验区公司注册资本的登记条件与区外不同。自贸试验区内将放宽注册资本登记条件，具体如下。

● 除法律、行政法规、国务院决定对特定行业注册资本最低限额另有规定的外，取消有限责任公司最低注册资本3万元、一人有限责任公司最低注册资本10万元、股份

（续）

有限公司最低注册资本500万元的规定。

- 不再限制公司设立时全体股东（发起人）的首次出资额及比例。
- 不再限制公司全体股东（发起人）的货币出资金额占注册资本的比例。
- 不再规定公司股东（发起人）缴足出资的期限。

问题12：什么是"先照后证"

先照后证是指除法律、行政法规、国务院决定规定的企业登记前置许可事项外，在自贸试验区内试行的"先照后证"登记制度。如图8-14所示。

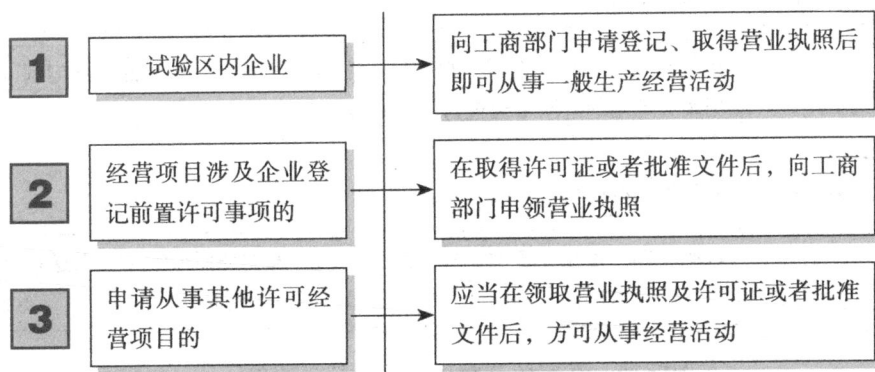

1	试验区内企业	→	向工商部门申请登记、取得营业执照后即可从事一般生产经营活动
2	经营项目涉及企业登记前置许可事项的	→	在取得许可证或者批准文件后，向工商部门申领营业执照
3	申请从事其他许可经营项目的	→	应当在领取营业执照及许可证或者批准文件后，方可从事经营活动

图8-14　"先照后证"登记制度

问题13：在自贸试验区注册一家外资公司的流程是怎样的

在自贸试验区注册一家外资公司应按如图8-15所示的流程进行。

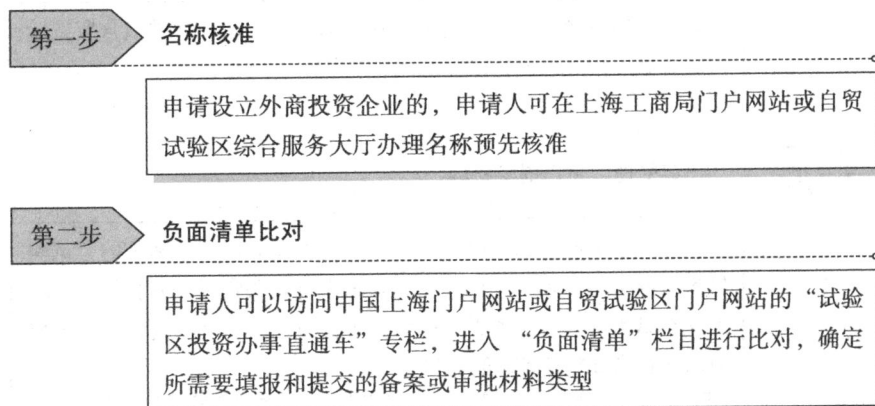

第一步　名称核准

申请设立外商投资企业的，申请人可在上海工商局门户网站或自贸试验区综合服务大厅办理名称预先核准

第二步　负面清单比对

申请人可以访问中国上海门户网站或自贸试验区门户网站的"试验区投资办事直通车"专栏，进入"负面清单"栏目进行比对，确定所需要填报和提交的备案或审批材料类型

（续）

第三步 ▶ 互联网"一表申报"

申请人进入"外商投资企业设立"标签页的"网上申请"栏目进行申请信息填写，申请人填写完成后，网站根据申请人填写的信息自动生成各部门所需提交的表格并可下载打印

第四步 ▶ "一口受理"窗口提交材料

申请人携带"一表申报"系统打印的表格及材料至自贸试验区一口受理窗口现场提交，一口受理窗口统一收取材料并在当日转送各职能部门

第五步 ▶ 各部门审核（备案）

在收到一口受理材料后，自贸区管委会、工商、质监和税务部门利用政务外网的公网平台进行同步审核或备案

第六步 ▶ 统一发证窗口领证

各职能部门审核（备案）完成后，应当将各类证照或结果文书送达一口受理窗口，申请人可在一口受理窗口一次领取

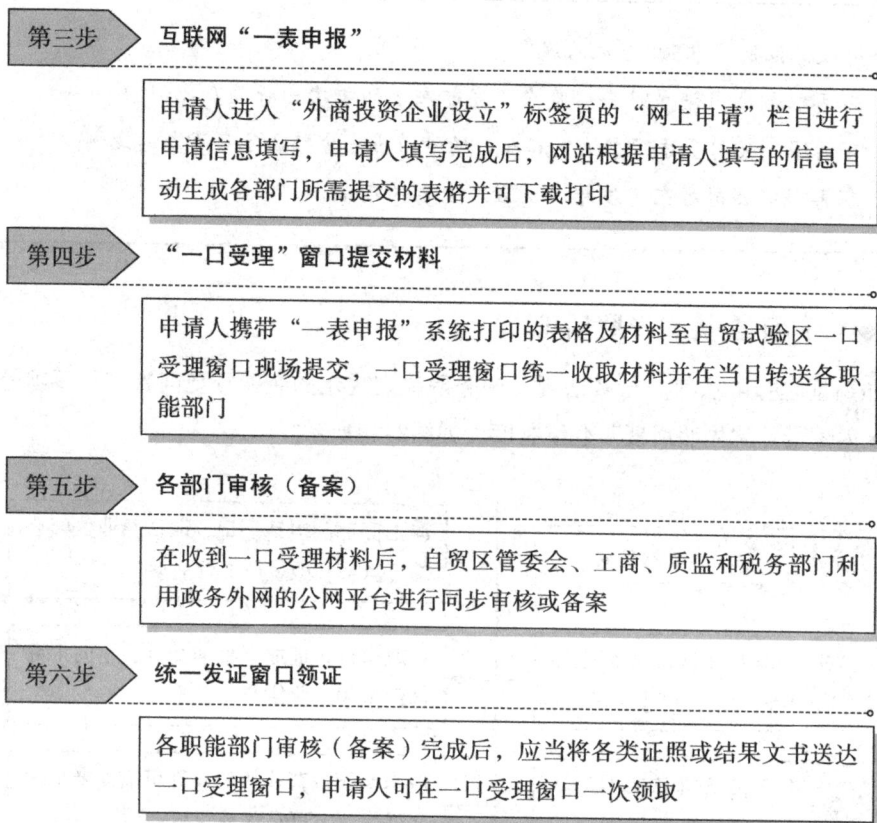

图8-15　在自贸试验区注册外资公司的流程

问题14：在自贸试验区注册一家内资公司的流程是怎样的

在自贸试验区注册一家内资公司按如图8-16所示的流程进行。

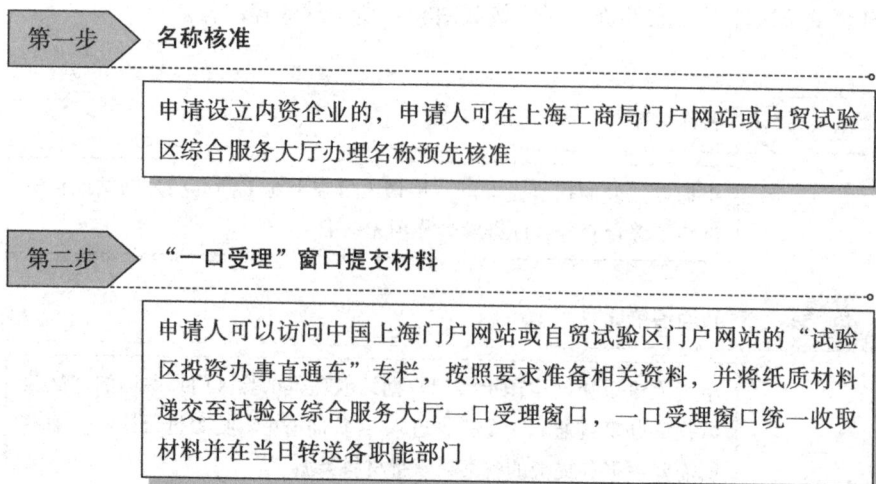

第一步 ▶ 名称核准

申请设立内资企业的，申请人可在上海工商局门户网站或自贸试验区综合服务大厅办理名称预先核准

第二步 ▶ "一口受理"窗口提交材料

申请人可以访问中国上海门户网站或自贸试验区门户网站的"试验区投资办事直通车"专栏，按照要求准备相关资料，并将纸质材料递交至试验区综合服务大厅一口受理窗口，一口受理窗口统一收取材料并在当日转送各职能部门

（续）

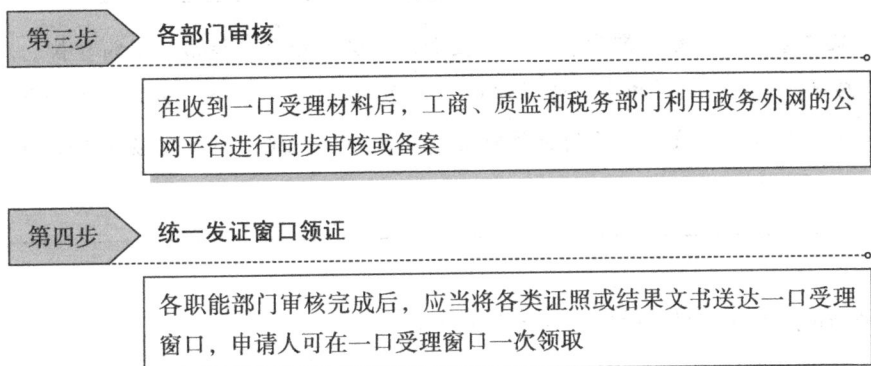

第三步 各部门审核

在收到一口受理材料后，工商、质监和税务部门利用政务外网的公网平台进行同步审核或备案

第四步 统一发证窗口领证

各职能部门审核完成后，应当将各类证照或结果文书送达一口受理窗口，申请人可在一口受理窗口一次领取

图8-16 在自贸试验区注册内资公司的流程

问题15：自由贸易试验区企业年度报告信息需要公示的内容有哪些

自由贸易试验区企业年度报告信息的内容如图8-17所示。

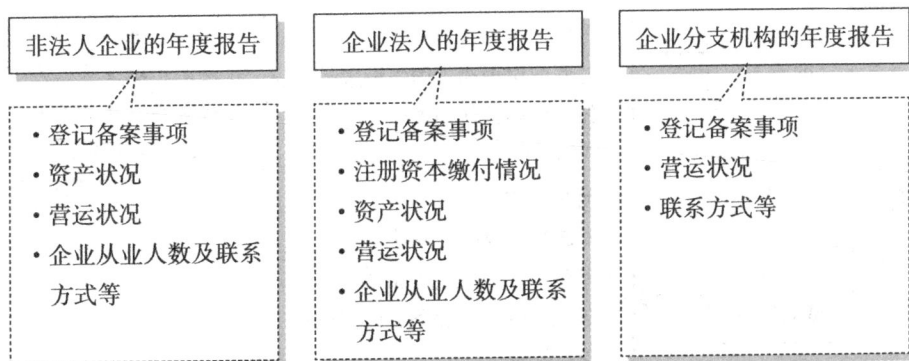

非法人企业的年度报告
- 登记备案事项
- 资产状况
- 营运状况
- 企业从业人数及联系方式等

企业法人的年度报告
- 登记备案事项
- 注册资本缴付情况
- 资产状况
- 营运状况
- 企业从业人数及联系方式等

企业分支机构的年度报告
- 登记备案事项
- 营运状况
- 联系方式等

图8-17 企业年度报告信息需要公示的内容

上述企业中，从事网络经营的企业还须申报网站或者网店名称、网址等信息。

问题16：自由贸易试验区哪些企业须提交会计师事务所出具的年度审计报告

自由贸易试验区属于下列企业之一的，须提交会计师事务所出具的年度审计报告。

- 上市公司。
- 国有独资公司和国有控股公司。
- 认缴注册资本在2000万元以上的公司。
- 全年销售（营业）收入在2000万元以上（含2000万元）的公司。

（续）

> ● 从事金融、证券、期货、保险、投资、担保、验资、评估、小额贷款、房地产开发、房地产经纪、留学中介、教育培训（咨询）、出入境中介、外派劳务中介、企业登记代理、废旧物资收购、民用爆炸物品、烟花爆竹、建筑施工等经营活动的公司制企业。

鼓励其他企业按照自愿原则提交年度审计报告。

问题17：在自贸区从事商业保理业务的企业的业务有哪些

《中国（上海）自由贸易试验区商业保理业务管理暂行办法》第五条、第六条规定了在自贸区从事商业保理业务企业可以从事和不可以从事的业务，具体如图8-18所示。

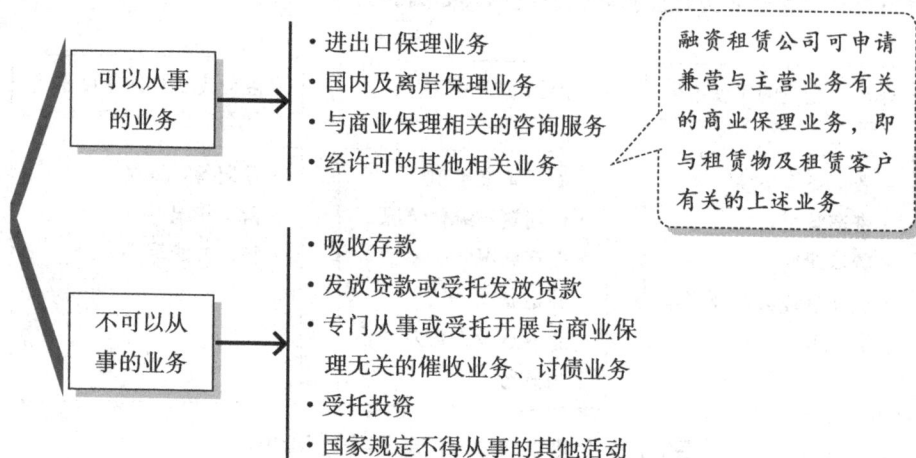

图8-18　商业保理业务企业可以从事与不可以从事的业务

问题18：自贸试验区的内资企业设立与区外有什么不同

自贸试验区的内资企业设立与区外有一定的区别，试验区试行了一些新的制度，具体如下所示。

> ● 试验区试行有条件的公司注册资本认缴登记制，除有规定的企业外，其余试行认缴制，不再登记实收资本，也不提交验资报告。
> ● 试验区试行有条件的"先照后证"登记制。取得营业执照即可从事一般生产经营活动；申请从事其他许可经营项目的，应当在领取营业执照及许可证或者批准文件

（续）

后，方可从事经营活动。

● 试验区试行企业年度检验制度改为企业年度报告公示制度。

● 试验区建立经营异常名录制度。将未按规定期限公示年度报告或者通过登记的住所（经营场所）无法取得联系等的企业载入经营异常名录，并通过市场主体信用信息公示系统向社会公示。

● 试验区试行新的营业执照样式。

问题19：自贸试验区企业年度报告的电子化网上报送流程是怎样的

企业年度报告实施电子化网上报送方式，即企业使用电子身份认证实现网上提交、公示和存档，流程如图8-19所示。

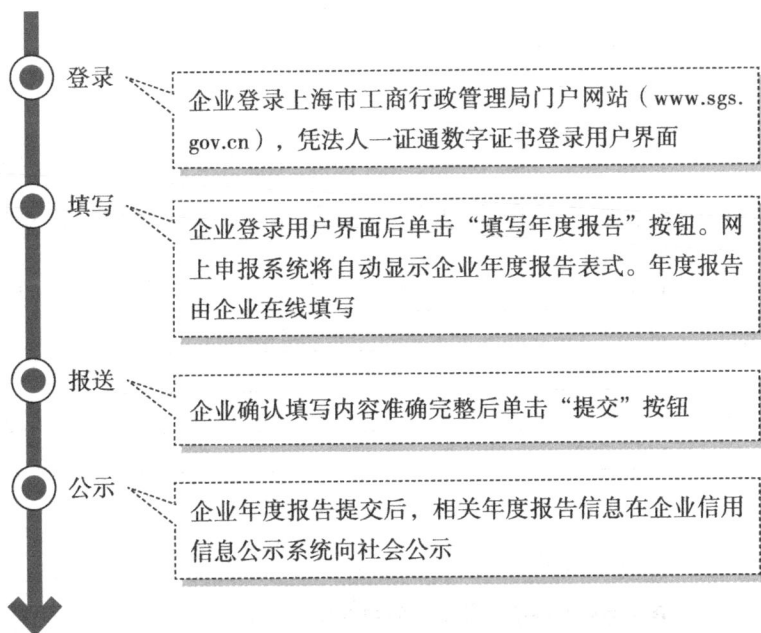

登录 企业登录上海市工商行政管理局门户网站（www.sgs.gov.cn），凭法人一证通数字证书登录用户界面

填写 企业登录用户界面后单击"填写年度报告"按钮。网上申报系统将自动显示企业年度报告表式。年度报告由企业在线填写

报送 企业确认填写内容准确完整后单击"提交"按钮

公示 企业年度报告提交后，相关年度报告信息在企业信用信息公示系统向社会公示

图8-19　企业年度报告电子化网上报送流程

问题20：自贸区哪些企业会载入经营异常名录

工商行政管理机关应当将有下列情形之一的企业载入经营异常名录：

（1）未按规定期限履行年度报告公示义务的；

（2）通过住所（经营场所）无法联系的。

要点回顾

通过对本章的学习，想必你已经掌握了不少对外贸易政策的知识，请将你已经掌握的知识点罗列一下。另外，将你认为应该更深入地了解的或者本章没有涉及但也必须了解的列举出来。

我已经掌握的知识点

1. _____
2. _____
3. _____
4. _____
5. _____

应更深入了解的知识点

1. _____
2. _____
3. _____
4. _____
5. _____

我认为还有一些必须了解的知识点

1. _____
2. _____
3. _____
4. _____
5. _____